NOTA DEL EDITOR

Conocí a Steve Jobs a finales de 1980, cuando los dos teníamos 25 años, con motivo de la salida a Bolsa de Apple. Un equipo de cuatro estudiantes del MBA de Stanford, en el que ahora solo recuerdo que estaba también Frank Quattrone (que después se convertiría en *el banquero de Silicon Valley*), habíamos valorado Apple y lo discutimos personalmente con Steve. No me acuerdo muy bien de los números, creo que los bancos colocadores ofrecían solo 16 dólares por acción cuando nosotros calculábamos un valor en torno a 30. Finalmente consiguió que subiesen su oferta hasta 22.

El primer día la cotización superó nuestras predicciones y las plusvalías obtenidas generaron un enriquecimiento de aquellos bancos hasta un punto que mis compañeros y yo considerábamos excesivo especialmente después de que hubiesen estimado tan a la baja las acciones de Apple. Sí es cierto que aquellas tasas de crecimiento y múltiplos eran completamente inéditos y que el número de empleados e inversores iniciales que se hicieron millonarios fue increíble, de hecho esa OPV señaló el despegue de la industria del capital riesgo.

Recuerdo claramente la decisión de Steve y su lección. Su frase fue más o menos: «todos tenemos que ganar y, con esta operación, yo ya gano mucho, no hay que quererlo todo». La frase española de que el último duro que lo gane el otro se queda un poco corta.

Esta biografía refleja ese espíritu de buscar también el beneficio del otro y de tener una óptica de largo plazo, de cambiar lo que se debe cambiar y de aceptar lo que no se puede cambiar y de distinguir bien lo uno de lo otro; además de otros rasgos más conocidos como su espíritu emprendedor, su carácter innovador, su capacidad de sorprender y de dar al consumidor incluso lo que no sabe que puede llegar a querer y de combinar la sencillez del diseño con la riqueza de nuevas posibilidades y, sobre todo, su capacidad de encaje de las dificultades de la vida, de superación personal, de volver a inventarse, de tener éxito en las diferentes etapas de su vida profesional.

Desde el discurso en la graduación de Stanford quería publicar su historia y cuando recibí el manuscrito de Daniel Ichbiah con un título tan cercano a mis ideas como *Las cuatro vidas de Steve Jobs* supe que la búsqueda había terminado. Su objetividad e independencia equilibran el sentimiento de admiración e incluso cariño que muchos sentimos por Steve Jobs.

Estamos muy orgullosos de poder poner en tus manos esta obra por su calidad y por poder incluir la información actualizada hasta los últimos días de un hombre cuyo prestigio y reconocimiento irá creciendo aún más con el paso del tiempo.

Marcelino Elosua
Fundador de LID Editorial Empresarial
Frankfurt, 12 de octubre de 2011

Viva

Las cuatro vidas de
Steve Jobs

[1955-2011]

Daniel Ichbiah

Las cuatro vidas de
Steve Jobs
[1955-2011]

MADRID   BARCELONA   MÉXICO D.F.   MONTERREY
LONDRES   NUEVA YORK   BUENOS AIRES

Colección Viva
Editado por LID Editorial Empresarial, S.L.
Sopelana 22, 28023 Madrid, España
Tel. 913729003 - Fax 913728514
info@lideditorial.com
LIDEDITORIAL.COM

A member of **BPR**

businesspublishersroundtable.com

© Daniel Ichbiah 2011
© LID Editorial Empresarial 2011, de esta edición

EAN-ISBN13: 9788483566350
Editor de la colección: Jose Antonio Menor
Traducción: María López Medel
Maquetación: Mara*barista*
Fotografía de cubierta: Getty Images
Diseño de portada: Irene Lorenzo
Arte final: Nicandwill, ideas@nicandwill.com
Impresión: Bookmasters

Impreso en Estados Unidos / Printed in the U.S.

Primera edición: noviembre de 2011

Índice

El espejo roto de la inocencia

«Pasé de la miseria a la opulencia en el tormento de la noche
En la violencia de un sueño de verano, el escalofrío de una luz invernal
En el baile amargo de la soledad que se desintegra en el espacio
En el espejo roto de la inocencia de cada rostro olvidado».

Steve Jobs seguramente se reconocía en estos versos de Bob Dylan, un poeta al que admiraba y con quien compartía una característica poco común. Dylan es (y lo ha sido a lo largo de toda su carrera) capaz de entrar en un estudio de grabación por la mañana, con pocas horas de sueño y achacoso, sentarse ante el micrófono, cantar de un tirón y dejar que los técnicos de sonido se las apañen como puedan con su arte en estado puro, carente de compromisos y con una fuerza que no necesita de añadidos.

Como Dylan, Jobs nunca necesitó dejarse querer. Auténtico hasta la médula, nunca rindió cuentas a nadie. Al contrario, siempre se expresó tal y como era, diciendo lo que quería como quería, en una actitud que en ocasiones le salió cara.

Su primera vida fue accidentada y conmovedora, en una búsqueda a la vez idealista y atormentada del camino a seguir. Una juventud en la que sentía que no encajaba, como tantos otros jóvenes de su época. Eran los vibrantes años sesenta y el mundo bailaba al ritmo de una fabulosa banda sonora interpretada por Bob Dylan, The Beatles y The Doors mientras aparecían movimientos contraculturales, los *hippies*, la experimentación de todo tipo... Jobs no se comportó como mero espectador, pero tampoco se dejó llevar y mantuvo intactas sus ambiciones.

De hecho, saboreó su propio paraíso artificial en los libros. La electrónica se convirtió en su única droga, y con una obsesión digna de los creadores de Pinocho o Frankenstein, se embarcó en la paciente elaboración de una máquina que cobrase vida propia. El destino se confabuló para ayudarle y le regaló que junto a la casa de su infancia creciese un émulo de Da Vinci, un proyecto de *beatnik* barbudo llamado Steve Wozniak, cuya genialidad será determinante más adelante. En la universidad, se rindió ante una nueva pasión no menos sensual y exclusiva: la búsqueda de la iluminación espiritual. Jobs recorrió las carreteras de la India con Dan Kottke, otro estudiante como él, y juntos asistieron anonadados a la procesión de decenas de miles de hombres desnudos, que venidos de las altas montañas llegan para lavar su alma en las aguas del Ganges.

En 1977 experimentó una metamorfosis asombrosa. Encontrar su camino le ayudó a liberar una energía inesperada. Trabajó duro para crear Apple, lanzar el Apple II y, más tarde el Macintosh. Comenzó su segunda vida, cuyo ascenso caótico le llevaría hasta el mismo firmamento donde, de tanto acercarse al sol, terminó quemándose las alas. Todo sucedía quizá demasiado deprisa. Junto a Wozniak, su amigo de la infancia y paladín absoluto de la tecnología, fabricó su primer ordenador y juntos se pusieron a trabajar en su primera obra maestra, el Apple II.

Seguía sin hacer concesiones. Aquel chico de aspecto *hippy*, algo que siempre asumió sin vergüenza, era capaz de arrastrar a financieros trajeados y conseguir que pusiesen dinero pese a la aprensión inicial provocada por su forma de vestir. El Apple II les convirtió en ricos y famosos. A los 25 años es el millonario más joven de EE.UU. Conoció la gloria, las ovaciones y las peleas de los medios por hacerse con unas declaraciones suyas. Y sobre todo, disfrutó del momento. Hasta que surgió una nueva búsqueda que capturó su alma.

Durante una visita a los laboratorios de investigación de Xerox, vió la luz y, en una fracción de segundo, imaginó un futuro en el que arte e informática convivían y se reforzaban mutuamente: el ordenador desde la perspectiva de la estética. Su nuevo objetivo tuvo dimensiones globales: ¡el Macintosh cambiaría el mundo! Ni más ni menos.

A pesar de ello, Jobs no se conformó con aspirar a la belleza sino que maduró una perfección digna de Miguel Ángel. No se trataba de un deseo superficial, su idea tenía que aplicarse con perfección, no con intolerables aproximaciones. Sus ingenieros ponían el grito en el cielo ante sus pretensiones, como cuando, en 1977, pidió que los circuitos de la placa base del Apple II tuviesen una distribución rectilínea, sin importarle la increíble dificultad que aquello entrañaba y convencido de que la Capilla Sixtina no se podía levantar en un motel. La perfección estaba presente hasta en el más mínimo detalle.

Para crear el Macintosh, Jobs se rodeó de un equipo de personajes únicos que llegaron hasta allí a través de implacables procesos de selección. Un año y medio antes, durante una conferencia en el Instituto Smithsonian, explicó que «es doloroso no poder contar con los mejores del mundo y mi trabajo consiste precisamente en eso, en deshacerme de quienes no están a la altura».

La bandera pirata ondeaba en la guarida de los artistas del equipo Macintosh, una banda de marginales sublimes que intentaba prolongar artificialmente la fiesta del *flower power* de los 60. Juntos trabajaban de forma separada del resto de Apple: lo suyo es la revolución.

La epopeya de Macintosh se desarrolla en condiciones homéricas. Ignoraban la opinión mayoritaria, sorteando obstáculos que otros estimaban insuperables. Más que un proyecto tecnológico, aquellas peripecias parecían las aventuras vividas por Francis Ford Coppola durante el rodaje de *Apocalypse now*. Sin embargo, resultaba casi imposible imaginar a Andy Hertzfeld o Randy Wigginton, dos de esos rebeldes por naturaleza, dar lo mejor de sí en cualquier otra circunstancia. Hertzfeld, impulsado por las demandas de sus compañeros de equipo, desarrolló la interfaz del Macintosh sin escatimar horas ni creatividad y aceptando de buen grado las novatadas periódicas del capitán de aquella extraña nave.

Soberbio e impetuoso, Jobs actuaba a su antojo e intervenía hasta en los mínimos detalles de su *Gioconda* particular. En una ocasión, se presentó sin avisar, en el despacho de Andy Hertzfeld, un inconformista con una trayectoria accidentada y, sin rodeos, le anunció que desde aquel momento formaba parte del equipo Macintosh. «Genial», contestó Hertzfeld, «dame un par de días para que termine un programa del Apple II y allí estaré». «¡No hay nada más importante que el Macintosh!», decretó Jobs, al tiempo que desenchufaba el ordenador de Hertzfeld, lo metía en una caja y salía hacia el aparcamiento. Andy iba corriendo detrás, protestando contra el absolutismo de su nuevo jefe. Así era Jobs, dedicado en cuerpo y alma a las causas que emprendía y sin entender de otros compromisos.

El Mac, finalmente, fue lanzado en enero de 1984 en medio de una lluvia de alabanzas. Jobs contrató al director de moda, Ridley Scott, (el éxito de *Blade Runner* aún estaba caliente) para hacer un impactante y audaz anuncio que, pese a las reservas de los miembros más conservadores del consejo de administración, invadió por sorpresa las pantallas de millones de hogares americanos. Nacía la era Macintosh.

Jobs había levantado una fortificación como se construyen las catedrales, piedra a piedra, animado por un sentido de la perfección sin compromisos. Su trayectoria en Apple desprendía un olor novelesco: desafíos, victorias y golpes teatrales en una segunda vida que se convertía en una epopeya inolvidable. Los mejores años de nuestra vida.

Sin embargo, nada más descubrir su grial y alcanzar la gloria, el suelo se hundió bajo sus pies. Y la traición fue especialmente dolorosa porque quien la orquestó fue John Sculley, a quien él mismo había contratado para que tomase las riendas de Apple.

En sus memorias, Sculley explicaría que su decisión era la única opción para impedir que Jobs hundiera Apple (¿cómo podía haber imaginado las consecuencias?) pero Jobs jamás perdonaría a quien le echó de Apple como si fuese un criminal. Empezaba su tercera vida.

Cual Don Quijote, se enfrentó a los molinos y luchó para salvar a una Jerusalén ya liberada. Fundó NeXT, un proyecto aún más ambicioso que el anterior, una pirámide que tendría que abandonar a su suerte bajo el sol del desierto. Intentó remontar el vuelo, pero sus deseos de venganza nublaban su visión de la realidad.

Pasado el tiempo, Jobs admitiría que su extremismo le perjudicó en ocasiones, pero en el fragor de la batalla era incapaz de controlar su genio. Por ejemplo, en 1988 reunió a los representantes de la principales universidades de EE.UU. para presentarles NeXT e intentar formalizar los miles de pedidos necesarios para seguir adelante. A mitad de la jornada, descubrió que alguien había olvidado prepararle su menú vegetariano y, furioso, canceló el plato principal de todos los invitados. Aunque sus colaboradores más próximos trataron de hacerle entrar en razón, prefirió dejar sin comer a sus clientes potenciales antes de cambiar de opinión.

A principios de 1993 se sumió en un estado de desolación al contemplar cómo sus sueños se hacían pedazos. Un insoportable día de febrero, los bienes de NeXT eran saldados para pagar a los acreedores. Por un momento, temió quedarse anclado para siempre en un pasado de gloria.

Y justo cuando ciertos cronistas malintencionados empezaban a afilar sus lápices para dibujar su obituario, el viento cambió para una salvación en el último minuto. Una de sus pasiones secundarias, la animación en tres dimensiones por ordenador, propició un viaje tumultuoso por océanos desconocidos de los que Jobs emergía como un nuevo Colón, arribando a tierras desconocidas y tomando posesión de ese Nuevo Mundo. La resurrección surgió donde nadie lo esperaba y el triunfo de Pixar le devolvió al centro de todos los focos. *Toy Story* le salvó la vida.

El giro de los acontecimientos le colocó en un lugar privilegiado hasta que, ironías de la historia, le toco acudir al rescate de Apple. Una gélida mañana de enero de 1997, con el corazón en un puño, Jobs regresó a las oficinas de Apple, su antiguo reino, una década después de haber sido desterrado. La nostalgia y el recuerdo de su epopeya personal se apoderaron de él. El rencor casi había conseguido que olvidase su amor por Apple.

Ya no era aquel joven impetuoso. A sus 42 años había sufrido todo tipo de altibajos y su alocada juventud había quedado atrás, como una telenovela en tonos sepia que se desvanecía al ritmo que clareaba su antaño frondosa cabellera. También había alcanzado cierta estabilidad al encontrar a la mujer de su vida, tan hermosa como prudente, vegetariana y budista como él, y que le había dado dos preciosos hijos. Conocer la gloria, morder el polvo y volver a saborear las mieles del éxito le habían hecho grande. Siempre movido por su aspiración a la belleza, aprendió a ver las cosas en perspectiva.

Los brillantes años que habrían de venir estuvieron salpicados por estrellas fugaces que, aun así, supieron hacerse (y hacerle) un hueco en la historia de la humanidad: iMac, iPod, iPhone, iPad... Steve Jobs vivió de forma trepidante, cambiando nuestra manera de entender la tecnología. La misma semana en la que se rumoreaba que Apple presentaría la esperada quinta generación del iPhone, y que al final fue una reingeniería del iPhone 4 bajo el nombre de iPhone 4S, Steve Jobs fallecía y dejaba huérfano al mundo de su talento. Sólo el impacto mediático de la noticia sirve para explicar quién fue y qué significó el hombre que supo ver el futuro antes que el resto.

Primera vida:
La búsqueda

Salida en falso|01

Los dados cayeron sobre la mesa. Uno quedó en equilibrio sobre una arista, invalidando los puntos; otro salió disparado tan lejos que no hubo quien lo encontrase. Los tres restantes mostraban un uno, un tres y un dos. Sin duda no eran los mejores presagios para Steve Jobs, que llegó a la vida con mal pie un 24 de febrero de 1955, hijo de unos padres que no le esperaban y que decidieron dar la espalda a sus obligaciones. Por fortuna, no todo estaba perdido: su oportunidad cobró forma en una pareja que, sobre todas las cosas, deseaba ese hijo que la naturaleza les negaba.

Antes de abandonarlo a su suerte, su madre biológica impuso algunas condiciones antes de entregarlo a su suerte, cual Moisés sobre el Nilo. Quería que el niño al que no iba a ver crecer tuviese ciertas garantías en su vida y para ello se reservó la custodia definitiva hasta estar segura de que su familia adoptiva le daría estudios universitarios. Tal vez pueda parecer una exigencia mezquina. Si tanto se preocupaba por el futuro de su hijo ¿por qué no se ocupaba ella misma de su presente? Pero ella sólo quería que le diesen las armas necesarias; ya se abriría paso él a codazos y se buscaría un sitio entre la multitud.

Algunas décadas después, con la sabia distancia necesaria, Jobs recordaría sus inicios explicando que hay situaciones que requieren únicamente de tiempo para poder entenderlas adecuadamente. «La magnitud de las consecuencias de nuestros actos no se puede medir en el presente. Las conexiones aparecen después e ineludiblemente terminan afectando al destino. Llámalo destino, karma, o simplemente el curso de la propia vida, da igual, lo importante es creer que ese algo existe. Esa actitud siempre me ha funcionado y ha gobernado mi vida».

En efecto, aquel 24 de febrero de 1995 la suerte le sonrió, aunque aún no pudiese valorar cuánto. Desde su infancia sí que lo supo. Crecer en la soleada California ante un océano que invita a la aventura es un privilegio que estimula a aprovechar al máximo las oportunidades de futuro. Doce años más tarde, el movimiento *hippy* instalaría su feudo en la iluminada urbe de San Francisco y, poco después, Silicon Valley verá emerger el géiser de la microinformática.

Jobs llegó tarde a la revolución cultural de los sesenta pero se sumergió en ella con naturalidad, abrazando con intensidad el sueño de un mundo mejor y el deseo de cambiar las cosas. También desarrolló una pasión sin límites hacia la tecnología, su nueva hada madrina que le aportó sus primeras satisfacciones y una sensación precoz de autoestima, con la seguridad de que le devolvería centuplicado todo lo que ella le estaba dando.

Sin embargo, en 1955 los habitantes de San Francisco tenían otros motivos de preocupación bien distintos. Estados Unidos atravesaba una época dorada, apacible en general y marcada por un estilo de vida derivado de las ventajas del progreso. Sin embargo, una amenaza surgía en el horizonte, un viento de rebeldía que soplaba entre los contoneos del joven Elvis Presley, capaces de conmocionar a las adolescentes en una ola que, en aquel momento, únicamente arrasaba entre las jovencitas.

Jobs disfrutaba de un entorno familiar privilegiado, sin duda preferible al que le habría podido ofrecer su madre biológica. Los Jobs eran una familia ejemplar y, por mucho que les costara llegar a fin de mes, se propusieron dar todo su amor y sabiduría a los retoños que habían adoptado. A lo largo de su juventud y hasta la creación de Apple, Jobs encontró en sus padres adoptivos un apoyo continuo y afable. ¿Qué mejor tesoro para un espíritu desorientado, en perpetua interrogación, ultrasensible e incómodo en su piel?

«He tenido suerte», dijo Steve Jobs en 1995. «Mi padre, Paul Jobs, fue un hombre realmente excepcional. No tenía estudios. Se incorporó a la Guardia Costera del ejército en la Segunda Guerra Mundial y transportaba a las tropas por el mundo para el general Patton. Siempre se metía en problemas y le descendían continuamente a soldado raso». Dos años después, pronunciaría unas palabras muy emotivas en memoria de Paul[1]. «Espero poder ser un padre tan bueno para mis hijos como lo fue mi padre para mí. Pienso en ello todos los días».

Su historia, que empezó en falso, se encaminó hacia la apoteosis. Como dice un proverbio chino que Jobs tuvo siempre muy presente, el viaje es la recompensa. En su caso, y sin que nadie lo supiera, Ariadna había tejido un hilo para ayudarle a salir del laberinto.

Steve Jobs nació en plenos años 50. La América conservadora no había sufrido aún el arrebato catódico del frágil Elvis Presley y el *rock and roll,* y mucho menos los sobresaltos de la contracultura. Los maridos ganaban el dinero que entraba en el hogar mientras sus esposas mantenían la casa como los chorros del oro y criaban a unos hijos muy formalitos. Los domingos se dedicaban a lavar el coche y cortar el césped. Nadie osaba apartarse de los convencionalismos por «el qué dirán» y la vida parecía apacible y tranquila. De hecho, muchos cineastas desde Steven Spielberg hasta George Lucas recurrirán en el futuro con nostalgia a la plácida atmósfera de esa década.

Así que podemos imaginar el escándalo que suponía que una joven soltera que apenas había cumplido los 23, Joanne Carole Schieble, estuviese embarazada, una situación empeorada por el hecho de que el padre no era un americano de buena familia (lo que tal vez hubiera aliviado su desliz) sino de origen sirio. Joanne se había enamorado de su profesor de Ciencias Políticas, Abdulfattah Jandali, en la Universidad de Wisconsin. Ante la frontal oposición de su padre, que incluso había amenazado con desheredarla, decidió ocultar su embarazo y trasladarse a California para dar a luz y buscar a unos padres adoptivos.

El bebé nació el 24 de febrero. Al conocer el sexo del niño, los padres elegidos (una familia de abogados) torcieron el gesto porque esperaban una niña y, sintiéndolo mucho, anunciaron que no se harían cargo de la criatura. Joanne tuvo que conformarse con la segunda pareja en la lista de espera: un quincuagenario, Paul Jobs, y su mujer Clara. En plena noche, los Jobs recibieron una llamada: «Tenemos un bebé. Es un niño. ¿Lo quieren?». No lo dudaron ni un segundo. Sin embargo Joanne no estaba del todo convencida. Los nuevos padres adoptivos eran de clase media y su posición económica distaba de la de una familia de abogados. En palabras de Steve Jobs, «cuando mi madre biológica descubrió que mi madre adoptiva no tenía ningún título universitario y mi padre ni siquiera había terminado la secundaria, se negó a firmar los documentos definitivos de la adopción durante varios meses, hasta que mis padres la prometieron que me mandarían a la universidad».

El destino dio un giro curioso para Joanne Carole Schieble y, aquellas navidades, se casó con su profesor en Green Bay (Wisconsin). Aunque el matrimonio únicamente duró siete años, en junio de 1957 los Jandali tuvieron un segundo hijo, una niña llamada Mona. Mientras, el pequeño Steve crecía en California, sin saber que tenía una hermana.

Los Jobs vivían en una casita del extrarradio sin demasiados lujos. Clara trabajaba como contable y Paul era operario de maquinaria en una fábrica de láseres. Cuando Steve cumplió cinco años, su madre decidió coger un segundo trabajo cuidando niños para poder pagarle las clases de natación[2]. Al poco tiempo, decidieron adoptar un segundo hijo, una niña llamada Patty.

En 1960, la familia se trasladó de San Francisco a Mountain View, en el corazón de lo que sería Silicon Valley y Jobs se quedó completamente anonadado por una región que le parecía el paraíso gracias a un valle salpicado de exuberantes jardines y huertos. El aire era tan puro que las casas y las colinas se veían nítidamente desde la lejanía.

Al pequeño Steve le fascinaba la destreza de su padre adoptivo, «un artista con las manos» como recordaría después, y era capaz de pasarse horas mirándole cortar madera y clavarla sobre el banco del garaje. Un día en que su retoño tenía seis años, Paul dividió en dos el banco y le dio una parte a Steve. «¡Ahora tú también tienes un banco de trabajo!». De paso le regaló varias herramientas y le enseñó a usar el martillo y la sierra. «Dedicó mucho tiempo a enseñarme a construir cosas, desmontarlas y reensamblarlas»[3].

Sin embargo, Stephen no era lo que podía decirse un chico listo y, aunque manifestara una actividad superior a la media, sus actos revelaban cierta dispersión. Por ejemplo, sus padres tuvieron que llevarle en dos ocasiones a urgencias, una para que le hicieran un lavado de estómago después de tragarse una botella de insecticida y otra por haber introducido una broca en una toma de corriente.

Su madre le había enseñado a leer en casa así que, cuando Jobs empezó el colegio, tenía la esperanza de que ante sí se le abría un mundo de conocimiento listo para ser explorado. Sin embargo, su relación con la autoridad docente no salió bien parada porque «rechazaban toda la curiosidad que había desarrollado por naturaleza».

Con siete años, la crisis de los misiles de Cuba, el 16 de de octubre de 1962, le afectó fuertemente. «Me pasé tres o cuatro noches sin pegar ojo porque tenía miedo de no despertarme si me quedaba dormido. Creo que entendía perfectamente lo que estaba pasando, como todo el mundo. Nunca olvidaré el miedo y, de hecho, no se ha desvanecido del todo. Me parece que todo el mundo experimentó lo mismo en aquella época»[4].

Un año después, a las tres de la tarde del 22 de noviembre de 1963, otro acontecimiento le sobrecogió. En la calle alguien gritaba que acababan de asesinar a Kennedy. Sin saber por qué, era consciente de que Estados Unidos había perdido a una de sus grandes figuras históricas.

El colegio cada vez se le hacía más cuesta arriba. Para matar su aburrimiento, se dedicaba con un compinche, un compañero de clase llamado Rick Farentino, a sembrar el caos tirando petardos en los despachos de los profesores o soltando culebras en mitad de las clases. Más tarde confesaría, emocionado, que si consiguió evitar la cárcel fue sólo gracias a la sagacidad de una profesora de cuarto de primaria, la señorita Hill, que encontró la manera de canalizar la energía desbordante de aquel alborotador de nueve años ofreciéndole cinco dólares y un pirulí gigante a cambio de que se leyese de cabo a rabo un libro de matemáticas. Picado por la curiosidad, Jobs se entregó a los estudios y descubrió la pasión por aprender hasta el punto de saltarse el último curso de la escuela elemental y acceder al instituto un año antes de tiempo.

Llegado a su adolescencia dos son sus máximas influencias: la contracultura *hippy* y la tecnología. Embebido en la música *rock* de The Doors y The Beatles, y los poemas caprichosos del intrigante Dylan, la ola contestataria que estaba tomando forma no podía sino atraer a un chico como él, preocupado ya por darle un sentido a la vida. «Recuerdo mi niñez a finales de los 50 y principios de los 60, una época muy interesante en Estados Unidos. El país se encontraba en una época de prosperidad tras la Guerra Mundial y todo parecía estar regido por la corrección, desde la cultura hasta los cortes de pelo. Los años sesenta suponen la diversificación: surgieron nuevos caminos por todas partes y ya no había sólo una forma de hacer las cosas. En mi opinión, América era aún un país joven que estaba teniendo mucho éxito y que sufría de una aparente ingenuidad»[5].

El artista a quien más admiraba era Bob Dylan. Sabía de memoria la letra de todas sus canciones pero, sobre todo, le impresionaba su facilidad para cambiar de piel, como cuando decidió integrar las guitarras eléctricas en su música ante el enfado de parte del público que le había encumbrado, amantes de la música acústica y que, durante sus conciertos, le abucheaban al grito de «¡Vuelve a ser tú mismo, traidor!».

Aun así, el autor de *Like a rolling stone* no se dejaba impresionar e ignoraba a sus detractores. Que le quisieran o no era la menor de sus preocupaciones. «Dylan nunca se quedó estancado. Los artistas buenos de verdad siempre llegan a un punto en el que pueden seguir haciendo lo mismo toda la vida pero si continúan desafiando al fracaso seguirán siendo artistas. Dylan y Picasso siempre han actuado así»[6].

Jobs era francamente infeliz en el instituto de Mountain View y pronto empieza a canalizar esa frustración a través del rechazo a acatar las normas. Sin embargo, un día siente que ya no puede más y le planta un ultimátum a su padre. «¡No pienso seguir estudiando si tengo que volver a poner los pies en ese instituto!»[7]. El adolescente hacía gala de una firme determinación, así que su padre reaccionó con magnanimidad y, fiel a la promesa que había hecho a Joanne Schieble, decidió apoyarle y buscar una educación más adecuada. Para ello, la familia se traslada a Los Altos, no lejos de Mountain View. Steve aumenta su asistencia a clase en el Instituto Homestead pero, sobre todo, conoce a personas importantes en el vecindario.

Su entusiasmo por la tecnología se lo debía a su padre, que con frecuencia acudía a los desguaces para adquirir vehículos abandonados por cincuenta dólares, repararlos y venderlos a estudiantes[8]. Jobs empezó a interesarse por la electrónica para poder echarle una mano. «Muchos de los coches que arreglaba tenían una parte electrónica. Él me enseñó los rudimentos y enseguida me empezó a interesar»[9]. Fascinado por los aparatos de todo tipo, Steve interrogaba sin descanso a su padre adoptivo y sometía a un intenso cuestionario a cualquiera que pareciese dominar la electrónica si venía a cenar con la familia.

Larry Lang, un ingeniero de Hewlett-Packard, vivía varias casas más abajo en su misma calle. Era un forofo de la técnica y radioaficionado en su tiempo libre así que un día, para sorprender a los niños que jugaban en la calle, instaló un micrófono y un altavoz conectados a una sencilla batería en el pasillo de su casa. Jobs y los otros críos se divirtieron hablando en el micro, disfrutando de la sorpresa de escuchar su voz amplificada e intentando en vano comprender cómo podía crearse aquel efecto. Estupefacto, corrió de vuelta a casa directo a buscar a su padre.

—Me habías dicho que no se podía dar más potencia a la voz sin un amplificador. ¡Me has mentido!

—Claro que no —le respondió Paul—. ¡Es imposible!

—¡Pues un vecino ha podido!

Ante la incredulidad de su padre, Jobs le llevó al lugar de los hechos y, deseoso de aprender más cosas, enseguida entabló amistad con aquel émulo del señor Q, el inventor de los artilugios de James Bond. Por suerte, Larry Lang estaba encantado de compartir sus conocimientos con aquel apasionado joven y le enseñó nociones avanzadas de electrónica, animándole a comprarse componentes Heathkit que traían unos manuales explicativos para realizar los montajes. El ensamblaje de aquellas piezas marcó un momento crucial en su vida.

«Los componentes ofrecían diferentes posibilidades. Para empezar, el simple montaje ayudaba a comprender el funcionamiento de los productos acabados porque, aunque también incluían la teoría, lo más importante es que daban la sensación de que uno podía construir cualquier cosa. Habían dejado de ser un misterio. Podía mirar un televisor y pensar que aunque todavía no había construido uno era perfectamente capaz de hacerlo. Todo aquello era resultado de la creación humana y no fruto de algún tipo de extraña magia. Saberlo aportaba un grado muy alto de seguridad en uno mismo y, mediante la exploración y el aprendizaje, se podían entender cosas muy complejas en apariencia. En ese sentido, mi infancia fue muy afortunada»[10].

Al poco tiempo, Jobs empezó a ganar algún dinero comprando viejos aparatos estéreo que arreglaba y revendía. Sus arreglos, en cualquier caso, no eran una reproducción idéntica del diseño original sino que ya hacía gala de un sentido de la innovación y simplificación. Su profesor de electrónica en Homestead, John McCollum, le recuerda como «un chico solitario que siempre miraba las cosas desde otra perspectiva»[11]. No existían obstáculos cuando deseaba algo y, gracias a una tenacidad fuera de lo común, estaba dispuesto a cualquier cosa para alcanzar sus objetivos. Un día, mientras buscaba piezas sueltas para una de sus creaciones, se le ocurrió llamar a la empresa Burroughs de Detroit. Su falta de éxito le impulsó a telefonear a William Hewlett, cofundador de Hewlett-Packard. Hewlett descolgó el teléfono y escuchó la voz de un chico de trece años al otro lado de la línea. «Hola, me llamo Steve Jobs y estoy buscando piezas sueltas para fabricar un contador de frecuencias. ¿Me las podría proporcionar usted?».

El aplomo del estudiante sedujo a William Hewlett y estuvieron hablando durante unos veinte minutos. Al colgar no sólo tenía las piezas solicitadas sino que, mejor todavía, había conseguido un pequeño trabajo en Hewlett-Packard. Jobs todavía guarda un grato recuerdo de su primer contacto con el mundo empresarial. Ya sólo le faltaba un *alter ego* con quien compartir su pasión por la tecnología.

1970 fue un año nefasto. Algunos héroes que habían traído la esperanza en la década anterior dejaron este mundo de forma prematura. Jimi Hendrix fue uno de los primeros en salir volando hacia otros firmamentos, víctima de sus excesivos escarceos con sustancias de liberación efímera y que acabaron sumiendo al guitarrista mestizo un 18 de septiembre en un sueño del que no despertaría jamás. Janis Joplin, *el pájaro bendito*, se reuniría con él el 4 de octubre. Fieles a su papel de precursores, The Beatles anunciaban su separación el 10 de abril, poniendo un prematuro fin al sueño multicolor al que cantaban en *All you need is love*. Visiblemente desinformado, Elvis Presley visitó en privado a Nixon para asegurarle su apoyo y aprovechó para acusar de antiamericanismo al grupo de Liverpool, sin sospechar que sus denuncias acabarían viendo la luz en el siniestro caso Watergate pues el paranoico dirigente grababa hasta las conversaciones más banales.

El 8 de junio, el venerado Bob Dylan, poeta íntegro y visionario de quien en 1963 se decía que «había tomado el pulso de nuestra generación», rompía voluntariamente con su propia imagen con la publicación del disco *Self portrait* en el que parecía parodiarse y denunciar satíricamente que él no era el portavoz generacional en que habían querido convertirle.

Por su parte, los Estados Unidos se sacudían en un maremoto cultural que conmocionaba las conciencias de unos ciudadanos bajo la dirección de un presidente tan retorcido que se lo ponía muy difícil a los caricaturistas para retratarle. La supuesta cruzada para liberar Vietnam había resultado ser un atolladero y la mayoría de jóvenes salía a las calles para demostrar su oposición mientras quemaban públicamente sus carnés de alistamiento. Los valores que habían levantado a la nación se cuestionaban desde todas las posiciones y ni siquiera la conquista espacial estaba a salvo de la convulsión del momento. La misión del Apolo XIII, que debía transportar a los astronautas para pisar otra vez la luna, acabó en tragedia cuando fallaron tres de los cuatro motores y dos de las tres reservas de oxígeno.

Así de agitado fue el año 1970 aunque, de entre todos los estados americanos, California fue sin duda el más afectado por la revolución de las ideas, la moralidad y el estilo de vida. Steve Jobs, que el 24 de febrero cumplía quince años, estaba en primera fila de la revolución en la que quizá era demasiado joven para participar de lleno pero sí lo suficientemente maduro como para beber de las fuentes del pensamiento contracultural. Aun así, su vida transcurría por otros derroteros y aquel año conoció a un individuo que transformaría su existencia, un chiflado de la electrónica como él que no dejaba de ir y venir con nuevas ideas, imaginación y espíritu inventor. Un amigo común, Bill Fernández, hizo los honores y les presentó. Su nuevo amigo, una especie de científico chiflado, fabricaba toda clase de aparatos sorprendentes y, desde hacía seis meses, se le había metido en la cabeza construir su propio ordenador. Fernández no tenía dudas acerca de lo bien que se caerían. «¡Tienes que conocerle!», le dijo a Jobs. Se vieron, se gustaron, conectaron y entre Jobs y Wozniak surgió un flechazo intelectual.

Steve Wozniak era el típico adolescente fruto del ambiente contracultural: pelo largo, barba... y unas gafas detrás de las que brillaban unos ojos chispeantes y maliciosos. Pese a su sentido del humor, jovialidad y facilidad de trato, tenía pocos amigos y le costaba relacionarse. Como a Jobs, le fascinaba la electrónica y pasaba la mayor parte del tiempo estudiando ordenadores.

Su familia era originaria de Polonia pero él había nacido el 11 de agosto de 1950 en San José (California). Desde muy joven había demostrado un talento fuera de lo común: a los tres años leía y a los nueve, todavía en la escuela elemental, su profesor le describió como un «genio de las matemáticas». Un año después se había construido su propia radio. Más adelante, en el instituto, Wozniak tenía las mejores notas en ciencias y matemáticas del centro. Mientras, daba rienda suelta a otras pasiones como él mismo recuerda: «Había leído un libro sobre radioaficionados que buscaban a secuestradores. Quise sacarme la licencia y lo conseguí en un año. Mi padre me ayudó mucho».

Ciertamente su padre era un buen maestro. Como ingeniero en la aeronáutica Lockheed, colaboraba en proyectos militares secretos y era habitual verle por la casa familiar escudriñando planos de nuevos diseños. «Bebía muchos martinis pero se había hecho un nombre por la originalidad de sus propuestas, muchas de las cuales salvaron diferentes programas de la empresa. Era capaz de pasarse semanas, e incluso meses, buscando la solución a complicadísimas ecuaciones. Su ejemplo me influyó mucho y empecé a obsesionarme con la precisión», explicaba Wozniak a propósito de su padre.

Fue su padre quien le introdujo en la electrónica, insistiendo igualmente en la importancia de la educación. «Antes que nada, me hablaba de la importancia de la ética, de decir la verdad, de mantener la palabra y de terminar lo que se ha empezado. Era muy estricto en esos temas aunque no fuera religioso. Ha sido, de lejos, la mayor influencia de mi vida».

Sería la lectura de un artículo sobre álgebra booleana, un sistema de cálculo que le fascinó, el detonante para despertar su curiosidad por la informática y el impulso necesario para que empezase a diseñar circuitos informáticos. Por casualidad, su padre disponía de cientos de transistores y Wozniak pudo dedicar tiempo a transformar las ecuaciones en circuitos electrónicos.

En 1964, con catorce años, ganó varios premios en una feria científica de San Francisco, entre ellos uno como mejor proyecto que otorgaban las Fuerzas Aéreas por una calculadora que había fabricado. Sorprendido, uno de sus profesores del instituto medió con una empresa local, Sylvania, para que Wozniak pudiese acudir una vez a la semana a hacer prácticas con su ordenador. En su primera semana realizó un programa que simulaba el desplazamiento del rey en una partida de ajedrez.

Obnubilado por la informática, Wozniak pronto empezó a concebir su propio ordenador. Su sueño se topó con una inesperada dificultad de tipo práctico: en aquella época pionera era prácticamente imposible hacerse con los componentes necesarios. Mientras mantenía su cabeza ocupada en intentar progresar se distanciaba de otras tentaciones bastante más de moda. Años después admitiría que nunca probó la droga y que ni siquiera bebió alcohol hasta cumplir los treinta. «Todavía odio el sabor del alcohol. Además, era consciente de que tenía un sistema mental que funcionaba muy bien y no quería echarlo a perder con el alcohol o la marihuana».

Wozniak obtuvo la mejor nota de su promoción en el examen de ingreso a la Universidad de Berkeley. Era otoño de 1968 y había llegado a sus manos el folleto promocional de un nuevo ordenador, el Nova, fabricado por Data General. Casi como un juego, intentó establecer el diseño basándose en los chips que conocía y resultó que su configuración requería la mitad de chips que el original. «Mi planteamiento del diseño de ordenadores cambió para siempre. Mi descubrimiento demostraba que se podía obtener un producto igual de bueno con la mitad de chips. Fue una lección tremenda. Entonces me propuse reducir el uso de chips en el interior de una máquina».

En el verano de 1970, Woz, como se le conocía, tenía el perfil perfecto para seducir a Steve Jobs. Su pasión común por la tecnología hacía olvidar los cinco años de diferencia entre el universitario y el estudiante de instituto. Al cabo de los meses, la admiración de este último no dejaría de crecer al observar que, fuese cual fuese el problema, incluso en campos que desconocía por completo, Wozniak siempre encontraba la solución y, a menudo, de forma sobresaliente. Además, exhibía una capacidad de concentración increíble.

Las primeras hazañas de aquella pareja de marginales fueron dignas de un malo de dibujos animados ya que Jobs aprovechó la capacidad de inventiva de su colega para desarrollar un curioso negocio. En octubre de 1971, poco después de empezar tercero de carrera, Wozniak leyó un artículo de ficción de la revista *Esquire* en el que se desvelaban los secretos de la caja azul (un aparato electrónico utilizado para alterar el funcionamiento de la línea telefónica) y en el que explicaban las acciones de un grupo de ingenieros capaces de infiltrarse en las redes telefónicas comandados por un tal Capitán Crunch. Fascinado, Wozniak telefoneó a Jobs para leerle amplios extractos del artículo y hacerle observar un pequeño detalle: aunque se trataba de un artículo de ficción lo cierto era que aportaba muchos datos técnicos y hacía pensar que el autor se estaba refiriendo a hechos reales. Incluso mencionaba las frecuencias que se podían utilizar para hacer llamadas gratis.

El día siguiente, Wozniak y Jobs se presentaron en la biblioteca del SLAC, un laboratorio de física dependiente de la Universidad de Stanford, y encontraron un libro que confirmaba que las frecuencias sonoras que permitían llamar sin pagar coincidían exactamente con las del artículo de *Esquire*.

De vuelta en casa de Steve, se pusieron a desarrollar un aparato que simulara aquellas frecuencias y, después de varias semanas y de contar con la ayuda de otro entusiasta de la electrónica compañero de Wozniak en Berkeley, ultimaron la concepción de una caja azul que producía las sonoridades deseadas. Para ponerla a prueba, Wozniak pidió la opinión de un estudiante dotado de un oído absoluto, capaz de percibir las notas exactas. «Él me decía qué tonalidades oía y de aquella forma yo podía deducir cuáles eran los diodos defectuosos».

Para Woz, aquel era un proyecto de puro desafío intelectual, jamás utilizaría su diseño para aprovecharse y realizar llamadas gratis. «Siempre he pagado mis llamadas. Sólo usaba las cajas azules para comprobar su funcionamiento». Jobs, por su parte, veía las cosas desde un ángulo más práctico y se empeñó en transformar el descubrimiento de Wozniak en una actividad lucrativa, asumiendo el papel de comercial improvisado y encargándose de hacer demostraciones de las cajas para su venta. En 1971, la pareja comercializó grandes cantidades de aquellos aparatos que permitían llamar gratis a cualquier parte del mundo. Sus clientes iban desde simples estudiantes de Berkeley hasta chiflados de la telefonía con quienes se topaban por azar en el curso de sus aventuras. El negocio les dio algún susto inoportuno, como cuando en el aparcamiento de una pizzería de Cupertino uno de sus clientes se negó a pagar y les sacó un arma. Curiosamente, Jobs le dejó su número de teléfono con las siguientes instrucciones: «Llámeme y dígame qué tal funciona».

Un día, el dúo descubrió que el famoso Capitán Crunch del artículo de *Esquire* no sólo estaba vivito y coleando sino que iba a conceder una entrevista en la KKUP, una radio local. Al parecer había descubierto casualmente que el silbato infantil que Quaker Oats regalaba en sus cajas de cereales reproducía la frecuencia exacta que Bell utilizaba para las llamadas de larga distancia y así se podían hacer llamadas gratis. Jobs y Wozniak trataron de hacerle llegar un mensaje al misterioso Capitán Crunch pero no obtuvieron respuesta hasta que, un buen día, un inquilino del campus se presentó en la habitación de Woz para contarle en secreto que, cuando trabajaba en la KKUP de Cupertino, se había cruzado con un tal John Draper, quien había admitido ser el Capitán Crunch. Wozniak finalmente conoció a Draper en un Burger King de Nueva York y le preguntó cómo podía estar seguro de que era él. Su elocuente respuesta fue enseñarle su foto en la portada del semanal *Village Voice*. Su amistad acababa de nacer.

Un día, mientras Jobs acompañaba a Wozniak a su casa de Los Altos a la una de la madrugada, se les estropeó el coche y tuvieron que caminar hasta el taller más cercano A falta de otra opción mejor, decidieron utilizar la caja azul para telefonear a John Draper y pedirle que les fuera a buscar. En plena llamada, un coche de policía se detuvo junto a ellos. «Pasamos mucho miedo cuando la operadora contestó a la llamada y no sabíamos qué decir porque aparecieron dos policías. A Steve le temblaba la mano con la que sostenía la caja azul», recuerda Wozniak. «Por nuestro aspecto, los agentes sospechaban que habíamos escondido droga entre los matorrales así que, en cuanto se pusieron a buscar, Steve me pasó la caja azul y me la guardé en un bolsillo del abrigo. Al cachearnos, la descubrieron. Nos habían pillado con las manos en la masa aunque, al preguntarnos qué era, les expliqué que se trataba de un sintetizador de música electrónica y que, al presionar los botones del teclado, se obtenían sonidos. El otro se interesó por la utilidad del botón rojo (la toma de línea) y Steve les contestó que era para la calibración. Les interesó mucho la caja y se la quedaron. Nos llevaron hasta donde estaba aparcado nuestro coche y nos sentamos en la parte de atrás, temblando. El policía que iba en el asiento del copiloto se dio la vuelta para devolverme la caja azul y nos dijo que un tal Moog (el inventor del sintetizador del mismo nombre) se nos había adelantado. Steve le respondió que había sido precisamente él quien nos había mandado los planos para fabricarlo y se lo creyeron».

Aquella noche, Draper fue a recoger a los chicos y, dos horas después, Wozniak se quedó dormido al volante y sufrió un accidente un accidente en el que el peor parado fue su coche. Aquel episodio nocturno hizo sonar las alarmas así que, con el miedo en el cuerpo, Jobs decidió dejar de vender cajas azules, preocupado por las consecuencias legales, mientras que Wozniak, decepcionado por haberse quedado sin coche y no tener seguro, decidió que había llegado el momento de ponerse a de buscar trabajo y, a la vuelta de las vacaciones del verano de 1972, empezó a trabajar como programador en Hewlett-Packard. Draper, sin embargo, tenía los días de libertad contados y poco después el FBI le detuvo y acabó en la cárcel.

Terminado el instituto, Jobs se mudó con su novia de entonces, Chris-Ann Brennan, a una casita de madera en las montañas de Santa Cruz. En aquella época probó el LSD pero no volvió a hacerlo al comprobar que «de repente, los campos de trigos se pusieron a tocar Bach»[1]. La adolescencia de Jobs llegaba a su fin y desbordaba curiosidad. Aunque seguía sin estar seguro de qué camino tomar, tenía claro que éste le llevaría al éxito: «un día, seré rico y famoso», le confesó a su novia.

En aquella época, el *Whole Earth Catalog,* una revista contracultural de productos alternativos que permitía llevar una vida autosuficiente, dejó de publicarse. Jobs sentía adoración por aquella publicación: «Era una revista idealista con un montón de ideas geniales y aplicaciones estupendas de cómo llevarlas a cabo». La contraportada del último número llevaba una fotografía de una carretera rural con una frase superpuesta en forma de despedida: «No perdáis el hambre ni la locura». La frase se marcaría a fuego en la cabeza de Steve Jobs.

Toma de conciencia | 03

Daniel Kottke, amigo de Jobs en la universidad, afirma que en aquella época era muy diferente. «El Steve Jobs que yo conocí en Reed, era un chico silencioso, de apariencia muy tímida. Era una persona intensa y profunda pero, sobre todo, un buen amigo que sabía ser generoso. Tenía un marcado carácter altruista y estaba muy interesado en la filosofía y en la espiritualidad. Nada hacía pensar que tuviera ambiciones. También era muy reservado».

Tal vez, el hijo de Paul y Clara Jobs se reconocía en la canción *I just wasn't made for these times* en la que Brian Wilson, líder de los Beach Boys, expresaba la desgracia de sentirse adelantado para su época y tener la sensación de que nunca conseguiría adaptarse:

> «Sigo buscando un lugar donde encaje
> y pueda expresar lo que siento.
> Me esfuerzo por encontrar personas
> que no se queden detrás. [...]
> No logro encontrar nada a lo que pueda
> entregarme con todo mi ser».

Paradójicamente, el disco en el que se incluye esta canción (*Pet Sounds*, considerado como una de las obras maestras de la música popular) supuso que Wilson fuese rechazado por el resto de los Beach Boys, que consideraban que sus composiciones eran demasiado vanguardistas y ese rechazo le sumió en una depresión de la que tardaría en recuperarse.

El carácter de Jobs no distaba mucho del músico californiano puesto que tampoco él se encontraba a gusto en un mundo del que apenas comprendía su funcionamiento. ¿Cuál era su sitio? Sintiéndose fuera de lugar luchaba por encontrar un camino que le ayudase a superar tanta confusión. Y si las respuestas que esperaba no estaban en el saber universitario, se propuso buscarlas en la espiritualidad oriental.

«Con 17 años me vi en la universidad. Ingenuo de mí, escogí una casi tan cara como Stanford y mis padres se vieron obligados a destinar todos sus ahorros a pagar la matrícula», recordaba Jobs. Su padre recordaba que «Stephen Paul decía que si no podía ir a Reed, no iría a ninguna parte»[1].

Reed era famosa por una actitud nada convencional dada la diversidad de estudios que se impartían en sus aulas: ciencias, historia, literatura... convivía con total naturalidad. El campus, inspirado en el de la universidad británica de Oxford, se extendía a lo largo de 47 hectáreas dentro de la ciudad de Pórtland, en el estado de Oregón, pero si algo hacía de Reed una universidad de prestigio era que se trataba de uno de los centros privados más exclusivos de Estados Unidos. Un año de estudios costaba 8.000 dólares, una suma considerable a principios de los 70, así que Paul y Clara debieron de hacer un gran esfuerzo para poder cumplir con la promesa que le habían hecho a la madre biológica de Steve.

Pero, allí, Jobs se encontraba en una situación incómoda frente una mayoría de estudiantes de familias acomodadas. Él, que a duras penas se había podido matricularse, no tenía dinero ni para alquilar una habitación en el campus. Así que solía dormir en el suelo de las habitaciones de sus amigos, en especial en la de Lawrence Philips, un chico con el que guardaba un gran parecido físico.

Philips solía invitar a estudiantes a su habitación y otro amigo, Dan Kottke, un tipo sociable y amistoso por naturaleza se quedó impresionado al ver que aquel chaval (el colgado de Steve Jobs que vivía de ocupa en el cuarto de Philips porque no podía permitirse una habitación) tenía nada más ni nada menos que un enorme magnetófono de calidad profesional. «No entendía cómo había podido hacerse con un equipo tan caro e impresionante. En las cintas del magnetófono tenía decenas de horas de grabaciones piratas de Bob Dylan. ¡Era genial!», confiesa Kottke.

El encuentro con Kottke marcaría un nuevo rumbo en la vida de Jobs. Gracias a él conoció el libro *Aquí ahora*, de Ram Dass (seudónimo del doctor Richard Alpert), en el que se narraba la epopeya que le había llevado a la India en 1967 donde había descubierto la espiritualidad y la meditación, y había conocido a un gurú llamado Neem Karoli Baba, también conocido como Maharajji. Kottke y Jobs compraron al mismo tiempo un ejemplar en la librería de la universidad y su lectura desembocó en largas conversaciones sobre esoterismo y espiritualidad india que serían el germen de una sólida amistad.

Su súbito interés por la filosofía oriental no dejó de crecer y, juntos, devoraron otros libros sobre el tema. Jobs se sumergió en la lectura de *Mente zen, mente de principiante* de Suzuki Roshi, *Más allá del materialismo espiritual* de Chogyam Trungpa, *Conciencia cósmica*, escrito a principios del siglo XX por Richard Maurice Bucke, y *Encuentros con hombres notables*, de George Gurdjieff.

«Gurdjieff le impresionó enormemente. A Steve le fascinaba que antes de convertirse en líder espiritual, hubiese sido un hombre de muchos recursos que viajaba de ciudad en ciudad ofreciéndose a arreglar los aparatos averiados de la gente», asegura Kottke. Seducidos por aquella corriente de pensamiento alternativo, juraron no comer carne jamás y se volvieron vegetarianos, abrazando el lema a la moda: «eres lo que comes». Jobs iba más allá en su intento de depurar sus sentidos a través de la comida y, a veces, era capaz pasar una semana comiendo únicamente una caja de cereales, aunque su motivación, además de ética, también tenía que ver con lo limitado de su presupuesto. «No todo era maravilloso. No tenía habitación en la residencia y me tocaba dormir en el suelo de las habitaciones de mis amigos. Incluso tenía que recoger botellas vacías de Coca Cola para ganar algo de dinero y poder comprar comida».

Kottke también solía acompañarle en sus visitas dominicales al templo de los Hare Krishna de Pórtland. Tenían una buena caminata desde la universidad pero allí les esperaba una cómoda comida vegetariana gratis. «¡Aquello era un regalo!», recordaría Jobs. «Carecíamos de interés religioso; sólo éramos dos estudiantes hambrientos atraídos por la buena comida gratis. Lo único que teníamos que hacer para comer era estar un rato de pie y cantar con ellos», explica Kottke.

En aquella época, Jobs sentía admiración por Robert Friedland, el presidente de los alumnos de Reed. Años después, Friedman alcanzaría cierta notoriedad y se ganaría el triste apodo de Bob *el tóxico* por su gestión de una cantera de oro en Summitville (Colorado) y desencadenar una catástrofe ecológica sin precedentes, con más de veinte kilómetros de río contaminados con cianuro. En aquellas fechas, sin embargo, su labia ejercía un poder de atracción digno de un filón de magnetita en sus congéneres. «Robert Friedland era increíblemente carismático. Jamás había conocido a un personaje así. Creo que Jobs aprendió de él algunas de sus aptitudes de persuasión», opina Kottke.

A la vuelta de las vacaciones de verano de 1972, Robert Friedland acababa de regresar de un viaje a la India y narraba con gusto su visita al *ashram* de Neem Karoli Baba. Obnubilados, Jobs y Kottke bebían hasta la última gota de sus palabras y, escuchando sus aventuras, se marcaron una nueva meta: ir a la India en busca de la sabiduría que evocaban sus lecturas. Además, Friedland les había facilitado todo tipo de informaciones prácticas sobre el país de Krishna como con quién hablar o dónde alojarse.

Mientras tanto, Wozniak había entrado a trabajar en Hewlett-Packard, dentro del departamento de diseño de ordenadores y, en su tiempo libre, dirigía Dial-a-Joke, un servicio de chistes por teléfono inspirado en los hermanos Marx. Durante sus pruebas con las cajas azules, Wozniak había descubierto numerosas líneas de ese tipo en todo el mundo y decidió montar la primera en la región de San Francisco.

Como en 1973 no existían los contestadores, Wozniak tuvo que alquilar un aparato diseñado para las taquillas de teatros que instaló en su apartamento de Cupertino. Hizo una pequeña campaña de promoción en *fanzines* locales y comenzó a trabajar con su pequeño negocio. En ocasiones, incluso se ocupaba personalmente de contestar a las llamadas y, con un marcado acento ruso, se presentaba como Stanley Zebrezuskinitski. En una de esas llamadas, conoció a su mujer. A pesar del éxito del servicio («el flujo de llamadas era tan alto que tenía que cambiar de número constantemente», recuerda Wozniak).

Enfrascado en la lectura, Jobs había encontrado una razón para vivir pero su desinterés absoluto por la universidad le infundió un sentimiento de culpa. Había empezado faltando a algunas clases, pero a aquellas alturas había abandonado prácticamente sus estudios, convencido de que podría sobrevivir sin un título. «Al cabo de seis meses dejé de ver la justificación de mis estudios. No tenía ni idea de lo que quería hacer y no se me ocurría de qué forma la universidad podía ayudarme a encontrar el camino y, sin embargo, allí estaba, gastándome todo el dinero que mis padres habían ahorrado durante toda su vida».

Así, aún a riesgo de disgustar a sus padres, decidió abandonar la carrera para, por lo menos, recuperar una parte de los gastos de matrícula y evitar que perdiesen todo el dinero que habían invertido en su educación. Aquella decisión no debió de alegrarles, pues como asegura Kottke, «sus padres estaban encantados de pagarle los estudios y lo habrían seguido haciendo con mucho gusto».

Ya sin obligaciones, Jobs decidió seguir varios cursos como oyente y asistir a conferencias literarias, sobre todo las especializadas en William Shakespeare. También desarrolló una pasión por la tipografía. Le maravillaban las proporciones de los caracteres, la distancia entre ellos y los espacios entre los grupos de letras... Los detalles que marcan la belleza de una tipografía. «Era un arte anclado en el pasado, una estética sutil que escapaba a la ciencia. Me fascinaba».

La etapa de Jobs en la Universidad de Reed se prolongó durante gran parte de 1973, amenizada por largas conversaciones con Dan Kottke sobre el sentido de la existencia, discusiones que podían alargarse hasta la madrugada. Sin embargo, el encuentro con *El ayuno racional* de Arnold Ehret supondría un antes y un después en su vida. Deslumbrado por la doctrina del autor, un médico desaparecido en 1922, Jobs decidió hacerse frutariano y sólo comer las partes de las plantas que pueden recolectarse sin matarlas (frutos, granos y nueces), además de someterse a largos ayunos.

Su situación marginal e indeterminada respecto a la universidad empezó a molestarle y decidió que no podía continuar con aquella ociosidad de manera indefinida. Poco a poco había recuperado las ganas de hacer cosas y la electrónica jugaba un papel fundamental en sus planes. Así, tras 18 meses viviendo como un paria en la universidad, regresó a California con la determinación de labrarse una carrera en el campo de la tecnología.

A principios de 1974 encontró un sugerente anuncio en una revista local: «¡Diviértete mientras ganas dinero!». Atari, la compañía que buscaba nuevos talentos, era una de videojuegos que, pese haber sido fundada tan solo dos años antes, iba viento en popa gracias al éxito del *Pong*, un simulador de tenis que iba camino de convertirse en un éxito nacional.

Steve Jobs se convirtió en el empleado número 40 de Atari, contratado para sugerir mejoras en los juegos. Allí pasaba desapercibido con su ropa poco formal y su pelo largo pero llamaba la atención por su aspecto atormentado y su obsesión por viajar a la India. «Su ingenio marchaba a toda velocidad», recuerda Al Alcorn, ingeniero jefe de Atari, «pero no caía bien a los del laboratorio, que le encontraban arrogante y fanfarrón»[2]. Al final, dada su poca sociabilidad, llegaron al acuerdo de que trabajaría de noche.

Al cabo de varios meses, con los ahorros suficientes para cumplir su gran sueño, anunció a sus compañeros que se marchaba a tierras orientales. Con la fortuna de cara, la empresa había decidido enviarle a una reunión en Suiza, así que Jobs aprovechó para comprar un billete a la India desde tierras helvéticas, con el consiguiente ahorro en el precio. Antes de partir a Europa, habló con Dan Kottke, que seguía estudiando en Reed. Su antiguo compañero se entusiasmó con la ida de llevar a cabo su aventura y le prometió que se reuniría con él en Nueva Delhi diez días después de su llegada. Ambos esperaban, entre otras cosas, poder visitar el *ashram* del famoso gurú Neem Karoli Baba. «Fue una especie de peregrinaje ascético», explica Kottke, «aunque en realidad no teníamos muy claro dónde nos estábamos metiendo».

Jobs desembarcó a principios de mayo en la tumultuosa Nueva Delhi, una ciudad que parecía vivir en un universo paralelo de sus callejuelas estrechas y superpobladas donde uno podía cruzarse con un elefante engalanado haciendo de calesa, puestos de especias y frutas exóticas e imágenes de sabios condescendientes pintadas en las paredes. Jobs abandonó rápidamente el hotel recomendado por Friedland, y en el que había acordado encontrarse con Kottke, al considerar que sus tarifas eran prohibitivas. Buscó un albergue más barato y dejó un mensaje en el hotel para que Kottke pudiese encontrarle.

Además no estaba muy cómodo en Nueva Delhi. Uno de sus primeros objetivos nada más llegar a la India en la primavera de 1974 era asistir a la Khumba Mela (la fiesta del cántaro), una manifestación ceremonial que se celebra cada tres años y que acoge a millones de hindúes en la mayor concentración religiosa de todo el mundo. Así que quedarse en la capital, atestada de turistas, acrecentaba la sensación de que se estaba perdiendo el verdadero acontecimiento que estaba teniendo lugar a kilómetros de allí. De modo que cuando conoció a otro occidental que se dirigía a Rishikesh, al norte de la India, camino de la fiesta no tardó mucho en decidirse para acompañarle.

En Rishikesh, Jobs se encontró sumergido en una atmósfera que superaba todos sus sueños, con un desfile de ascetas desnudos cubiertos de cenizas que bajaban desde el Himalaya para participar en el rito de la inmersión en el Ganges y lavar así sus pecados interrumpiendo el ciclo de la reencarnación. A su lado, una multitud interminable de peregrinos llegados de toda la India que avanzaban con la misma lentitud solemne y que también se sumergían en el río.

Cerca del Ganges, un yogui francés llamado Nahar, de amplia sonrisa y carcajada estruendosa, llamó a Jobs y, sin mediar palabra, le colocó bajo un árbol. Sin que le diera tiempo a entender lo que estaba pasando, el gurú empezó a raparle la cabeza. Aun con los sentidos subyugados por la visión de aquellas multitudes vestidas en su mayoría de un vibrante naranja, los mil y un olores a especias y las expresiones de devoción que se elevaban hasta el cielo, la experiencia se desbarató pronto por otra preocupación mucho más física. Jobs, poco acostumbrado a la comida local, se contagió de disentería y se vio obligado a regresar a Nueva Delhi.

Mientras tanto, Dan Kottke había llegado a la India y tras descubrir que su amigo ya no estaba en el hotel y no le comunicaron el mensaje donde detallaba su paradero, se dedicó a deambular en solitario por las calles de Nueva Delhi durante tres días. Por casualidad en uno de sus paseos se tropezó con un Jobs al que casi no reconocía por su nuevo corte de pelo. Le explicó que acababa de regresar de la Khumba Mela y que su estado físico desaconsejaba regresar allí. «Me habría encantado ir pero no insistí demasiado», confiesa Kottke.

Los jóvenes pusieron rumbo a la montaña de Kumoan, al este de la India, con la intención de alcanzar la aldea de Kainchi, donde estaba el *ashram* de Neem Karoli Baba, el famoso gurú que tanto había influido en Ram Dass. La decepción fue mayúscula cuando averiguaron que el gurú había fallecido seis meses antes y que allí, donde Friedland había descrito escenas fabulosas con cientos de *hippies* americanos y europeos, no quedaba más que desolación. Aun así, decidieron hacer una pausa en el camino y alquilar una habitación muy barata cerca del *ashram*, que les serviría de base durante varias semanas mientras recorrían los valles con la mochila a cuestas.

Pero aquella no sería su única aventura fallida. Por ejemplo, hicieron autostop en el puerto de montaña de Rohtang, el más alto del mundo, en dirección al Tíbet y, al llegar cerca de la frontera tuvieron que dar media vuelta porque no tenían ropa adecuada para afrontar el clima glacial del Himalaya. Durante el viaje, Kottke descubrió que Jobs tenía sus propios planes ya que, de vuelta a Kainchi, le anunció que iba a emprender un viaje en solitario pero se negó en rotundo a decirle adónde. «Tengo que irme varios días» fue su única explicación.

Jobs había leído un libro del Lama Govinda, uno de los fundadores del misticismo tibetano, y se le había metido en la cabeza conocerle. Kottke se quedó en su *base* leyendo los libros de budismo y espiritualidad que había acumulado hasta que Jobs regresó a Kainchi sin pronunciar palabra. Kottke se enteraría después, por casualidad, de qué le había pasado.

Uno de los lugares que Robert Friedland les había recomendado visitar era Manali, una ciudad donde se alojaba una colonia de tibetanos refugiados en la India tras la invasión china que había obligado al Dalai Lama a exiliarse. Para llegar a hasta allí tuvieron que soportar un interminable viaje en autobús y, una vez allí, descubrieron con estupor que se había convertido en un destino para occidentales en busca de hachís. Mientras que a Kottke le maravillaba ver aquellas plantas gigantescas de cannabis, Jobs guardaba las distancias porque desechaba los paraísos artificiales. Aun así, ambos disfrutaron con gusto de un baño en el manantial caliente de Manali, al pie de unas espléndidas montañas.

El idealismo de Jobs seguía intacto como cuando le dio su billete de vuelta a Estados Unidos a un chico que acababan de conocer porque al parecer él lo había perdido. Jobs le regaló el suyo, aunque no tenía medios para comprarse otro, porque confiaba en que mantendría su palabra (como así fue) de enviarle uno cuando llegase a su destino.

Además, sus preocupaciones espirituales contrastaban en ocasiones con comportamientos más terrenales, como su incapacidad para resistirse al regateo salvaje en los mercados e incluso reprender a una mujer hindú que intentaba venderles leche aguada[3].

Jobs y Kottke visitaron varios *ashrams* con la esperanza principal de conocer a un hombre legendario llamado Harrekan Baba, del que decían era un sabio reencarnado varias veces y cuya edad superaba los cien años. Tras una agotadora caminata, llegaron a su destino y allí encontraron, junto a un río, a un hombre de unos treinta años que se hacía llamar Harrekan Baba. De carácter afeminado, su principal preocupación era ponerse coloridos vestidos de mujer que se cambiaba varias veces al día. «Aquello era cómico, pero sobre todo nos resultó muy ridículo», se burla Kottke.

El viaje alternaba momentos muy emotivos con tremendos desencantos para aquellos californianos que buscaban un sentido a sus vidas. La India albergaba una realidad dura y penosa, muy alejada del universo idealizado y contemplativo que habían adivinado en sus lecturas. La riqueza arquitectónica y cultural convivía muy a menudo con una miseria que les impresionó profundamente, nada que ver con los mitos que habían imaginado. Lejos de haber encontrado la iluminación, Jobs y Kottke tuvieron un viaje lleno de penalidades.

La aventura concluyó de forma prematura cuando a Kottke le robaron, a finales de julio, el saco de dormir donde escondía sus cheques de viaje. Sin dinero, regresaron a Nueva Delhi para solicitar el reembolso pero las complicaciones parecían no tener fin y la oficina local de cheques de viaje se negó a devolverle los dólares que le debía. Pese a la lógica desesperación, Kottke recibió una inesperada ayuda. El visado de Jobs, después de tres meses en el país, estaba a punto de expirar y como a Kottke aún le quedaban cuatro meses para coger su vuelo, pues disponía de una extensión del visado, Jobs le entregó todo su dinero, algo más de 150 dólares, para que pudiera permanecer en la India hasta finales de agosto. «Era una buena suma de dinero para aquella época», recuerda Kottke. «Fue un acto de generosidad absoluta de su parte».

Jobs regresó a California en agosto de 1974, con el pelo algo más largo y una visión de la vida distinta tras su experiencia en la India. «No encontramos un lugar donde pudiéramos pasar un mes y ser iluminados. Empecé a pensar que Thomas Edison había hecho más para mejorar el mundo que Karl Marx y Neem Karoli Baba juntos». Todavía en busca de respuestas, Jobs se propuso encontrar a sus padres biológicos y se alojó brevemente en una comunidad *hippy*, sin que la experiencia fuese del todo satisfactoria. «Una vez me dormí debajo de la mesa de la cocina y, en plena noche, oí llegar a varias personas que estaban robando la comida común»[4].

Su etapa experimental estaba llegando a su fin y su conclusión era que, a falta de vivir en un mundo ideal, era mejor desarrollarse en un universo que se revelaba como previsible pero igualmente satisfactorio: la tecnología y, en particular, los negocios. Jobs se puso en contacto con el fundador de Atari, Nolan Bushnell, y consiguió recuperar su puesto en la fábrica de Los Gatos. Como antes, acordaron que trabajaría de noche ya que, por mucho que Bushnell le apreciara, muchos empleados no querían cruzarse con un individuo con aquella pinta de estar ido. Su función consistiría en analizar los juegos concebidos por los ingenieros de Grass Valley (Nevada) y proponer cambios como añadir sonidos o modificar la paleta de color. Consciente de su falta de conocimientos técnicos, Jobs sabía que podía contar con el apoyo de Wozniak quien, además, era un gran amante de los videojuegos. «Steve Jobs jamás escribió una sola línea de programación», confiesa Wozniak. «Tampoco realizó diseños originales pero sabía lo suficiente como para modificar o mejorar el diseño de los demás».

En sus ratos libres, Wozniak había llegado a programar un videojuego propio pero cuando descubrió el simulador de tenis Pong de Atari, el primer gran éxito, se propuso de inmediato realizar su propia versión, con un pequeño detalle: en el Pong de Wozniak, cuando no se daba a la bola aparecía en la pantalla la expresión «¡Vaya m...!». La gente de Atari se quedó impresionada por la realización y se plantearon contratarle.

Wozniak visitaba frecuentemente a Jobs por la noche en Atari para jugar al Gran Trak, un simulador de conducción que le encantaba. Para Wozniak, era un honor estar allí porque consideraba que Atari era una de las empresas más importantes del mundo. Por su parte, Jobs sabía que podía contar con Woz cuando se quedaba atascado en algún proceso.

Hacia finales de 1974, Nolan Bushnell ideó un nuevo juego, Breakout, en el que el jugador debía derribar una pared de ladrillos para escapar. Los ingenieros hicieron una estimación de varios meses para el desarrollo pero alguien lo comentó con Jobs que afirmó que sería capaz de hacerlo en cuatro días. Bushnell aceptó el desafío y le prometió una gratificación considerable si era capaz de conseguirlo.

Jobs carecía de los conocimientos pero confiaba en que Wozniak sería capaz de hacerlo en ese plazo. Woz no le decepcionó y, cuatro noches después, había desarrollado el juego utilizando la programación en Basic. El propio Wozniak estaba asombrado de su logro. «Hasta entonces no me había dado cuenta de hasta qué punto los programas podían ayudar a crear juegos. Le dije a Jobs que los juegos ya no volverían a ser iguales. Sólo de pensarlo, me echaba a temblar».

Breakout, la señal visible del genio de Wozniak, se basaba en un número sumamente reducido de componentes (36 en total) y la única pega para Jobs era que, al no ser su creador, era incapaz de explicar su funcionamiento a los incrédulos ingenieros de Atari que, comandados por Al Alcorn, se encargarían de ampliar y mejorar el diseño presentado.

A cambio de Breakout, Jobs cobró la nada desdeñable suma de 5.000 dólares de los que entregó 350 a Wozniak, que en aquel momento consideró ser una bonificación interesante a su salario en Hewlett-Packard aunque, mucho después, cuando descubrió la desigualdad de la partición, se sintió ultrajado.

Poco tiempo después, en enero de 1975, un suceso sin precedentes conmocionó el mundo de los aficionados a la informática. MITS, una empresa de Nuevo México, lanzaba el Altair, el primer microordenador . Como los demás, Woz y Jobs se maravillaron ante un anuncio con el que llevaban años soñando. Dos meses después, Wozniak invitó a Jobs al Homebrew Computer Club, un club para forofos de la informática, que solía reunirse en el laboratorio de física de la Universidad de Stanford. El acontecimiento del día era que uno de sus miembros iba a presentarse con un Altair para que sus colegas pudiesen verlo y tocarlo.

Sin embargo, el Altair decepcionó profundamente al genio creativo que dormitaba en Wozniak. Aquello no pasaba de un montón de chatarra: una gran tarjeta alojada en una caja que se programaba manipulando unas palancas dispuestas en la parte frontal y que presentaba los resultados de los cálculos en forma de diodos luminosos.

Decepcionados ante un Altair fallido y primitivo que distaba de sus aspiraciones, desmontaron el aparato y Wozniak llegó a la conclusión de que él podría hacerlo mucho mejor. Jobs, sin embargo, quería llegar más lejos. ¿Por qué no integrarlo en una caja bonita que, además de los circuitos del ordenador, permitiese introducir información con un teclado y mostrar los datos en una pantalla? Wozniak se puso manos a la obra de inmediato.

Segunda vida:
La gloria

Mi pequeña empresa |04

El verano de 1975 fue un verano perfecto para la relajación y el buen humor. El movimiento *hippy* se había ido diluyendo aunque los signos de años de contestación seguían presentes en la sociedad en forma de ropa vaquera, las medias melenas y las barbas recortadas. El final de la guerra de Vietnam y la dimisión del Presidente Nixon habían dejado sin argumentos para la rebeldía a muchos jóvenes así que Estados Unidos entraba en una etapa de recuperación y vuelta a la búsqueda del bienestar cotidiano.

Steve Jobs y Dan Kottke se reencontraron en EE.UU. después de la desilusión de su periplo indio. Su espíritu alternativo estaba presente (por ejemplo Jobs seguía siendo frutariano), aunque quizá había quedado un poco atenuado. Bajo un sol abrasador, encontraron una granja de Oregón donde intentaron prolongar, al menos por última vez, la despreocupación de sus años jóvenes y saborear de lleno aquel último entreacto que después recordarían con dulce nostalgia. Y así fue como pasaron diez días especialmente felices y serenos, en los que los dos amigos no consumieron más que un tipo de fruta (manzanas como no podía ser de otra forma en un lugar llamado Robert's Apple Farm).

De vuelta en San Francisco, Jobs concentró toda su atención en el ambicioso proyecto de Wozniak de desarrollar un microordenador que superara al Altair. Su ayuda era principalmente logística ya que le había invitado a que se instalara en la habitación de su hermana para realizar los montajes y soldaduras. También se encargaba de adquirir los componentes que Woz iba a necesitar. Si el barbudo ingeniero tenía un don, ése era el de la síntesis, con una capacidad sin igual para simplificar, racionalizar y optimizar los circuitos electrónicos necesarios para llevar a cabo una tarea concreta. Por ejemplo, se las había arreglado para conectar su diseño a una pantalla de televisión y había conseguido a precio de ganga en una feria informática de San Francisco un componente crucial: un microprocesador 6502 fabricado por Motorola.

Mientras Wozniak fabricaba aquella máquina, Jobs le aportaba sugerencias sobre el diseño, suya era la idea de utilizar una fuente de alimentación que no se recalentara, y de todos los contactos con el exterior. A finales de 1975 el prototipo estaba listo para ser sometido a su primer test de altura. Woz lo sometió al escrutinio de un público de entendidos, sabihondos y metomentodos de su misma calaña: los miembros del Homebrew Computer Club y lo cierto es que pasó el examen con nota. Allí donde el Altair no era más que una carcasa de concepción espartana, su modelo estaba conectado a un gran televisor de Sears sobre el que aparecía una línea de comandos para programar en Basic. La prueba dio paso a una batería de preguntas a las que Woz respondía con total sinceridad. Incluso, por su naturaleza generosa, distribuyó los planos de su creación y se ofreció para ayudar a quien lo necesitase para construir su propio ordenador.

Entre Jobs y Woz se perfiló una escisión porque, mientras este último no tenía ni el más mínimo interés en utilizar su talento con fines lucrativos, Jobs se había dado cuenta al instante del potencial de la creación de Wozniak, que había demostrado tener un talento digno de Edison y se situaba entre las obras maestras de la incipiente microinformática. Sólo faltaba difundir la buena noticia y de eso se encargaría Jobs.

Parecía como si, de un día para otro, hubiese dado un giro en sus planteamientos y hubiese vislumbrado el futuro. Su prioridad era conseguir fondos que sirviesen como sostén financiero de algún padrino digno de ese nombre. Su primera opción, como es lógico, era Atari, donde seguía trabajando por las noches.

Antes de que Wozniak pudiese sospechar lo que tramaba, se reunió con Allan Alcorn, el primer ingeniero contratado por Nolan Bushnell, el fundador de Atari, para enseñarle su máquina. Jobs se lo había puesto por las nubes. «Tenemos algo extraordinario que utiliza alguna de vuestras piezas pero necesitamos dinero. ¿Crees que tendríais interés en financiarnos? Lo único que queremos es fabricar este ordenador». Alcorn se mostró bastante prudente y le contestó que no creía que fuese un momento propicio, «en este momento no tenemos sitio para un ordenador personal en Atari».

De hecho, Bushnell y Alcorn tenían otras preocupaciones. Atari acababa de lanzar su primer videojuego familiar, una versión reducida de Pong que funcionaba con un televisor, y la empresa había concentrado toda su energía en el nuevo producto, que estaba cosechando grandes éxitos, además de en el desarrollo de otros juegos para el mercado doméstico.

A Jobs no le desanimó el revés. Si Atari no quería su creación, se la ofrecerían a Hewlett-Packard (HP), la empresa donde trabajaba Woz y que, *casualmente,* era uno de los mayores fabricantes de ordenadores en el mundo. Woz aceptó hablar con su director de laboratorio. En la reunión Jobs hizo malabarismos para resaltar los méritos de aquel pequeño ordenador conectado a un televisor. Si HP les hacía un pedido mínimo serían capaces de suministrarles modelos a 800 dólares la pieza. Por desgracia, el entusiasmo de Jobs se vino abajo ante la respuesta conservadora. Aquél era un producto para aficionados y ésa no era la clientela de Hewlett-Packard, fundamentalmente compuesta por las mayores empresas de Estados Unidos. Ante la insistencia de Jobs, el director del laboratorio le espetó con desprecio que si algún día HP decidía lanzarse a la microinformática no necesitaría contar con aquellos dos excéntricos. Para mayor humillación, uno de los miembros del laboratorio le recordó que ni siquiera había terminado los estudios universitarios. En cualquier caso, el jefe de Wozniak trató de concluir con un tono más amable y les dio un consejo: «En vuestro lugar, yo intentaría venderlo por mi cuenta».

Jobs lo tenía claro. No necesitaban otra empresa para dar a conocer al mundo su creación, lo que tenían que hacer era crear la suya propia. Woz, sin embargo, no estaba tan convencido. Él tenía un trabajo estable en el que estaba muy a gusto.

—Mira, a la gente le interesa lo que haces —le explicó Jobs—. Así que ¿por qué no vender un ordenador concebido de forma que las conexiones sean claras?

—¿Y a quién se lo vendemos? —bromeó Wozniak.

—¡A los miembros del club![1] —respondió Steve.

La fuerza de persuasión de Jobs crecía por momentos. «El club tenía unos 500 miembros y pensé que tal vez podríamos vender cincuenta», explica Wozniak. «Diseñar la placa base para fabricarla en serie nos costaba unos mil dólares y a partir de ahí, cada unidad nos salía a unos veinte dólares. Si éramos capaces de vender cincuenta a cuarenta dólares, habríamos recuperado la inversión inicial». Un extraño argumento de Steve saldó la cuestión. «Aunque no tengamos seguridad de que vayamos a vender todos esos ordenadores, al menos podremos decir que hemos dirigido una empresa».

Empezaron a pensar en nombres para la nueva sociedad y entre las opciones uno parecía muy recurrente: *apple* [manzana]. El nombre evocaba en Jobs su último y agradable verano trabajando en el huerto de Oregón, aunque su origen haya sido objeto de diversas interpretaciones. Algunos aseguran ver una referencia a Isaac Newton, ya que en el primer logo de Apple figuraba un grabado del matemático y astrónomo inglés. También se dijo que era un homenaje a The Beatles, un grupo por el que ambos sentían admiración y cuya discográfica se llamaba Apple Records. Sea como fuere, la víspera de la firma de los documentos contractuales de la empresa, Jobs decidió que, a falta de otro mejor, se quedaría con el nombre de manzana.

Apple se fundó el 1 de abril de 1976 conforme a los términos de un acuerdo de colaboración entre Jobs y Wozniak. Al dúo fundador se le unió un tercer socio, Ron Wayne, a quien Jobs había conocido en Atari. Wayne, un simpático cuarentón, se encargó de preparar el acuerdo de colaboración y, por su mayor edad, asumió un papel conciliador en los desencuentros entre Jobs y Wozniak. Además, redactó el manual del Apple I y suya fue la idea de, en un diseño muy acorde con el estilo *hippy* de la época, poner un dibujo de Isaac Newton debajo de un manzano en la portada..

Como contraprestación, Wayne, recibió un 10% de la empresa, pero aquello, lejos de alegrarle, se convirtió en una incomodidad insalvable. En su opinión Apple únicamente podía acumular deudas y, si la empresa no conseguía sacar adelante sus pagos, entonces legalmente irían contra el único que tenía algo de dinero en el banco: él. Jobs intentó tranquilizarle explicando que el pago a proveedores era a treinta días, lo que en principio les daba margen para fabricar y vender los Apple I, pero Wayne no estaba convencido y, pocos días después, el 12 de abril de 1976, renunció a su participación en Apple a cambio de 800 dólares.

La primera preocupación de Steve Jobs fue buscar distribución para el Apple I. El momento pareció especialmente propicio, porque acababa de aparecer Byte Shop, una de las tiendas pioneras de microinformática. Paul Terrel, su director, vio llegar a un *hippy* de lo más extraño a su tienda para presentarle el Apple I. Sin embargo aquel chico parecía saber lo que hacía y convenció a Terrel de la rentabilidad del producto. Hizo un pedido increíble: compraría cincuenta aparatos si eran capaces de entregárselos durante el verano.

Jobs volvió bailando literalmente y le dio a Wozniak la fantástica e increíble noticia. No sólo tenían un pedido en firme de cincuenta unidades sino que Byte Shop estaba dispuesta a pagar 500 dólares por cada ordenador. ¡Aquello eran miles de dólares! «Fue el acontecimiento más determinante de la historia de Apple», asegura Wozniak. La financiación de la producción exigió sacrificios importantes para la pareja. Jobs tuvo que vender su furgoneta Volkswagen y Wozniak deshacerse de su rutilante calculadora científica HP.

Jobs llamó a Daniel Kottke con quien, pese a haberse mudado a la Universidad de Columbia en Nueva York, seguía manteniendo el contacto. Cuando Jobs le explicó que acababa de montar una empresa de ordenadores, Kottke se quedó pasmado. «Habíamos sido buenos amigos durante años y jamás me había hablado de ordenadores, ni siquiera de electrónica», confiesa. Jobs le describió el célebre pedido de Byte Shop y le invitaba a unirse a la aventura, consciente de que cualquier ayuda era bienvenida.

A finales de mayo, terminado el curso, Kottke se dirigió a California y se puso a trabajar en Apple, encargado de ensamblar los Apple I, verificar el estado de las soldaduras, encender las máquinas, conectar el teclado y la pantalla, y comprobar que todo funcionara según lo previsto. Todo por 3,25 dólares la hora. Kottke no sabía nada de electrónica pero, como Jobs ya sabía, era capaz de aprender deprisa. Además, iban juntos al centro de meditación *zen* que Jobs frecuentaba.

Las semanas siguientes fueron extenuantes y empezaron a tirar de su familia para poder cumplir los plazos de Byte Shop. Clara Jobs, la madre de Steve, hacía de secretaria y Patti, su hermana, tenía la misión de insertar los chips en la placa base del Apple I aunque finalmente sería una tarea para Dan Kottke. «Patti trabajaba mientras veía la televisión en el salón, así que les pareció más oportuno que yo me encargase de ese trabajo», explica Kottke.

El montaje del Apple I se había iniciado en la habitación de Patti pero, dado el volumen, pronto se vieron obligados a trasladarse al salón de la casa de los Jobs. Paul sugirió que sería más cómodo para todos que trasladasen su taller de montaje al garaje de su casa de Cupertino. Aquella decisión formaría parte de la leyenda de Apple.

De vez en cuando, Kottke y Wozniak se tenían que enfrentar a la faceta enigmática de Jobs que el primero ya había conocido en la India. Steve desaparecía días enteros sin decir a nadie por qué se iba ni adónde . «Simplemente se esfumaba. Sin más. A lo mejor tenía una novia pero el caso es que nunca supimos qué era lo que hacía. Tampoco nos importaba. Lo cierto es que él mantiene ese tipo de esferas privadas y eso no es ni bueno ni malo, forma parte de su personalidad», opina Kottke. Al final del verano, Dan regresó a Nueva York para terminar la carrera de música y literatura.

El precio fijado para Byte Shop se mantendría para quien hiciese un pedido superior a las diez unidades. La casualidad se cruzó en la decisión de Jobs para fijar el precio unitario para quienes comprasen menos (tendrían una penalización del 25%) e incidió en otra de esas leyendas que rodean a la empresa de Cupertino. «La empresa Byte Shop de Palo Alto quería comprarnos los Apple I a 500 dólares la pieza pero Steve hizo un análisis de rentabilidad de 4/3 y obtuvo que el precio óptimo era 666 dólares. Ni Steve ni yo frecuentabamos la iglesia ni leíamos la Biblia, así que desconocíamos que aquel número pudiera tener una connotación negativa. Nos sorprendió cuando nos lo dijeron», reconoce Wozniak.

Durante nueve meses, Wozniak, Jobs y sus compañeros fabricaron doscientas placas del Apple I que se ensamblaban en una carcasa de madera de cuya fabricación se encargaba una empresa de Santa Clara. Pronto surgieron nuevos clientes como The Computer Mart, una cadena de venta de microordenadores que había iniciado sus actividades en febrero de 1976. El éxito había permitido a su fundador, Stan Veit, alquilar un escaparate en una de las principales arterias comerciales y vio una oportunidad en la venta del Apple I.

En una feria en Atlantic City (Nueva Jersey) en la que The Computer Mart tenía un *stand*, Jobs y Kottke aprovecharon para colgar unos paneles promocionales del Apple I. La suegra de Stan Veit se fijó en que los vaqueros de Jobs tenían agujeros en el trasero e insistió en zurcirlos. Dada su poca cooperación, le gritó: «¡Joven, con esos vaqueros se te ve el trasero! Así que ni se te ocurra entrar en mi *stand* así. Quítatelos y te los zurzo en un momento»[2]. Sin más opción, Jobs se refugió detrás de una cortina mientras la suegra de Veit le remendaba el pantalón.

Apple consiguió vender 175 ordenadores en total pero a Byte Shop le costaba deshacerse de las cincuenta unidades que había encargado. Para Jobs, la razón de aquel fracaso relativo era sencilla: la microinformática no se abriría paso hasta que el público pudiera acceder a productos acabados y listos para usar, y el ordenador fuese un electrodoméstico más. En ese sentido, el Apple I era un aparato complejo únicamente apto para fanáticos del mundillo capaces de, siguiendo unas instrucciones muy precisas, conectarlo a una toma eléctrica y a un televisor (algo que en aquella época no era tan sencillo). Wozniak emergió con la inspiración de una máquina más ambiciosa, el Apple II. La verdadera aventura de Apple acababa de comenzar.

El Apple II | 05

«La personalidad de Jobs cambió desde la aparición de Apple. Que yo sepa, carecía de experiencia en los negocios y, sin embargo, se dedicó en cuerpo y alma al proyecto Apple de una forma desmedida, como un misionero devoto a su causa. Su motivación no era el dinero sino la excitación poder cambiar el mundo». Dan Kottke relata así su reencuentro con Jobs a mediados de junio de 1977. El antaño frágil bohemio se había convertido en un conquistador capaz, seductor y locuaz, inspirado por su diosa del futuro: la innovación.

Movido por una energía fulgurante, como si fuese un solo de Jimi Hendrix inspirado en el más allá, Jobs era omnipresente, daba órdenes, arengaba a sus colegas, fomentaba alianzas, golpeaba con los pies, se impacientaba... Se había convertido en el viento que impulsaba el barco de Apple: dinamizaba al tranquilo Wozniak, cautivaba a inversores financieros y multiplicaba las oportunidades de distribución. Su energía nacía de una visión que combinaba los ideales *hippies* con la diversión del mundo de los negocios. Había encontrado un *Monopoly* a medida y nada le iba a impedir dejar su huella en la historia ni mejorar su entorno a través de la informática. Era el profeta de Apple.

A finales del verano de 1976, nada más entregar el pedido de Apple I a la tienda de Byte Shop, Wozniak se propuso concebir un microordenador diferente, capaz de seducir al gran público. No había un segundo que perder porque el primer microordenador había aparecido a principios de 1975 y varios fabricantes (IMSAI, Tandy Radio Shack, Commodore) buscaban posicionarse en un mercado emergente. Jobs estaba convencido de que estaban ante un nuevo El Dorado y que su éxito dependía de la rapidez y decisión con la que actuasen y de ser capaces de poner el listón lo suficientemente alto como para que Apple pudiese engullir la mayor parte del pastel. Su compromiso para alcanzar ese deseado número uno quedaba demostrado en un nivel de actividad infernal, que incluía desde la negociación del suministro de procesadores al mejor precio hasta su aportación a las ideas del diseño, pasando por la caza de todo lo que pudiera parecerse a un inversor. Wozniak también era consciente de la urgencia de la situación. Así, inmediatamente después de dejar su trabajo en Hewlett-Packard, se puso manos a la obra para desarrollar el Apple II desde su casa. El desafío era mayúsculo, se trataba de crear lo nunca visto y de demostrar una clarividencia que él mismo desconocía tener. Confiaba en sus posibilidades porque sabía que en el campo de la electrónica era capaz de resolver cualquier problema. El primer paso era aumentar las funciones del ordenador reduciendo al mínimo el número de de chips.

El hilo conductor que guiaba los pasos de Woz era conseguir que el Apple II permitiese jugar a Breakout, el videojuego que había desarrollado años antes para Atari. Aquello implicaba la especificación concreta de poder conectar un mando para jugar y, más complejo todavía, utilizar colores. Aquella obsesión estimulaba su imaginación y desató su capacidad de inventiva. Poco a poco fue dando pasos en la dirección correcta hasta conseguir que el Apple II mostrase dibujos en color conectado a una pantalla de televisión. Aquello fue un gran salto.

En octubre de 1976 ya estaba listo el prototipo del nuevo ordenador pero, como en el caso del Apple I, la emoción de Woz pudo con su sentido de la discreción y, durante una velada en el Homebrew Computer Club, efectuó una demostración. Un extraño sentimiento invadió a los participantes, conscientes de la ventaja de Woz sobre el resto de modelos en desarrollo. Si Jobs esperaba una confirmación del potencial del Apple II, la acababa de conseguir. Wozniak y él tenían entre manos un éxito y, quién sabe, tal vez llegarían a vender hasta mil unidades al mes. El único problema era que, para producir tantos ordenadores, Apple necesitaba unos fondos que no tenía.

En aquel otoño de 1976, Jobs se sumergió en el mundo de los negocios, sin cambiar su aspecto *hippy*, con su barba, su pelo largo y sus vaqueros. Incluso en ocasiones se paseaba descalzo. No le importaba lo más mínimo el impacto que podían tener aquellas pintas en un entorno conservador, integrado por hombres con traje, camisa blanca, corbata y títulos de las mejores universidades, consciente de que su pasión y la calidad del proyecto seducía a quienes en cualquier otra ocasión ni le habrían mirado.

Jobs se presentaba tal y como era, buscando siempre los mejores apoyos y sin limitarse en la búsqueda. Entre otros frentes, tenía claro que para triunfar necesitaba una campaña publicitaria imparable. Si había alguien a quien admirase, en ese campo, era la agencia McKenna, que se había encargado de la cuenta de Intel. Regis McKenna, el director de la agencia, era el arquetipo del empresario estiloso y elegante propietario de una empresa estable y floreciente. Además, era alguien con mucha intuición, así que a pesar de la descripción que le hizo su asistente de Steve Jobs, aceptó reunirse con aquel desaliñado joven.

Durante su encuentro, Jobs le preguntó sin ambages si podía encargarse de promocionar el Apple II y el publicista, pese a hacer un esfuerzo por mostrarse amable, seguía sin tomarse en serio la oferta del aquel joven impetuoso. ¿Cómo iba a ser capaz de financiar la campaña que estaba proponiendo? McKenna ignoraba que Jobs estaba decidido a recaudar los fondos necesarios y que no era de los que se rinden con facilidad.

Stan Veit, fundador de The Computer Mart, fue uno de los primeros inversores a los que trató de convencer. Para ello, Wozniak se encargaría de presentar el prototipo del Apple II mientras Jobs se hacía cargo de las negociaciones. Su oferta era venderle el 10% de Apple por 10.000 dólares. Veit no se mostró especialmente impresionado por el prototipo de Woz. No en vano, dada su posición, los fabricantes solían enseñarle sus bocetos para pedirle opinión. Y en ese caso no veía qué era lo que distinguía al Apple II de los demás, así que declinó la oferta y prefirió invertir en su propia red de ventas.

La siguiente opción era volver a intentarlo en Atari. Esta vez, su aspecto jugó un papel crucial en contra de su defensa de la causa del Apple II y uno de los directivos, Joe Keenan, le echó de malos modos de su despacho: «¡Saca tus sucios pies fuera de mi oficina! ¡No invertiríamos en tu máquina ni en sueños!».

Nolan Bushnell, fundador de Atari, intentó ayudarle y le recomendó que fuese a ver a Don Valentine, responsable y fundador del fondo de capital riesgo Sequoia Venture Capital. Don había sido uno de los primeros financieros que creyó en Atari. El encuentro con Valentine fue un fiasco total. El inversor sólo veía a dos *hippies* («harapientos renegados de la raza humana» en sus propias palabras) en los que no confiaría ni tan siquiera un solo dólar. Sin embargo, hacía falta mucho más para desmoronar a Jobs, que siguió intentando convencerle. Conmovido por su tenacidad, Valentine le sugirió que hablara con Mike Markkula.

A sus 34 años, Mike Markkula disfrutaba de una jubilación anticipada tras haber amasado una fortuna prematura como ingeniero en Intel, lo que le convertía en el interlocutor soñado para Jobs. No en vano Intel era una empresa electrónica que, partiendo de la nada, había logrado el premio gordo. Markkula veía de forma instintiva el potencial del Apple II y, gracias al entusiasmo de Jobs, se dejó convencer de que había llegado el momento de abandonar la ociosidad y lanzarse a una nueva aventura.

Pero antes puso una condición: si querían que se uniese al sueño de Apple, Wozniak, el genio de la casa, debía dedicarse a jornada completa a la gestación del Apple II. Woz mantenía su empleo en Hewlett-Packard donde concebía chips para calculadoras electrónicas y se sentía satisfecho dedicando tardes y fines de semana a su proyecto paralelo, así que su primera reacción fue una rotunda negativa. Después de muchas conversaciones, Jobs le convenció de que nunca jamás tendría que ocuparse de la gestión y que podría dedicarse a hacer lo que siempre había querido, desarrollar aparatos de todo tipo y, encima, remunerado generosamente.

La llegada de Markkula a la cabeza de Apple supuso una metamorfosis para la empresa porque, a diferencia de la pareja fundadora, el jovial treintañero tenía experiencia en la gestión de negocios y dominaba los mil y un engranajes de la dirección de una empresa. Una de sus primeras funciones fue constituir Apple en sociedad comercial, lo que hizo el 3 de enero de 1977. También redactó un plan de negocios, formalizó el consejo de administración y trató de atraer nuevos inversores hacia Apple Inc., con el especial deseo de hacer entrar en el consejo a un veterano del capital riesgo, Arthur Rock, que había participado en la financiación de Intel. El primer contacto entre Wozniak y Jobs, ambos con sus perennes pantalones Levi's, y el elegante financiero fue un completo desastre.

«Su aspecto daba muy poca confianza. Jobs lucía perilla y pelo largo y contaba que había pasado mucho tiempo en la India con un gurú, aprendiendo cosas de la vida. No puedo asegurarlo pero me parece que no se había bañado desde hacía mucho», recuerda Rock[1]. Por suerte, Markkula convenció a Arthur Rock del futuro de la empresa aunque aprendió que o Jobs cambiaba o claramente no era el mejor abogado para el Apple II.

Como principal inversor, Markkula tenía cosas que decir y le parecía evidente que Jobs no tenía ni el aspecto ni el perfil de un director de empresa, dada su falta de estudios y experiencia. Por esa razón, impuso la contratación de un gestor puro y duro para hacerse cargo de Apple. El elegido, Mike Scott, había sido director del fabricante de chips National Conductor. La oportunidad fue perfecta, pues Scott estaba pensando qué hacer con su futuro profesional y ocuparse de lanzar una empresa informática nueva le pareció un reto único.

Nervioso ante el hecho de que una tercera persona se entrometiera en su dominio privado, Jobs opuso resistencia, aunque sus esfuerzos fueron en vano porque Markkula impuso con tacto pero con firmeza la incorporación de Scott a Apple. En febrero de 1977 se convirtió en el primer consejero delegado de la empresa. Jobs y Scott se entendieron muy bien, al menos durante sus primeros meses de convivencia. El nuevo consejero delegado poseía cualidades del gusto de Jobs: era un gestor híper exigente, individualista y soñador. Compartían visiones comunes de la necesidad de cambiar el mundo y Scott hacía gala de cierta apertura intelectual ya que, a pesar de haberse instalado en el capitalismo más convencional, conservaba un fondo inconformista.

Su papel no se limitaba sólo a la gestión sino que, gracias a su experiencia profesional, se involucró en el desarrollo técnico, aportando una luz muy valiosa a algunas especificaciones del Apple II. También participó en la redacción de los manuales del ordenador mientras que Markkula se ocupaba de las tareas básicas de márketing, a la espera de pasar el relevo a una empresa especializada.

En febrero de 1977, el Apple II empezó a tomar velocidad y la joven empresa Apple Computer se instaló oficialmente en la ciudad de Cupertino. Jobs regresó a McKenna aunque, esta vez, con un presupuesto específico para la promoción y el trato se cerró enseguida. McKenna, que participaba activamente en las reuniones de reflexión, le preguntó abiertamente a Jobs acerca de lo qué esperaba de su agencia. Jobs se lo expuso en términos generales: se trataba de lanzar el Apple II como un acontecimiento revolucionario, un fenómeno histórico, un hito mundial, nada menos. Intentar convencerle de algo diferente o de, si quiera, plantearle cualquier sugerencia al respecto se convirtió en misión imposible.

Para empezar, a McKenna no le gustaba el nombre de Apple. Prefería una denominación más profesional. Jobs se mantuvo inflexible porque, para él era fundamental que el Apple II se presentara ante el público con una imagen lúdica y un contraste decisivo frente a los fríos mastodontes que construía IBM.

La agencia McKenna se encargó de concebir varios logos para Apple y una de las propuestas sedujo inmediatamente a Jobs y sus colegas. Se trataba de una manzana de bandas de colores con una esquina mordida que captaba toda la esencia: evocaba el regreso a la naturaleza y marcaba su lado travieso, combinado con el viento de libertad que había traído la década de los 60 y que llenaba de nostalgia a muchos adultos. Jobs reordenó los colores para que coincidieran con el arco iris, el azul oscuro abajo y el verde claro arriba. La decisión de utilizar colores en el logo era un aspecto primordial porque subrayaba que el Apple II era el primer microordenador con gráficos en color. McKenna sugirió insertar un anuncio en color en la revista *Playboy* para impulsar la idea de un ordenador para el gran público.

Poco a poco, McKenna fue adaptando el estilo de su agencia a los deseos de Steve Jobs. «No cabía la menor duda de que Woz había concebido una máquina excelente pero que, de no haber sido por Jobs, se habría quedado arrinconada en las tiendas para aficionados. Woz tuvo la suerte de cruzarse con un evangelizador», reconoce McKenna.

Convertida en empresa, Apple empezó a contratar personal. Allen Baum, Rod Holt, Randy Wigginton y Chris Espinosa fueron algunos de los primeros empleados. Baum era un viejo amigo de Wozniak, con el que compartía su afición a la informática. Su padre, Elmer Baum, había sacado de un apuro a Jobs y Wozniak prestándoles 5.000 dólares para la fabricación de los primeros Apple I. El trabajo de Allen Baum consistía en desarrollar la programación indispensable para la puesta a punto del Apple II.

La trayectoria de Rod Holt había sido, cuando menos, original. Activista político convencido y militante de la causa socialista, se había distinguido por sus descubrimientos en electrónica, algunos de ellos patentados. Destinado al diseño, Jobs le confió la misión fundamental de concebir una fuente de alimentación que generara el mínimo calor posible.

Randy Wigginton era un estudiante de San José a quien Wozniak solía acercar en coche a las reuniones del Homebrew Computer Club. El sexto empleado de Apple escribió varios pequeños programas para el Apple II.

Chris Espinosa sólo tenía quince años cuando se convirtió en el octavo empleado de Apple. Jobs le pidió que fuera a echarles una mano tras haber visto un programa que había realizado para el Apple I durante una reunión del Homebrew Computer Club.

Para el Apple II, Jobs quería una carcasa de plástico, una auténtica novedad, y para inspirarse recorría las tiendas de la ciudad examinando los artículos en venta. En el departamento de cocina de los grandes almacenes Macy's descubrió una carcasa que podía ser útil, la de los robots de cocina Cuisinart. Se puso en contacto con dos grandes firmas de diseño de Silicon Valley pero ambas se negaron a trabajar con Apple, desanimadas por el exiguo presupuesto que incluía una participación en Apple. Hacia finales de febrero, Jobs conoció a Jerry Manock, un diseñador que acababa de marcharse de Hewlett-Packard, y éste aceptó concebir el diseño de la carcasa del Apple II al precio propuesto pero con la condición expresa de cobrar por adelantado[2].

Para la carcasa, Jobs se puso a buscar un proveedor capaz de fabricar el modelo a bajo coste y, preocupado por el mínimo detalle, se encargó personalmente de diseñar el embalaje de lo que sería el Apple II. Su actitud era la de la perfección absoluta. Ésta era su propia exigencia y el nivel que mantenía con los primeros empleados de Apple, a los que no admitía el término medio, siendo tajante si hacía falta. «Me parecía peligroso. Tranquilo, enigmático, casi amenazante, con la mirada encendida. Su poder de persuasión era extraordinario. Siempre tenía la impresión de que quería moldearme según sus ideas», confiesa Chris Espinosa.

Jobs se mostró inflexible sobre una gran cantidad de pequeños detalles, sin importarle los problemas de concepción que conllevaban. Su preocupación por la estética era tal que insistía en que cada línea de circuitos impresos de la placa base del Apple II fuera una recta perfecta. La máquina también debía ser hermosa por dentro, aunque la gran mayoría de los propietarios del Apple II no fueran a abrirla jamás.

«El estilo de dirección de Steve daba muy mala impresión a quienes le rodeaban», admite Steve Wozniak. «Y aunque yo no tenía que soportarle personalmente, lo que me contaban dibujaba un Jobs muy diferente del que yo conocía. No tenía ni idea de qué era lo que estaba marcando su comportamiento porque nadie lo sabía pero, al mismo tiempo, parecía estar dando en el clavo y sugería cosas que, en la mayoría de los casos, terminaban cayendo por su propio peso».

Poco antes de terminar el año 1977, Jobs y Wozniak recibieron una noticia imprevista, el anuncio de que a mediados de abril se celebraría la primera feria de aficionados a la microinformática (oficialmente la Feria de la Informática de la Costa Oeste) en el auditorio municipal de San Francisco. Aquello representaba una oportunidad soñada para transmitir el mensaje de que el Apple II era la revolución esperada en microinformática. Jobs insistió en alquilar inmediatamente el espacio principal del salón y, desde ese momento, la empresa al completo se volcó en el acontecimiento.

Para atraer al máximo número posible de visitantes, Jobs trató de alquilar un vídeo proyector en una época en la que ese tipo de aparatos no eran nada comunes mientras que Wozniak creó un programa humorístico para demostrar las capacidades del Apple II. El usuario introducía su apellido y, acto seguido, se le preguntaba sobre su país de origen. En función de su respuesta, el programa mostraba en pantalla chistes sobre la nacionalidad en cuestión.

Wozniak aprovechó la ocasión para gastarle una pequeña broma a sus compañeros de Apple, empezando por Jobs.

Antes de la feria creó una publicidad falsa de un producto imaginario al que había bautizado como Zaltair. Adam, un estudiante de instituto de Los Ángeles, le ayudó a redactar el argumentario cuya descripción incluía algunas exageraciones claramente intencionadas. «Imaginad un ordenador capaz de resolver todos los problemas del mundo. ¡Es como un coche con cinco ruedas!». El folleto concluía con una comparación entre Zaltair y otros microordenadores, incluido el Apple II. Woz mandó imprimir 8.000 ejemplares en el máximo secreto. Tan sólo dos empleados de Apple estaban al corriente de la falsa publicidad: Randy Wigginton y Chris Espinosa (quien, a sus quince años, se sentía intimidado por Steve Jobs y disfrutaba con aquella farsa).

La primera Feria de la Informática de la Costa Oeste, que se celebró el 16 y 17 de abril de 1977 en San Francisco, supuso un espaldarazo para tres fabricantes que sobresalieron entre el resto: Apple, Tandy y Commodore. Los visitantes se encontraban de frente con el *stand* de Apple, situado justo a la entrada del salón, y se veían sorprendidos por una atractiva decoración supervisada personalmente por Jobs y creada con el objetivo de ser el espacio más bonito de toda la exposición. Los empleados de Apple acudieron al completo a presentar el ordenador a los visitantes.

Jerry Manock había fabricado 22 carcasas de plástico para la feria pero únicamente se habían terminado tres unidades del Apple II, así que Jobs colocó los tres ordenadores encendidos al frente del *stand,* y dejó el resto detrás para dar la impresión de que Apple era una empresa madura y con una producción en consecuencia.

Jobs era el encargado de hacer las demostraciones mientras que Mike Markkula se reunía con los responsables de tiendas y recibía los pedidos. El Apple II causó sensación por su diseño y robustez que contrastaban con la oferta de la competencia. Markkula mandó imprimir 20.000 folletos de presentación del Apple II y su profesionalidad causó un efecto excelente entre los distribuidores potenciales.

Mientras tanto, Wozniak, Wigginton y Adam aprovechaban sus ratos libres para colocar una caja llena de folletos del Zaltair en una mesa reservada a los comunicados de las empresas. Al rato ya no quedaban ejemplares, así que tuvieron que poner otra caja.

Aunque el Apple II brillaba por su diseño, los especialistas se quedaron estupefactos ante la concepción de Wozniak (había sido capaz de utilizar la mitad de chips que su competencia y obtener un mayor nivel de rendimiento). El impacto causado fue tal que, al término de la feria, cuando los empleados de Apple estaban cargando los equipos en los coches, Markkula se desgañitó: «¡Vamos a ganar 500 millones de dólares de aquí a cinco años!».

Al día siguiente, de vuelta a las oficinas de Cupertino, Wozniak sacó un folleto del Zaltair del bolsillo y le preguntó a Jobs si lo había visto. Jobs comenzó a leer el texto descriptivo del ordenador en voz alta y Rod Holt le interrumpió. Era imposible que un ordenador con esas características fuese una realidad. Jobs replicó afirmando que el folleto incluía la referencia a la marca registrada y un logo comercial. Wozniak hacía lo posible por contener la risa.

Jobs seguía desgranando el folleto y se enorgulleció de que en la tabla comparativa que figuraba en el folleto hubiesen salido tan bien parados. El Apple II era el único que se acercaba en términos de rendimiento al Zaltair. Incapaces de aguantar la carcajada, Wozniak y Wigginton se excusaron para abandonar la sala. Al regresar a la reunión, Jobs les comunicó que había llamado a MITS, el supuesto fabricante, y le habían informado de que el prodigio no existía. Seis años después, Wozniak le regaló a Jobs un folleto enmarcado del Zaltair por su cumpleaños y, al descubrir que su amigo había sido el autor de la broma, el propio Jobs soltó una carcajada.

A mediados de junio de 1977, con un título universitario en el bolsillo, Dan Kottke regresó a California para ofrecer sus servicios a Apple Inc., convirtiéndose en el empleado número doce de la empresa. En el momento de su incorporación, la empresa estaba preparando la entrega de los primeros Apple II. «Me encargué del ensamblado de los primeros Apple II», recuerda. «Después asumí el puesto de técnico reparador de ese ordenador».

Felices por el reencuentro, Jobs y Kottke alquilaron una casa de una planta cerca de Apple. Jobs se instaló en la habitación principal mientras que Chris-Ann Brennan, su novia, se quedó en el otro dormitorio grande. Kottke, ante el reducido tamaño de las dos habitaciones restantes, optó por dormir en el salón. Seguirían compartiendo casa durante un par de años más, cuando Jobs, prendado de Barbara Jasinksi, de la agencia McKenna, comenzó a ausentarse con frecuencia de su domicilio en Cupertino.

El Apple II recibió el elogio unánime de la crítica especializada. Las revistas ensalzaban el hecho de que pudiese comprarse en una tienda y funcionar nada más sacarlo de la caja. Enseguida se convirtió en el primer microordenador de éxito y, tal y como había previsto Jobs, comenzaron a vender un millar largo de unidades al mes, una cifra nada desdeñable. También era revolucionario el concepto de su uso para jugar y para el ocio, en un momento en el que los ordenadores parecían ser únicamente útiles como herramienta de trabajo. El aparato incluía varios programas básicos como ColorMath (que servía para crear fichas de revisión de matemáticas), un programa bastante elemental de contabilidad (que Mike Markkula, ayudado por los programadores, había supervisado directamente para facilitar la gestión de sus cuentas personales) u, obedeciendo los deseos de Wozniak, una versión especial de Breakout.

El punto débil del Apple II, al igual que los demás microordenadores de la época, era la lentitud de carga de los programas. El principal impedimento para aumentar la velocidad era físico: la carga se hacía desde casetes, cuya lentitud y poca practicidad dejaban clara la siguiente etapa. Jobs insistió en que el

Apple II dispusiera lo antes posible de un lector de disquete que permitiera cargar más rápidamente los programas. En agosto de 1976, la empresa Shugart había anunciado el primer lector de disquetes a un precio relativamente bajo (menos de 400 dólares la unidad) y Markkula sugirió que incorporaran enseguida aquella innovación antes de la Feria de la Electrónica de Consumo que se celebraría en enero de 1978 en Las Vegas.

Durante las navidades de 1977 e incluso el día de año nuevo, Wozniak trabajó sin descanso para conectar el Apple II al lector de disquetes de Shugart, con la ayuda de Randy Wigginton. Como de costumbre, aunque avanzaba a ciegas y con muy pocas nociones de la tecnología en particular, fue fiel a su reputación y logró un diseño de una eficacia endiablada.

El Apple II con lector de disquetes se presentó en la Feria de la Electrónica de Consumo de Las Vegas y Wozniak tuvo la oportunidad de descubrir por primera vez aquella ciudad poco corriente, donde los fuegos artificiales brillaban a cualquier hora del día y de la noche. El anuncio de la incorporación del lector de disquetes del Apple II causó sensación y llenó de esperanzas a aficionados y distribuidores.

Los resultados a principios de 1978 eran muy halagüeños. Markkula y sus compañeros se mantenían expectantes ante lo que el Apple II podía deparar. La empresa había concluido el año con beneficios y todos los indicadores eran buenos. A Jobs le encantaba gestionar las relaciones con los distribuidores pero su verdadera pasión era poder influir con su estilo lírico en las comunicaciones de la compañía.

El millonario más joven de EE.UU. |06

Aunque el Apple II aún no era un fenómeno social, ya estaba rodeado de un cierto aura. El público lo percibía como ordenador pequeño y eficaz pero simpático, y vinculaba a Apple con la imagen nostálgica de libertad que aún perduraba en EE.UU. Woodstock era historia pero el interés de aquella juventud apacible por los conciertos multitudinarios al aire libre había calado y grupos como Fleetwood Mac, que ofrecía un rock adaptado a los nuevos tiempos, triunfaba en las cadenas de radio de frecuencia modulada.

Descolocados por la ambición, las mentiras y la paranoia de Richard Nixon, que habían salido a la luz gracias al caso Watergate, los norteamericanos habían elegido a Jimmy Carter como presidente. Carter era un hombre brillante intelectualmente y abiertamente pacífico pero carecía de una autoridad real. En los cines triunfaba el fenómeno de *La Guerra de las Galaxias,* una fábula épica de ciencia ficción que servía como evasión inocente a la crueldad del mundo real. En ese caldo de cultivo, el Apple II se ajustaba con naturalidad al espíritu *posthippy* de la época.

Apple iba viento en popa y la plantilla no dejaba de crecer para hacer frente a su imparable expansión. Wozniak continuaba perfeccionando la implementación del lector disquetes con sucesivas mejoras y los distribuidores esperaban con febrilidad cualquier avance en la mejora del nuevo accesorio. Sin embargo, el éxito parecía abrumar a Jobs, que se sentía visiblemente superado por los acontecimientos, sobreexcitado y nervioso. En ocasiones incluso tenía que salir a relajarse dando paseos por el aparcamiento para evitar romper a llorar en las reuniones de trabajo[1]. El Apple II tenía dos grandes competidores, el TRS-80 de Tandy RadioShack y el PET de Commodore, pero la inferioridad de sus prestaciones evitaba que fuesen una amenaza real. Sin embargo Jobs estaba realmente preocupado por una amenaza mayor, aunque más imprecisa y lejana. ¿Qué ocurriría si IBM se lanzaba a la fabricación de ordenadores personales? ¿Acaso no arrasaría con toda la competencia, como ya había hecho en el campo de los grandes ordenadores, donde su predominio era aplastante? ¿Estaba Apple en condiciones de sobrevivir a la intrusión del Gran Azul?

En estas, en mayo de 1978, mientras Jobs vivía al ritmo de la compañía, una realidad más terrenal le absorbió de repente. Pocas semanas después de haber empezado a salir con Barbara Jasinksi, directiva de McKenna, su ex-novia, Chris-Ann Brennan, le anunció que estaba embarazada. La noticia le dejó paralizado. Desconcertado e incapaz de afrontar aquella realidad que iba a trastocar su proyecto personal, optó por esconderse y negar la paternidad. «Nadie que hubiese visto a Steve Jobs con Ann en su casa de Cupertino podía negar que él fuese el padre», asegura Wozniak. «Creo, sencillamente, que no le gustaba la idea de ser padre y entrar en una situación en la que él no tuviese el control. En mi opinión, no toleraba la idea de que otra persona tuviese ese poder sobre él».

En contra de los deseos de Jobs, Chris-Ann Brennan se negó a deshacerse del bebé e insistía en tenerlo, costara lo que costara. Varios meses después, daba a luz a una niña llamada Lisa Nicole. Jobs se mantenía en sus trece y seguía mostrándose reacio a pagar la mínima pensión a su ex pareja, así que Chris-Ann Brennan decidió vivir de la ayuda social. Finalmente, el condado de California obligó a Jobs a someterse a una prueba de paternidad que reveló que tenía más del 94% de posibilidades de ser el padre de Lisa Nicole. Aun así, Jobs seguía empecinado en no reconocer que Lisa pudiera ser su hija biológica y, para poner fin a las desavenencias, Brennan se ofreció a olvidarse del tema a cambio de 20.000 dólares[2].

Habría que esperar a que Apple entrara en Bolsa en 1980 para que Jobs aceptara pagar una pensión alimenticia. En 1986, cuando la niña ya había cumplido los siete años, Jobs reconoció la paternidad.

Uno de los secretos del éxito del Apple II era la inclusión de VisiCalc, un programa desarrollado en 1978 por Dan Bricklin, un joven estudiante de Económicas en Harvard. VisiCalc era la primera hoja de cálculo que facilitaba las simulaciones financieras y el precursor del exitoso y célebre Excel que aparecería ocho años después. Bricklin lo había diseñado para resolver un problema concreto y personal.

Convencido de que la profesión de programador estaba en vías de desaparición, ya que los programas serían cada vez más fáciles de diseñar, decidió aprovechar su estancia en Harvard para sumergirse en el mundo de los negocios y estudiar administración de empresas en una facultad distinguida por sus múltiples ejercicios en que los alumnos simulaban la gestión de una sociedad. Durante los trabajos prácticos, se dio cuenta de que perdía un tiempo considerable en hacer los cálculos de datos financieros así que, para simplificar la tarea, diseñaba pequeños programas en el ordenador PDP-10 de la universidad para cada uno de los ejercicios. Era una tarea fastidiosa porque para cada problema debía escribir un programa nuevo. Harto de tener que adaptar cada programa que implementaba, se decidió a concebir un programa que facilitara los cálculos financieros. Su profesor de finanzas le aconsejó que hablase con un antiguo alumno de Harvard, Dan Fylstra, que acababa de crear su propia colección de programas informáticos. Fylstra trabajaba con un Apple II, así que Bricklin desarrolló en ese entorno su VisiCalc.

VisiCalc apareció en otoño de 1979 y sus efectos sobre las ventas del Apple II se dejaron sentir enseguida. El pistoletazo de salida lo había dado un inversor, Ben Rosen, en un artículo en el boletín que publicaba para sus colegas donde describía las ventajas que VisiCalc podía aportar a los gerentes para la toma de decisiones. Sus palabras tuvieron un efecto inmediato y varias grandes empresas encargaron decenas de ejemplares. De hecho, VisiCalc representó un 20% de las ventas del Apple II durante el año en el que únicamente estuvo disponible para dicha plataforma. Tanto el Commodore PET como el Tandy TRS-80 no tenían memoria suficiente y tuvieron que esperar al lanzamiento de nuevas versiones doce meses más tarde para poder ser capaces de manejar la hoja de cálculo.

Los 70 habían puesto en duda dogmas que parecían inalterables. Las corrientes de libertad entraban en todos los sectores y nadie estaba a salvo de sus efectos. Las innovaciones más iconoclastas podían eclosionar en los laboratorios de empresas respetables. Xerox, el gigante de las fotocopias que se encontraba en una situación de supremacía en su sector, trabajaba con la idea de que en un futuro no muy lejano las oficinas trabajarían sin documentos en papel, ya que éstos aparecerían en las pantallas del ordenador.

Para prepararse para la llegada del nuevo modelo, Xerox estableció un centro de investigación en Palo Alto denominado PARC [Palo Alto Research Center] que no tenía nada que ver con los centros de informática al uso. Por él pasaron genios de la talla de Alan Kay, Lawrence Tessler, Douglas Engelbart o Charles Simyoni, cuyo denominador común parecía ser su carácter atolondrado, su total apertura de miras y su desenfrenada pasión por la informática. En el PARC se veneraba la diversión, el colorido y los diseños estilizados. Las pantallas tenían un aire festivo, como si de los discos duros borbotearan burbujas de champán, y se trabajaba en un ambiente que recordaba a Woodstock por la relajación en los códigos de indumentaria y peluquería, que propiciaba un géiser constante de ideas. El modelo a derribar era HAL, el monstruo demoníaco de la película de Stanley Kubrick *2001, una odisea en el espacio*. El ordenador inhumano se había desacralizado y lo lúdico se había convertido en un requisito.

En 1972, los investigadores del PARC habían inventado un estándar de presentación informática: el interfaz gráfico basado en ventanas, iconos y dibujos. Todo ello se podía manipular mediante un pequeño objeto blanco denominado ratón, un periférico imaginado por un diablillo de pelambrera imponente llamado Doug Engelbart. En lugar de tener que teclear fastidiosos comandos, el usuario se limitaba a escoger una de las opciones del menú.

El PARC gozaba de la reputación como el centro mundial de la investigación informática pero, sin embargo, Xerox parecía descuidar la explotación comercial de los descubrimientos de sus laboratorios. El lanzamiento en 1977 del Alto, un ordenador con interfaz gráfico, pareció un tímido intento de sacar provecho a la investigación desarrollada. La Casa Blanca, el Senado, el Congreso y la Oficina Nacional de Estándares de EE.UU. fueron unos de los primeros (y pocos) clientes de una máquina de lujo que costaba el prohibitivo precio de 20.000 dólares.

A principios de 1979, Apple ya empleaba a casi 150 personas, entre los que se contaban varios ingenieros de alto nivel como Jef Raskin o Bill Atkinson. Raskin se había incorporado en enero de 1978 tras conocer a Jobs y Wozniak en la Feria de la Informática de la Costa Oeste. El profesor de Informática, Arte y Ciencias en la Universidad de San Diego, insistió en que la empresa también contratase a uno de sus alumnos, Bill Atkinson.

Raskin y Atkinson se empeñaron en que Steve Jobs visitara el PARC porque aseguraban que los ingenieros de Xerox habían desarrollado diferentes conceptos revolucionarios que podían servir de inspiración a Apple. Por fin, en septiembre de 1979, Jobs accedió a visitar el PARC acompañado de Atkinson para evitar otro encuentro.

Jobs tuvo que contener el aliento al descubrir documentos impresos con tecnología láser capaz de reproducir cualquier tipografía como si fuese una imprenta, o al conocer la red de alta velocidad en la que los investigadores compartían datos y documentos, aunque el momento cumbre se produjo cuando Larry Tessler, un jovial investigador de 34 años, le presentó una versión avanzada de la estación Alto. Jobs se quedó atónito. Jamás había visto nada igual. En la pantalla se mostraban imágenes en lugar de líneas de texto y el ratón permitía apuntar a los objetos dibujados y arrastrarlos a voluntad. Ni siquiera pudo contenerse: «"Pero ¿por qué no vendéis esto? ¡Es extraordinario! ¡Pulverizaríais a todo el mundo!" [...] Fue uno de esos momentos apocalípticos. Diez minutos después de ver aquel interfaz gráfico supe que, algún día, todos los ordenadores del mundo funcionarían así. Fue evidente desde el principio. No hacía falta tener un intelecto excepcional porque era francamente intuitivo», confesaría Jobs. «Cuando vi la Alto en el PARC fue como si me hubieran quitado un velo de los ojos. Tenía un ratón y caracteres de imprenta de todos los tamaños en la pantalla. Enseguida me di cuenta de que aquello podría atraer a una cantidad de gente exponencialmente mayor que el Apple II. Me refiero a personas que no querían aprender a usar un ordenador sino utilizarlo directamente. Habían eliminado una capa entera de los conocimientos necesarios para poder aprovechar los recursos»[3].

Jobs regresó de Palo Alto con la firme convicción de que acababa de entrever el ordenador del futuro y comprendió de manera intuitiva lo que los altos directivos de Xerox se negaban a reconocer: los laboratorios del PARC estaban llenos de tesoros escondidos. Ésa era la forma de concebir los ordenadores para el mercado de masas y, si Xerox no estaba dispuesta a hacerlo, Apple lo haría.

Los laboratorios de Cupertino trabajaban, entre otros proyectos, en un nuevo ordenador cuyo nombre de proyecto era, irónicamente, Lisa (Jobs lo había bautizado con el nombre de la hija cuya paternidad no había querido reconocer). La idea era venderlo a las grandes empresas y para conseguir una máquina competitiva Apple había reclutado a varios veteranos de la informática para formar un equipo que incluía a tránsfugas del Stanford Research Institute y de Hewlett-Packard, todos ellos con una media de edad muy superior al resto de Apple.

Ken Rothmuller, fichado de Hewlett-Packard, fue el primer responsable del proyecto Lisa. A los pocos meses fue reemplazado por otro tránsfuga de HP, John Couch. El pecado de Rothmuller había sido advertir a Jobs de que el plazo que se había fijado era imposible.

Jobs se había obsesionado con las prestaciones de la Alto y quería que la concepción del Lisa contemplase el uso del ratón y la incorporación de su interfaz gráfico de iconos y ventanas. Para convencer a su equipo y sobreponerse a las reticencias generadas, Jobs organizó otra visita al PARC, acompañado de Couch y sus acólitos. La demostración de la Alto convenció inmediatamente a aquellos ingenieros venidos de universos más clásicos de que la ambición de Jobs era plausible. Se pusieron manos a la obra para que el Lisa se equiparase técnicamente a la estación Alto de Xerox.

Únicamente faltaba convencer al gigante de las fotocopias para que autorizara el uso de los descubrimientos del PARC y, para eso, Jobs tuvo la brillante idea de ofrecer a Xerox una parte de su empresa en pleno crecimiento. El mensaje a los directivos de Xerox era claro: su empresa disponía de una tecnología fabulosa que Apple estaba en condiciones de acercar al gran público. Así se redactó un acuerdo según el cual Xerox obtendría un enorme paquete de acciones de Apple a cambio del uso de su tecnología.

Siete meses después de su primera visita al PARC, Jobs contrató a Lawrence Tessler, que se uniría a la quincena de ingenieros de Xerox reincorporados a Apple. Mientras, Bill Atkinson se encargaba de desarrollar el interfaz gráfico del ordenador.

Hasta medio centenar de empleados de la joven Apple trabajaban en la elaboración del Lisa. A falta de dirigir las operaciones, Jobs se inmiscuía en las reuniones y tenía por costumbre trastocar los planes del ordenador presentando una idea tras otra sobre el modo en que debían concebir el nuevo aparato.

Además de la función de asesor que se había autoadjudicado en el proyecto Lisa, Jobs supervisaba la finalización del Apple III, el presunto heredero del éxito de ventas de la casa y cuyo lanzamiento estaba previsto para julio de 1980. Dan Kottke participaba en el desarrollo del nuevo equipo, con la misión de fabricar los prototipos. «A las órdenes de Rod Holt y desarrollando el Apple III, aprendí ingeniería», recuerda Kottke. «El único fallo de Rod, que se definía como socialista, era que pensaba que había que malpagar a la gente y que, quien no estuviese a gusto, era mejor que se fuera. Yo, sin embargo, quería aprender electrónica y tenía que esforzarme para recuperar el retraso».

Pese a haber animado a Jobs a descubrir los tesoros del PARC, Jef Raskin no participó en el proyecto Lisa sino que albergaba la idea, desde hacía meses, de crear un ordenador todo-en-uno. Su proyecto fue aprobado en septiembre de 1979 y uno de sus primeros ayudantes fue Burrel Smith, un ingeniero autodidacta que hasta entonces se había ocupado de reparar el Apple II. Raskin tenía pensado llamar a su ordenador con el nombre de sus manzanas favoritas, Macintosh.

Mientras tanto, Jobs mantenía su esperanza de cambiar el mundo y ponía en marcha un proyecto social que le entusiasmaba: introducir el Apple II en los colegios de EE.UU. El mundo educativo ya disfrutaba de descuentos e incluso donaciones de ordenadores pero «llevábamos tiempo observando que la burocracia de las escuelas ralentizaba el proceso de compra de los ordenadores. Nos dimos cuenta de que una generación entera de chavales pasaría por el colegio sin haber visto un ordenador por primera vez y nos dijimos que los niños no podían esperar. Inicialmente nos planteamos regalar un ordenador a cada colegio de EE.UU. pero aquél era un objetivo demasiado ambicioso para un país con 10.000 institutos y 90.000 colegios de educación primaria. Al investigar sobre la legislación, descubrimos que había una ley que primaba fiscalmente la donación de equipos científicos u ordenadores a las universidades con fines educativos o de investigación. No ganábamos dinero pero tampoco perdíamos mucho, alrededor del 10%»[4].

Apple presentó su oferta para regalar un ordenador a cada universidad de EE.UU., consciente de que el montante de la operación ascendería a unos diez millones de dólares. Sin embargo, Jobs quería ir más lejos e hizo campaña con el congresista demócrata, Pete Stark, para que las deducciones se ampliasen para incluir a los colegios de primaria e institutos. Su elocuente lema era «los niños no pueden esperar».

Jobs se trasladó a Washington y recorrió los pasillos del Congreso durante dos semanas intentando recabar apoyos para sacar adelante la reforma. «Es posible que me reuniera con dos tercios de la Cámara de Representantes y la mitad del Senado», aseguraría Jobs. Sin embargo, la oposición frontal de un diputado republicano, Bob Dole, consiguió que el proyecto fracasara. Jobs obtuvo el consuelo de que el Estado de California ratificó la propuesta con lo que 10.000 colegios se pudieron acoger al proyecto de Apple. «Nos dijeron que había poco que hacer. Aprobarían una ley según la cual, dado que Apple pertenecía a California y pagaba sus impuestos allí, obtendría una deducción en dicho Estado. También animamos a varios editores a regalar programas y corrimos con el gasto de formación de los profesores, supervisando la operación durante varios años. Fue estupendo. Una de mis mayores decepciones fue no haberlo podido conseguir a escala nacional ante la negativa de Bob Dole. Sin duda es una de las decisiones más increíbles que haya tomado jamás».

En agosto de 1980, Jobs insertó una página de publicidad en el *Wall Street Journal* en la que ensalzaba los méritos de los microordenadores con su marca personal al presentar un texto con tintes poéticos: «¿Qué es un ordenador personal?

Voy a responder a esa pregunta con una analogía: la bicicleta y el cóndor. Hace algunos años leí un artículo, creo que en *Scientific American*, sobre la locomoción de las especies del planeta incluyendo al ser humano. El objetivo era determinar cuáles eran las especies más rápidas para desplazarse de un punto a otro con el mínimo gasto de energía. El cóndor salió vencedor. Las prestaciones del hombre no eran muy convincentes y se situaban muy por detrás del cóndor, al final del primer tercio de la lista. Hasta que a alguien se le ocurrió poner a prueba su eficacia en bicicleta y resultó que el hombre era el doble de rápido que el cóndor. Este ejemplo ilustra la eficacia del hombre como diseñador de herramientas como la bicicleta, gracias a la cual consiguió ampliar sus capacidades básicas. Por eso me gusta comparar a los ordenadores personales con las bicicletas».

Jobs demostraba unas cualidades innegables cuando dejaba volar su imaginación, pluma en mano, pero sus aptitudes para la gestión eran cada vez menos brillantes. El Apple III, cuyo lanzamiento se había previsto en un principio para julio sufría un retraso detrás de otro, debido en parte a los antojos de Jobs, que cambiaba de idea casi cada semana y obligaba a los ingenieros a hacer malabarismos con sus especificaciones.

Mike Scott, consejero delegado de Apple, estaba, con razón, cada vez más exasperado por las extravagancias del cofundador de Apple. La empresa de la manzana tenía la necesidad imperiosa de sacar el Apple III a tiempo porque aquel año, 1980, era el elegido para un acontecimiento que podía definir su futuro: la salida a Bolsa de la compañía, prevista a finales de año y gestionada por las firmas Morgan Stanley y Hambrecht & Quist.

Markkula había atraído a varios inversores de capital riesgo como Arthur Rock (que ya había sido el soporte financiero de Intel en sus comienzos), Hank Smith (director de un fondo propiedad de la familia Rockefeller) o Don Valentine (del fondo Sequoia Venture Capital), con la promesa de que harían una fortuna pese a tener que arriesgarse junto a aquellos *hippies* a los que personalmente aborrecía. Y sus mejores oportunidades de capitalizar su inversión pasaban por la salida a Bolsa sin mayores sobresaltos.

El Apple III que se puso a la venta en octubre de 1980, dos meses antes de la salida de Apple al mercado de valores, resultó ser una decepción. Los primeros clientes no tardaron en quejarse. Jobs se había empeñado en que el Apple III prescindiera de ventilador para que funcionase en perfecto silencio pero, en la práctica, aquello resultaba en un recalentamiento que provocaba averías.

En aquella época, existía el convencimiento de que los ordenadores personales transmitían un volumen excesivo de radiaciones y, para evitar posibles problemas legales, se decidió insertar la placa base del Apple III en una carcasa de aluminio para eliminar cualquier riesgo de interferencia. Esta solución afectó al resto del diseño pues, dado el alto número de circuitos, la memoria no tenía espacio en la placa, así que los ingenieros decidieron colocarla aparte, en una tarjeta suplementaria. A falta de ventilador, la memoria cogía demasiada temperatura y hacía que el sistema de seguridad bloquease el equipo. Los técnicos tardaron semanas en ubicar el origen del problema y, aunque pudieron resolverlo, el mal ya estaba hecho. La prensa especializada criticó sin tapujos el nuevo ordenador y su imagen se tambaleaba justo cuando IBM estaba a punto de lanzar su primer PC.

Pese a todo, el 12 de diciembre de 1980, Apple orquestó con grandes fanfarrias su salida a Bolsa y las acciones, que abrían a 22 dólares, cerraron a 29 dólares. Apple pasaba a estar valorada en 1.700 millones de dólares, lo nunca visto desde la entrada en el mercado de los títulos de Ford en 1956. Aquella la tarde, la fortuna de Jobs se cifraba en más de 165 millones de dólares mientras que la de Wozniak alcanzaba la nada desdeñable cifra de 77 millones. La euforia se adueñó de la empresa de Cupertino, un ejemplo para los analistas económicos. Casi sin quererlo, 40 empleados de Apple se habían hecho millonarios de la noche a la mañana.

Para celebrar el éxito de la oferta pública inicial de Apple, se organizó una fiesta en el domicilio de David Rockefeller, donde los ingenieros se codearon con la flor y nata de la banca y las finanzas. Al día siguiente, Rockefeller se quejaría de sus chiquilladas al encontrarse los baños de toda la casa empapelados con pegatinas de Apple.

Sin embargo, la salida a Bolsa también tuvo efectos negativos en Apple. Pronto empezaron a aflorar las tensiones entre quienes consideraban que no habían recibido su parte del pastel. Entre los damnificados se encontraba Daniel Kottke, cuyo puesto como técnico no le daba ninguna participación, mientras que su jefe, Rod Holt, que nunca desaprovechaba la ocasión para presentar sus credenciales políticas de izquierdas, había ganado sesenta millones de dólares en la operación. «A pesar de nuestra amistad, a Steve no parecía importarle que no me hubiese beneficiado de aquel agua de mayo», explica Kottke, «y eso me dolió mucho. Intenté hablar con él durante varios meses antes de la salida a Bolsa y le pregunté qué tenía que hacer para obtener acciones. En aquella época Apple no tenía un departamento de Recursos Humanos propiamente dicho. Rod Holt defendió mi causa ante Steve Jobs pero rechazó su petición. Era descorazonador para mí, que me entregaba en cuerpo y alma día tras día. Al final, dos meses antes de salir a Bolsa y después de haber amenazado con dimitir, obtuve unas pocas acciones de Apple».

Con una volumen de negocio superior a 300 millones de dólares en 1980, Apple se convirtió en la empresa con el crecimiento más rápido de la historia industrial americana, superior al 700% en tres años.

Jobs ya era el millonario más joven de América y aparecía en la portada de las grandes revistas retratado como el joven prodigio que había levantado Apple, beneficiándose de una notoriedad extraordinaria, sólo comparable a la de un Harrison Ford o Paul McCartney y con el consiguiente refuerzo para su ego.

Dentro de Apple, sin embargo, su posición no era tan firme. La empresa estaba inmersa en la sustitución de 14.000 Apple III por modelos en los que el fallo del sobrecalentamiento ya había sido corregido. Visto el fiasco, cada vez se hacía más patente que Jobs no estaba a la altura de las responsabilidades que exigía dirigir a un equipo de ingenieros. «Mucha gente de Apple tenía miedo de Jobs por sus rabietas inesperadas y su propensión a decir lo que pensaba, que solía ser negativo»[5], reconoce uno de los ingenieros de la casa, Andy Hertzfeld.

John Couch, respaldado por otros ingenieros del proyecto Lisa, se dirigió al consejero delegado para urgirle a sacar a Jobs del equipo de Lisa si querían salvar el ordenador. «Estamos tratando de terminar el Lisa. ¿Sería posible alejar a Steve Jobs para que podamos avanzar con el proyecto?». El ingeniero encontró un oído atento en Mike Scott quien, visiblemente hastiado de Jobs, no puso ninguna objeción a apartar al agitador.

Furioso, Jobs recorría las oficinas de Apple dejando estallar su despecho (¿acaso no era él el cofundador de la empresa?) y, movido por un deseo de revancha, decía a quien quería escucharle que el consejo de administración podía irse a freír espárragos. Si habían decidido apartarle del Lisa, él iniciaría su propio proyecto de ordenador revolucionario.

Incómodo en los edificios de Apple, Jobs se refugió en una de las oficinas externas situada en el bulevar Stevens Creek, a varias manzanas del campus de Apple, en el mismo lugar en el que había estado el primer local de la empresa y donde había visto la luz el primer equipo de concepción del Lisa. En las mismas oficinas en las que Jef Raskin trabajaba en su Macintosh.

Los piratas del Macintosh | 07

Steve Jobs y Jef Raskin no se llevaban lo que se dice bien. Raskin tenía a veces la impresión de que Jobs, iluminado, incontrolable y demencial, estaba bajo los efectos de un mal viaje de LSD. Por suerte para él, estaba a salvo en su refugio de Stevens Creek donde, con la ayuda de tres ingenieros seleccionados por él, seguía trabajando en un ordenador que facilitara la relación entre la máquina y el usuario. «Quería que fuese fácil de usar, que combinara textos y gráficos, y que su precio rondase los mil dólares», explica.

Y, aunque pudiera parecer utópico, la realidad estaba de su parte. Inventos revolucionarios como el Walkman de Sony también habían nacido de una idea y se habían desarrollado gracias a la tecnología. «Steve Jobs insistía en que era una insensatez, que no se vendería nunca y que Apple jamás querría hacer algo así. Incluso trató de cancelar el proyecto». El proyecto Macintosh estuvo a punto de anularse varias veces e incluso, en el otoño de 1980, Raskin tuvo que pelear para que la empresa lo mantuviera. En octubre de ese año, su equipo fue trasladado a un pequeño edificio del bulevar Stevens Creek.

El bonachón de Raskin había creado un ambiente magnífico de campus universitario en miniatura donde la investigación pura y dura se mezclaba con un espíritu de júbilo y camaradería. Las guitarras y los instrumentos de percusión convivían con los ordenadores para que, en cualquier momento, los ingenieros pudiesen dejar los teclados y lanzarse a interpretar *Honky Tonk Women* de los Stones. Y para liberar el estrés creativo, nada como una guerra de espuma con improvisadas barricadas de cartón y trincheras entre las mesas de oficina. La decoración incluía aviones y coches teledirigidos. Todo marchaba a pedir de boca y Raskin sólo quería que le dejasen en paz porque el Macintosh, al que consideraba como su propio hijo, acabaría sorprendiendo a más de uno.

Por eso, tal vez lo peor que le podía pasarles era tener que aguantar a Jobs. Y eso era exactamente lo que terminó sucediendo cuando, recién apartado del proyecto Lisa, éste se pasó a echar un vistazo a los ingenieros del Macintosh. Con sumo gusto, Raskin le habría mandado a freír espárragos, pero seguía siendo un alto ejecutivo. ¿Por qué tenía a molestarles en su pequeño exilio? Había algo en Jobs que le sacaba de quicio.

En diciembre de 1980, Burrell Smith, un ingeniero que vestía y se peinaba a la moda, concibió una placa base para el Macintosh basándose en el procesador 68.000 de Motorola. Jobs se quedó gratamente sorprendido por la audacia de Burrell y decidió que, después de todo, el Macintosh no estaba tan mal. ¿Serían capaces de trasladar a aquella máquina las ideas que había desarrollado a raíz de su visita al PARC? Muy a pesar de Raskin, Jobs se volcó en el Macintosh y, sin hacerse esperar, reorientó la investigación hacia un ordenador equipado con una interfaz gráfica como la Alto de Xerox.

Entusiasmado por el hallazgo de una nueva plataforma desde la que asaltar el poder de la compañía, Jobs volvió a mostrarse insoportable. Recorrió los despachos de Apple para reclutar a la flor y nata del equipo del primer Apple II (incluyendo, por supuesto, a Steve Wozniak) y el equipo de Macintosh creció poco a poco hasta alcanzar la veintena de miembros. Dan Kottke y Bill Atkinson también estaban a bordo.

Abrumado por la velocidad de los acontecimientos, Jef Raskin no dejaba de acumular quejas ante el usurpador. Él había iniciado el proyecto Macintosh y consideraba que tenía todo el derecho a opinar, pero Jobs, exasperado por su actitud, le comunicó que la dirección había cambiado y que los puestos habían sido redefinidos. «Jobs se hizo con el poder. Se presentó y me dijo, sin más: "Asumo el control del desarrollo del Macintosh. En adelante te ocuparás del sistema operativo y de los manuales"», recuerda Raskin.

Mike Scott y Markkula se dejaron seducir por el componente innovador del proyecto y garantizaron su apoyo. El excelente estado de los balances permitía la financiación de ambiciosos proyectos de investigación. Además, el Macintosh mantendría alejado a Jobs mientras durase su desarrollo. Raskin, desalojado en contra de su voluntad, sentía que habían usurpado su proyecto.

A principios de 1981 el equipo del Macintosh se trasladó a unas oficinas más amplias, situadas junto a una gasolinera Texaco, en las que Jobs no tenía despacho. Sin embargo solía presentarse por las tardes para tomar el pulso a los progresos. Mientras tanto Bill Atkinson visitaba regularmente el cuartel general aunque trabajaba en solitario desde su casa en el diseño del interfaz Quickdraw que, con el tiempo, se haría famoso.

Como de costumbre, Jobs tenía todo tipo de ideas fantásticas, sobre todo centradas en reemplazar el uso del teclado por comandos con el ratón. Entre sus preocupaciones también estaba el nombre con el que bautizaría al prototipo aunque, a fuerza de repetirlo, la denominación en clave del proyecto acabó siendo impuesta por los miembros del equipo.

Un incidente inesperado retrasó el desarrollo general del plan. El 7 de febrero de 1981, Steve Wozniak pilotaba su avión privado, un Beechcraft Bonanza, con destino a San Diego donde pensaba encargar un anillo de pedida para su novia. Nada más despegar, en el aeropuerto de Scotts Valley (California), el avión se estrelló contra el suelo. Durante más de un mes, Wozniak padeció amnesia y, aunque conservaba los recuerdos anteriores al accidente, no era capaz de acordarse de lo que estaba haciendo en aquel momento.

Para el cofundador de Apple el accidente había sido una señal de que necesitaba tomarse un respiro y decidió terminar el último curso de la carrera que había empezado en Berkeley, además de utilizar la fortuna que había ido acumulando gracias al éxito de la empresa en organizar grandes conciertos de *rock*. En total, Wozniak permaneció fuera de Apple dos años.

Con Wozniak al margen de la empresa, Jobs se sentía como verdadero patrón del proyecto Macintosh, solo y sin la barrera de protección de su cómplice. Por fin era libre para actuar a su antojo, así que se entregó en cuerpo y alma a la realización de una máquina que aspiraba a cambiar la existencia de millones de personas. Para ello estaba dispuesto a cualquier cosa, por lo que dio rienda suelta a su carácter, exigente y testarudo, y se propuso obtener lo imposible de quienes trabajaban bajo sus órdenes tiránicas.

En febrero de 1981 se presentó en Cupertino un visitante francés llamado Jean-Louis Gassée, que recientemente había sido nombrado director de Apple Francia y que pasaba por ser un excelente estratega y prudente observador, amén de ser el responsable de una de las filiales más rentables de Apple. Gassée se había presentado con el traje de rayas y chaleco que solía llevar en su anterior trabajo en la petrolera Exxon. El ejecutivo francés se quedó atónito en su primer encuentro con el mítico Steve Jobs: «En la sala del consejo de administración vi a un tipo en sandalias sentado sobre una mesa baja limpiándose las uñas de los pies. Pensé que había aterrizado en territorio de los iluminados». Como muchos otros, aquella primera impresión fue borrada por la magnética personalidad de aquel francotirador cuyo encanto se apoderaba de quien lo conocía.

Las cosas no iban todo lo bien que se esperaba y el miércoles 25 de febrero de 1981 fue un día aciago para Apple. Las pésimas ventas del Apple III empujaron a Mike Scott a tomar la decisión de despedir a cuarenta empleados, incluida la mitad del equipo de Apple, con el pretexto de que eran prescindibles. Scott recibió en su despacho a cada uno de los trabajadores elegidos desde primera hora de la mañana y les anunció personalmente la noticia. A todos les explicaba que la empresa había crecido demasiado deprisa, que se habían hecho algunas contrataciones inadecuadas, y que la división del Apple III estaba demasiado segura de sí misma así que era conveniente extraer a los elementos nocivos. A medida que pasaban las horas, los supervivientes se mordían las uñas, con el temor de que cualquiera podía ser el siguiente.

El consejero delegado de Apple, cerveza en mano y desconocedor de que él mismo sería despedido por haber tomado la decisión sin el visto bueno del consejo de administración, se jactaba aquella misma tarde de un extraño cambio de opinión: «Siempre había dicho que me iría de Apple cuando la dirección dejara de gustarme pero cuando ya no sea divertido, despediré a la gente que sea necesaria para que vuelva a serlo». Debía de ser el único capaz de encontrarle el lado cómico a un episodio que en ciertas esferas fue descrito como propio de un régimen estalinista y que causó una conmoción evidente en los pasillos de Apple. Incluso varios empleados se acercaron tímidamente a Mike Scott para decirle que había gestionado mal la situación y Steve Jobs le comunicó abiertamente su desaprobación. Durante muchos días, el *miércoles negro* (todavía algunos aún se refieren así a tan fatídica fecha) se apoderaba de las conversaciones y sus efectos se palpaban en el ambiente. Tras la fractura que la salida a Bolsa había provocado en algunos empleados, los recientes acontecimientos parecían marcar un nuevo giro en el rumbo de Apple.

Poco después, uno de los ingenieros más brillantes del Apple II, Andy Hertzfeld, comentó con un directivo de Apple que estaba pensando marcharse de la empresa. Al día siguiente por la mañana, encontró en su mesa un mensaje de la secretaria de Scott para que fuera a ver enseguida al jefe. Mike Scott le explicó que quería que siguiera en la empresa y le preguntó qué podía hacer para motivarle. Hertzfeld no lo dudó, quería trabajar en el proyecto Macintosh.

Dicho y hecho, Scott movió los hilos para que Steve Jobs le recibiese. La bienvenida fue un poco más fría de lo esperado. Jobs le lanzó una provocadora pregunta: ¿eres lo suficientemente bueno como para trabajar en el equipo Mac? Hertzfeld le enseñó los diseños que había realizado y le dijo que quería unirse a ellos. Por la tarde, Jobs irrumpió por sorpresa en su despacho: «¡Buenas noticias! Formas parte del equipo de creación del Macintosh». «¡Genial! Pero antes tengo que terminar un proyecto para el Apple. Necesito uno o dos días», contestó Hertzfeld. Jobs, horrorizado, le preguntó: «¿Hay algo más importante que el Macintosh? Deja de perder el tiempo, el Apple III estará muerto en unos años; el Mac es el futuro. Empiezas ahora mismo».

Acto seguido desenchufó el ordenador de Hertzfeld, haciéndole perder todo el trabajo de aquel día, apiló los componentes y salió del despacho con el Apple II en volandas. «Sígueme; voy a llevarte a tu nueva oficina». Hertzfeld corría detrás de él hacia el aparcamiento profiriendo insultos. Sus quejas no sirvieron de nada porque su ordenador aterrizó en el maletero del Mercedes de Jobs y, al cabo de varios minutos, ya estaban en el edificio anexo a la gasolinera Texaco donde, al día siguiente, un compañero le comunicó que el lanzamiento del Macintosh estaba previsto en enero de 1982, once meses después. Hertzfeld estaba perplejo por lo irrealizable del calendario. Budd Tribble, su interlocutor, le puso en antecedentes:

—Steve insiste en que entreguemos el Mac a principios de 1982 y se niega a escuchar cualquier opinión contraria. ¿Has visto alguna vez *Star Trek?* Pues bien, Steve tiene un *campo de distorsión de la realidad*[1].

—¿Un qué?

—Un campo de distorsión de la realidad. En su presencia, la realidad se vuelve maleable. Es capaz de convencer a cualquiera de cualquier cosa. La situación se atenúa cuando no está pero, de todos modos, resulta difícil tener previsiones realistas. Pero hay más cosas que debes saber de Steve.

—¿Como qué?

—El hecho de que te diga que algo es genial o espantoso no significa necesariamente que vaya a pensar lo mismo al día siguiente. Hay que filtrar sus comentarios. Si le das una idea nueva, lo primero que te dirá es que le parece estúpida pero una semana más tarde vendrá a verte para proponértela como si fuera suya.

Hertzfeld no tardaría mucho en darse cuenta de que lo que Tribble le contaba era la descripción de la realidad. Poco después asistió fortuitamente a una conversación entre Jobs y James Ferris que le impresionó. Ferris era un director creativo que se había incorporado para ayudar a Jobs a crear la carcasa del Mac. Jef Raskin había imaginado un ordenador horizontal, similar a una máquina de coser que se abriera por delante para revelar el teclado. Jobs buscaba diferenciarse y como aquella disposición ya había sido utilizada por un fabricante, Adam Osborne, insistía en que «el Macintosh debía ser diferente a todo lo demás»[2], así que intentaba convencer a Ferris:

—Se trata de elaborar una imagen clásica que nunca se quede anticuada. Piensa en el Volkswagen Beetle.

—No me parece que sea el mejor modelo. Las líneas tienen que ser voluptuosas como si fuera un Ferrari —respondió Ferris.

—No, un Ferrari tampoco. ¡Será un Porsche!

Una semana después, Jobs y Ferris decidieron romper con los convencionalismos y optaron por una estructura vertical. Jerry Manock, creador de la carcasa del Apple II, sería el encargado de concebir la del Mac con la ayuda del diseñador Terry Oyama. Como era de esperar, su primer modelo fue criticado duramente por Jobs aunque, aun así, concedió que «había que empezar por algo».

Durante una reunión, en junio de 1981, Burrell Smith presentó la placa base del Macintosh y Steve le comentó sus críticas, aunque sólo en el plano estético.

—Esta parte es preciosa pero los chips de memoria son un espanto. Están demasiado juntos[3].

—¿Y qué más da? —quiso saber un nuevo miembro del equipo—. ¿A quién le importa el aspecto de la placa base? Lo importante es su funcionamiento. Nadie va a verla.

Steve Jobs refutó el argumento con vehemencia:

—La voy a ver yo y lo que quiero es que sea lo más bonita posible, aunque esté dentro de la carcasa. Nunca oirás a un buen carpintero decir que utiliza madera mala en el fondo de un armario con el pretexto de que nadie la va a ver.

Smith insistía en hacer valer su opinión mientras los demás miembros del equipo intercambiaban miradas cómplices, sabedores de que se estaba enfrascando en una batalla perdida.

En marzo de 1981, Jobs fue invitado a participar en las conferencias de Ben Rosen, el inversor estrella de Silicon Valley, y dejándose llevar por la retórica no pudo evitar desgranar algunas pistas de hacia dónde se dirigía Apple con el impulso que les daría el Macintosh. Uno de los asistentes, programador y director de su propia y emergente empresa, un tal Bill Gates, se quedó electrizado por el discurso de Jobs y a la salida de la conferencia se enfrascaron en una conversación apasionada. De la misma edad que su interlocutor, Gates acababa de firmar un importante contrato para suministrar el sistema operativo que llevaría instalado el PC de IBM.

Sospechando que la revolución que Jobs anunciaba veladamente estaba más cerca de lo que otros podían sospechar, se acercó para tratar de tirarle de la lengua. Insistió en conocer más detalles e incluso le propuso que Microsoft se hiciese cargo del diseño de algunos de los programas para el misterioso ordenador que se perfilaba en el horizonte. El zorro había metido el hocico en el corral.

En la primavera de 1981, Bruce Horn estaba a punto de graduarse por la Universidad de Stanford cuando recibió una llamada de Jobs, que se había fijado en él en Xerox PARC, donde había trabajado a tiempo parcial.

—Bruce, soy Steve. ¿Qué piensas de nuestra compañía?

—Está bien pero ya he aceptado un trabajo en VTI Technologies[4].

—¿Qué? Olvídalo. Ven mañana a Apple a las nueve. Tenemos muchas cosas que enseñarte.

El día siguiente, Horn se reunió con el equipo del Mac empezando por Jobs, que no ahorraba adjetivos a la hora de describir el proyecto. Según él, Apple no sólo estaba preparando un ordenador nuevo sino que se trataba de un objeto histórico que revolucionaría el acceso al conocimiento. Durante dos días, los ingenieros le hicieron todo tipo de demostraciones del potencial del ordenador en el que estaban trabajando y, poco a poco, Horn se dejó llevar seducido por lo que estaba viendo. El lunes siguiente llamó a VTI para avisarles de que se incorporaba a Apple. Estaba convencido: el Mac cambiaría el mundo. También ante la insistencia de Jobs, Chris Espinoza, que había participado en los comienzos de Apple cuando aún no había cumplido quince años y que había regresado a sus estudios, dejó la universidad para unirse al equipo del Mac.

Para tener el campo libre para el proyecto Macintosh, Steve participó en la salida de Mike Scott. La reestructuración directiva llevó a Mike Markkula al puesto de consejero delegado y Jobs fue nombrado presidente del consejo. «Mike Scott despidió a mucha gente sin seguir el cauce adecuado», recuerda Wozniak, «y eso le costó el puesto. Además se había deshecho de gente muy buena». Scott abandonó Apple oficialmente el 10 de julio de 1981 tras redactar una carta de dimisión en la que dejaba constancia de su desencanto.

A principios del verano, Jobs, Raskin y Hertzfeld recibieron a Bill Gates y a otros tres ingenieros de Microsoft. Jobs hizo los honores y los cuatro invitados fueron deslumbrados con una demostración del interfaz gráfico que corría en un prototipo del Macintosh. Gates ametrallaba a Hertzfeld a preguntas para conocer los pormenores de aquella máquina milagrosa y su gran curiosidad alarmó a Steve Jobs que, en varias ocasiones, le dijo a Hertzfeld que no comentase los detalles. La investigación seguía en curso y no era conveniente filtrar la información más sensible.

Bill Gates, gracias a su excelente visión de futuro, era consciente del potencial del que estaban hablando. Era el ordenador del mañana y tenían que estar allí, incluso invirtiendo en el proyecto. Al fin y al cabo, se decía, el Macintosh necesitaba programas. Durante la cena que siguió a la presentación, las dos partes acordaron que Microsoft realizaría tres programas para el Mac, concretamente el procesador de textos Word, la hoja de cálculo Multiplan y el programa de gráficos Chart. Dado que Jobs tenía pensado lanzar el Macintosh en octubre de 1982, les impuso unos plazos muy ajustados. Sin embargo, Bill Gates no podía dejar de pensar en otra idea. Desarrollaría su propia interfaz para el PC de IBM, inspirada en la del Mac. Nada más regresar a Microsoft, se puso en contacto con Xerox para comprar una licencia de las herramientas gráficas desarrolladas en el PARC. El sistema operativo Windows acababa de nacer.

Con motivo del lanzamiento oficial del PC de IBM, en agosto de 1981, Jobs se permitió el lujo de dar la bienvenida en público al temible contrincante con un anuncio a página completa en el *Wall Street Journal* del 12 de agosto. «Bienvenida, IBM. En serio. Bienvenida al mercado más apasionante e importante desde que comenzó la revolución informática hace 35 años. Y enhorabuena por vuestro primer ordenador personal. Poner el poder de un ordenador al alcance de las personas permite mejorar la manera en que trabajan, piensan, aprenden a comunicarse y ocupan su tiempo libre. Hoy en día, los conocimientos de informática se están haciendo casi tan necesarios como saber leer y escribir. Cuando inventamos el primer ordenador personal, calculábamos que, en todo el mundo, más de 140 millones de personas podrían comprar uno si comprendían sus ventajas. Sólo el próximo año, calculamos que un millón largo habrá adquirido esos conocimientos y, durante la próxima década, el ordenador personal seguirá creciendo de manera exponencial. Esperamos una competencia responsable en el tremendo esfuerzo de distribuir esta tecnología americana al mundo y apreciamos la amplitud de vuestro compromiso. Nosotros aumentamos el capital social desarrollando la productividad individual. Bienvenidos a esta aventura. Apple».

La táctica de Jobs era inteligente porque recalcaba que Apple había sido la primera en lanzar un ordenador personal y, al dar la bienvenida a IBM, dejaba claro su señorío, dando a entender que la empresa de California no temía al número uno de la informática. En aquella época, la compañía de Jobs y Wozniak había vendido 300.000 Apple II, un tercio del parque total de ordenadores personales.

Sin embargo, el relanzamiento del Apple III mejorado, en noviembre de 1981, pasó sin pena ni gloria y las cosas empezaban a ponerse difíciles. Por su parte, el PC de IBM conocía unos inicios más que honorables para la época al agotar las primeras 50.000 unidades entre septiembre y diciembre (frente a las 135.000 de Apple en todo el año). El número uno de la informática surgía como duro competidor desde el primer momento.

Pero Jobs no estaba nervioso. Sus esperanzas para contrarrestar la temida llegada de IBM estaban depositadas en el Macintosh. Era la libertad, la diversión y la estética frente a un PC de IBM triste y aburrido. Además, al desmontar el PC, los ingenieros de Apple, entre ellos Hertzfeld, descubrieron que la máquina estaba ridículamente mal concebida. Los miembros del equipo de Macintosh (a los que Jobs llama los piratas) eran conscientes de que estaban en otro nivel, y se empecinaron en crear un producto de una envergadura completamente diferente guiados por un espíritu perfeccionista hasta niveles ridículos.

En cuestiones sentimentales, Jobs mantenía una relación con la cantante de *folk* Joan Baez, diecisiete años mayor que él (por aquel entonces tenía 23) y todo un símbolo que había sido la musa de Bob Dylan, a quien Steve Jobs idolatraba sobre todas las cosas. Sin embargo no duró mucho. Su siguiente pareja sería una atractiva mujer con un carácter de armas tomar llamada Christina Redse, de quien se decía que tenía un gran parecido con la actriz Darryl Hannah[5], con la que mantuvo una relación durante varios años.

Un día de diciembre, Bruce Horn se quejó a Andy Hertzfeld de que el desarrollo del Mac estaba basado en un prototipo de ordenador, el Lisa, que él aún no había visto. «Tal vez debería irme a una empresa de verdad, donde suministren las herramientas adecuadas a sus desarrolladores», amenazó enfurecido. A Hertzfeld no le gustó el comentario y se fue a buscar a Jobs para sugerirle que tal vez debían deshacerse de Horn. Para su sorpresa, Jobs le respondió: «¡No! ¡Dale un ordenador!».

Al día siguiente, Bruce Horn recibió un mensaje de Steve indicándole que se dirigiera a un despacho concreto de un edificio de Apple para que se llevara el ordenador que encontraría allí. La oficina en cuestión era la de John Couch, jefe del proyecto Lisa, así que a pesar de la seguridad de disponer de un mensaje firmado por Jobs, se llevó el equipo con cierta inquietud. «A día de hoy, sigo sin saber a ciencia cierta si Steve lo había acordado con John Couch o si éste último tuvo la sorpresa de encontrarse con un escritorio vacío», admite[6].

A principios de 1982, los locales de Texaco se habían vuelto a quedar pequeños y Jobs decidió reubicar al equipo de Macintosh a un espacio en el campus de Apple con el tamaño suficiente para acomodar a unas cincuenta personas. En aquella época, la principal preocupación de Jobs era encontrar al ejecutivo adecuado para preparar y liderar el lanzamiento del Mac. Don Estridge, el directivo de IBM que había impulsado el proyecto del PC de IBM hasta su comercialización, fue el elegido. Para tentarle, le prometió un salario anual de más de un millón de dólares pero Estridge declinó la suculenta oferta.

Como segunda opción, Jobs había echado el ojo a un as del márketing de 38 años llamado John Sculley, cuyos éxitos le habían dejado anonadado. Sculley había sido capaz de mejorar la popularidad de Pepsi Cola entre la gente joven consiguiendo ganar cuota de mercado frente a Coca Cola, su competidor y dominador histórico del sector. Jobs veía en él a un genio en su ámbito y pensaba que su perfil era ideal para una empresa como Apple.

La popularidad del fundador de Apple era tal que, cuando John Sculley contó a su hija que Jobs iba a venir a visitarle, ésta se puso a gritar: «¡Steve Jobs! ¡Vas a ver a Steve Jobs!» como si fuera Mick Jagger. «Como tantos otros, me sentía subyugado por aquel niño precoz, cautivador y legendario». Desde el primer momento, en aquella entrevista en 1982, se quedó atónito ante la audacia del fundador de Apple. Jobs, por su parte, apreciaba la apertura de espíritu del presidente de PepsiCo.

«Desde que le conozco, a Steve siempre le han apasionado los productos bonitos. Cuando vino a verme se quedó fascinado porque tenía bisagras y cerraduras diseñadas especialmente para las puertas (estudié diseño industrial). Ésa era nuestra pasión común, no la informática», asegura Sculley[7]. «Yo no sabía nada de informática o al menos nada más que cualquier otra persona en aquella época en la que vivíamos el comienzo de la revolución del ordenador personal. Sin embargo, compartíamos una misma fe en las virtudes de la belleza del diseño. Steve pensaba que había que concebir el diseño partiendo de la experiencia del usuario; siempre veía las cosas desde ese punto de vista. Al contrario que muchas personas que trabajaban en márketing y que se habrían lanzado a hacer estudios de mercado para preguntar a la gente qué es lo que querían, Steve prefería adelantarse: "¿Cómo voy a preguntar a alguien cómo debería ser un ordenador basado en un interfaz gráfico si nadie tiene la menor idea de lo que es ni lo ha visto jamás?"».

Nada más poner los pies en Cupertino, Sculley quedó desconcertado por el estilo de Apple (algo que admitiría años después en sus memorias)[8]. «Mike Markkula me recibió con la camisa remangada y pantalón informal. Yo era el único en toda la planta que llevaba traje y me sentía incómodo. La mayoría de la gente de Apple vestía más informal que el personal de mantenimiento de Pepsi. El presidente de la compañía, tenía una pequeña sala con una mesa redonda en el centro en lugar de tener un despacho al uso. El lugar estaba limpio y ordenado y detrás de él se situaban varios ordenadores Apple que mostraban las cotizaciones bursátiles».

Sin embargo, su sorpresa sería aún mayor al descubrir la oficina de Jobs, situada al otro extremo de la planta. Fuera, varias personas esperaban en fila a que les llegara el turno mientras el teléfono no dejaba de sonar. Jobs iba en vaqueros y llevaba una camisa de cuadros remangada. «Lo curioso era que Steve no tenía ordenador en su despacho sino piezas electrónicas y carcasas dispersadas. Reinaba una sensación de batiburrillo y desorden. En las paredes había pósters y fotos pegadas con celo». Jobs acababa de regresar de Japón y tenía en el despacho los elementos de un producto nuevo que había comprado en su viaje. «Cada vez que Steve veía algo nuevo, quería saber más. Lo desmontaba y trataba de entender su funcionamiento».

Manock y Oyama habían propuesto seis prototipos de carcasa para el Mac a Jobs antes de obtener su aprobación y, en febrero de 1982, el diseño ya estaba terminado. Para celebrarlo, organizaron una fiesta con mucha bebida y Jobs soltó la extravagante idea de que, como buenos artistas, los ingenieros del Mac debían firmar su creación. Todos los miembros del equipo firmarían en el interior de la carcasa de plástico. Para ello, durante los cuarenta minutos que duró la celebración se hizo circular una hoja de papel por la mesa que firmaron todos. El último en hacerlo fue el propio Steve Jobs.

Durante aquellos tres meses, Jobs seguía recibiendo a Bill Gates en su oficina de California para que le mantuviese al tanto de los progresos en los programas que le habían encargado. La relación comenzó a deteriorarse porque Microsoft no avanzaba con la rapidez necesaria para cumplir los plazos. Jobs regañaba a su interlocutor y le exigía que trabajase con más intensidad en el Mac y abandonase su colaboración con IBM, una multinacional que comparaba con el demonio. Gates, por su lado, enumeraba con gusto la lista de fallos de desarrollo a los que los ingenieros de Microsoft tenían que hacer frente y se burlaba de Jobs: «Steve, si no corriges todos esos problemas, no vas a vender un solo Mac». Saltaban chispas entre los dos superdotados y, en privado, Gates admitía su desesperación ante la personalidad de Jobs: «me desesperaban frases como que Mac conquistaría el mundo».

El ambiente en Apple era algo de lo que sus trabajadores se sentían orgullosos e intentaban preservar. Por ejemplo, un día de marzo de 1982, Steve Jobs, Andy Hertzfeld y Burrell Smith entrevistaron a un candidato potencial que les había recomendado una persona de Apple. El hombre, trajeado y con corbata, les pareció pomposo e irritado. Como casi no respondía a las preguntas, Jobs comenzó a exasperarse y pasó a la ofensiva[9] con preguntas como «¿A qué edad perdiste la virginidad? [...] ¿Cómo dices? ¿Sigues siendo virgen?». Hertzfeld y Smith soltaron una carcajada mientras el candidato, confundido, no sabía qué responder. «¿Cuántas veces has tomado LSD?», siguió inquiriendo Jobs. Hertzfeld decidió salir al rescate del infortunado aspirante y le planteó una pregunta técnica. Éste se rehizo e hiló una respuesta larga y tendida que impacientó a Steve que masculló: «Glu, glu, glu». De nuevo, Hertzfeld y Smith se pusieron a reír, acompañados por Jobs, y el hombre se levantó de repente, explicando que no era la persona adecuada para el puesto de trabajo, a lo que Jobs respondió, secamente, con un «fin de la entrevista».

A los *piratas* del Macintosh les costaba plantarse ante los caprichos de Jobs. Una de sus ideas más extrañas tenía que ver con los conectores de extensión del Macintosh. Wozniak era un defensor acérrimo de aquellos conectores que, presentes en los PC, permitían al usuario aumentar las capacidades del ordenador. De hecho, el Apple II estaba equipado con siete conectores que admitían tarjetas de ampliación.

Jef Raskin, al iniciar el proyecto Macintosh, había decidido limitarlos porque entendía que complicaban demasiado el diseño de la placa base. Curiosamente, ésa era una de las pocas cosas en las que coincidía con Jobs y éste tomó una decisión que, después, parecería totalmente infundada: el ordenador estaría desprovisto de emplazamientos de extensión y, para evitar cualquier tentación, el Mac se alojaría en una carcasa precintada que impidiera su apertura por el usuario.

Burrell Smith, responsable de la concepción del material, trató de oponerse a la idea[10], alegando que los componentes electrónicos evolucionaban muy deprisa y que el Mac podría quedarse obsoleto al poco tiempo de salir al mercado. Era necesario prever la posibilidad de ampliar sus capacidades y, para eso, sugirió incluir al menos un emplazamiento de extensión. Sin embargo, se encontró con un rechazo categórico.

Preocupado, Burrell decidió manejar la polémica con tacto y, junto a su colega Brian Howard, ideó una conexión a la que sutilmente denominaron puerto de diagnóstico y cuya función era, supuestamente, la de servir para el control de posibles errores de fabricación. El subterfugio le duró varias semanas hasta el día en que Rod Holt, que estaba ayudando a Jobs a crear el Mac, se dio cuenta de que cada vez que se mencionaba la expresión puerto de diagnóstico se perfilaban unas sonrisas disimuladas y dio barreno a la extensión.

Jef Raskin, por su parte, seguía soportando un varapalo detrás de otro. Jobs, que un año antes le había desplazado de la dirección del proyecto Mac relegándole a la dirección del desarrollo del sistema operativo y los manuales, le anunció en mayo de 1982 que también se encargaría del sistema opertivo. «Puedes quedarte con los manuales», añadió. «¡No, quédate tú también con los manuales», replicó Raskin, fuera de sí, y sobre la marcha, presentó su dimisión[11]. Su decisión sentó mal a Mike Markkula quien, enseguida, se propuso hacer que recapacitase. «No te puedes ir de Apple. Danos un mes y te haremos una oferta que no podrás rechazar». Raskin esperó un mes pero renunció a la propuesta de los directivos de Apple. Su rencor hacia Jobs seguiría vivo con el transcurso de los años. «Me hizo gracia leer un artículo de *Newsweek* donde Jobs decía: "Todavía tengo varias ideas creativas buenas"», declaró Raskin en 1986[12]. «Jobs nunca ha creado nada, ni un solo producto. Woz creó el Apple II; Ken Rothmuller y otros crearon el Lisa; mi equipo y yo creamos el Macintosh. ¿Qué ha creado Jobs? Nada».

En la creación del Macintosh, Jobs cometió otro error de peso. En agosto de 1982, Burrell Smith sugirió que el Mac dispusiera de una memoria de 256 Kb ampliables a 512 Kb para que fuera compatible con los programas más ambiciosos pero, de nuevo, Jobs impuso su veto. El Mac se despacharía con 128 Kb sin posibilidad de ampliación de la memoria. Esa vez, sin embargo, Burrell consiguió salirse con la suya porque, sin decirle nada a Steve, realizó una placa base susceptible de alojar 512 Kb a su debido tiempo.

La vida social de Jobs seguía en alza y aquel año adquirió un apartamento en el edificio San Remo de Nueva York, donde se codeaba con vecinos de la talla de Demi Moore, Steven Spielberg, el actor Steve Martin, la princesa Yasmin Aga Khan o la hija de Rita Hayworth. El prestigioso arquitecto I.M. Pei se encargó de la renovación de las dos plantas superiores de la torre norte, aunque al final nunca llegaría a mudarse a dicho apartamento[13].

En Cupertino, el equipo responsable del Macintosh vivía semanas infernales de noventa horas. En noviembre de 1982, Jobs izó en los locales una bandera negra con una calavera y dos huesos cruzados para definir el territorio del clan Mac, al que seguía refiriéndose como los piratas. Pese a tanto sacrificio, el equipo encargado de realizar el Lisa se adelantó al del Mac y John Couch, director del proyecto Lisa, recibió los 5.000 dólares que se había apostado con Jobs a que ellos serían los primeros en presentar un producto acabado.

Apple cerró el año 1982 con un volumen de negocios de 583 millones de dólares y una capitalización de 1.700 millones. Los siete millones de acciones de Steve Jobs le aportaron una fortuna valorada en 210 millones de dólares. A finales de año, la revista *Time* barajaba la idea de nombrar a Steve Jobs hombre del año y envió a un reportero a California para entrevistar al creativo californiano. Poco después, la redacción cambió de idea y decidió apuntar más alto. Quien de verdad se merecía el título era el propio ordenador. El artículo interno ensalzaba los modelos de Commodore, Sinclair, Osborne I, TRS-80 y el Apple II.

Aun así, Jobs protagonizó un reportaje adulador, titulado «La versión actualizada del libro de Jobs» (en un juego de palabras con el libro de la Biblia), que definía como sigue al *niño terrible* de la informática: «Tiene 27 años. Vive en Los Gatos (California) y trabaja a veinte minutos de su casa, en Cupertino, una ciudad de 34.000 habitantes a la que ha transformado tanto que algunos habitantes de San Francisco, 45 kilómetros más al norte, la han empezado a llamar Computertino. Jobs no vive como una súper estrella. Su casa de Los Gatos difícilmente podría aparecer en una revista de interiorismo. Las camisas recién lavadas se extienden sobre el suelo de una habitación desamueblada, del frigorífico cuelga una carta de amor, en el dormitorio principal hay una cómoda, un colchón, un Apple II y varias fotos enmarcadas (de Einstein, de su amigo el gobernador Jerry Brown y de un gurú). Jobs ha sido vegetariano durante mucho tiempo pero lo dejó porque "hay que encontrar un equilibrio entre una vida más sana y la necesidad de relacionarse con los demás". Viste con ropa informal pero a la moda». Algunas líneas después, el reportero, Jay Cocks, reproducía un curioso comentario de Jobs sobre la alimentación. «La cantidad de energía que utiliza el cuerpo para digerir los alimentos supera con frecuencia a la que obtiene de ellos». Cocks también anunciaba que Jobs se había propuesto donar 10.000 ordenadores Apple a los colegios de California para obtener una cuantiosa reducción fiscal y entrar con fuerza en el mercado juvenil.

En el artículo también intervenían algunas personas que habían conocido a Jobs y que perfilaban un retrato no siempre halagador. Jef Raskin, recién expulsado del proyecto Macintosh, no desaprovechó la ocasión de criticarle y soltó una ocurrencia que decía mucho del absolutismo del líder de Apple: «Habría sido un excelente rey de Francia».

El Lisa se presentó ante la prensa en enero de 1983 y suscitó la admiración de los periodistas especializados. Jobs volvió a tirar de lirismo en sus comentarios sobre la revolución conseguida y, a pesar de que la estrella era el modelo que se presentaba, no pudo evitar mencionar el otro proyecto de Apple, el Macintosh, al que anunció como un ordenador análogo que se vendería cinco veces más barato, dando al traste con el interés del público hacia el Lisa.

Cuando un reportero le preguntó si el Macintosh respondía a alguna expectativa del público corroborada mediante estudios de mercado, Jobs le contestó, mordaz: «¿Acaso crees que Graham Bell hizo estudios de mercado cuando inventó el teléfono?».

Mientras, las conversaciones entre Steve Jobs y John Sculley se eternizaban desde hacía meses y se habían estancado. El punto culminante llegó el 20 de marzo de 1983, durante una reunión en Nueva York[14]. «Entonces, ¿por fin te vienes a Apple?», preguntó Jobs. «Steve», le respondió Sculley, «me encanta lo que hacéis; es apasionante. ¿Cómo no iba a estar cautivado? Pero no tiene ningún sentido que vaya». Sculley le explicó que necesitaba un considerable empujón financiero por parte de Apple. Sus exigencias se resumían en un salario de un millón de dólares, otro millón de dólares en bonos por objetivos y otro millón más como indemnización por despido en el caso de que las cosas no se desarrollaran según lo previsto.

«¿Cómo has llegado a esas cifras?», quiso saber Jobs. «Son cifras redondas y me facilitan la relación con Kendall [cofundador de Pepsi]». «Aunque tenga que pagártelo de mi bolsillo, quiero que vengas. Tenemos que resolver esta situación porque eres la mejor persona que conozco. Sé que eres perfecto para Apple y Apple se merece lo mejor». «Steve, me encantaría ser tu asesor y ayudarte de varias maneras. No dudes en llamarme cuando estés Nueva York, es muy estimulante pasar tiempo contigo pero sinceramente no creo que pueda marcharme a Apple».

Después de una pausa, Steve lanzó una frase decisiva que atormentaría a Sculley durante días y que él encajó como un puñetazo en el estómago. «¿Qué prefieres, pasar el resto de tus días vendiendo agua azucarada o aprovechar tu oportunidad de cambiar el mundo?». Era una oferta para hacer historia y, un mes más tarde, se trasladó a Cupertino.

Los inicios de Sculley en Apple fueron tímidos ya que la informática no era su fuerte. Durante largos meses se movió a la sombra de Jobs, intentando comprender los entresijos de Apple. Su aprendizaje era complicado porque el socio fundador prefería concentrar su atención en la creación del Macintosh y apenas tenía tiempo para hablar de balances y demás futilidades.

En cierto modo, la llegada del ex presidente de PepsiCo a Apple representaba un choque de culturas. Sculley era el perfecto ejemplar del estilo Nueva Inglaterra, siempre trajeado y con corbata, formado en el capitalismo riguroso protestante y acostumbrado a evolucionar en un entorno amanerado y correcto. Pero ahora, de pronto, estaba rodeado de pasotas modernos en vaqueros y camiseta, y asistía a reuniones que con frecuencia terminaban en trifulcas. En su aterrizaje en la empresa, Sculley descubrió, desconcertado, el método de Jobs[xl].

«Steve no dudaba en calificar el trabajo de los ingenieros de "puta mierda" y les echaba de su despacho, furioso. Ellos se hacían pequeños y reunían la energía suficiente para volver a su laboratorio y empezar de nuevo. Aunque la crítica estuviera justificada, su comportamiento me dejaba estupefacto.

—Déjalo —podía decir Steve—. Tienes que hacer así —y les soltaba una larga arenga—. ¿Por qué no haces las cosas como es debido? Esto no es lo bastante bueno. Tú sabes que lo puedes hacer mejor.

—Steve, eso no lo podemos hacer, es demasiado complejo —le respondía algún ingeniero de diseño.

—No es verdad. Si lo que ocurre es que no lo sabes hacer, busca a otra persona».

John Sculley no salía de su asombro ante el sacrificio que Jobs era capaz de obtener de sus tropas. «Pese a su extrema exigencia, Jobs aportaba una inspiración colosal a su equipo y les incitaba a conseguir algo grande. Les empujaba hasta sus límites y, al final, ellos mismos se quedaban sorprendidos de lo que habían conseguido. Poseía un sentido innato para extraer lo mejor de la gente».

El lanzamiento del Lisa supuso un duro revés para Apple. Pocos directivos estaban dispuestos a desembolsar los 10.000 dólares necesarios para adquirir el ordenador soñado. Encima, para empeorar más las cosas, era incompatible con el Apple II, el Apple III y el esperado Macintosh. Meses después, hileras enteras de Lisas sin vender eran abandonadas en un vertedero de Utah.

Debbie Coleman era la joven directora de la fábrica encargada de producir el Macintosh. Cuando Jobs visitaba las instalaciones lo hacía enfundado en unos guantes blancos con los que tocaba todas las superficies en busca de rastros de polvo. El más mínimo rastro de suciedad era capaz de enfurecerle. «Al principio había polvo por todos lados: en las máquinas, en lo alto de las escaleras, en el suelo... Le insistía a Debbie en que mandara limpiarlo todo y le explicaba que se tenía que poder comer en el suelo de la fábrica. Ella enloquecía. No entendía por qué nadie necesitaría tener que comer en el suelo»[xli], relataría Jobs después.

«La fábrica empezó a estar limpia pero seguía habiendo conflictos con Debbie en otros puntos. Un día llegué y había reorganizado algunas máquinas. Hasta entonces habían estado distribuidas un poco al tuntún, pero ahora estaban en línea recta, en un entorno visualmente ordenado, sin que yo le hubiese dicho nada. Había entendido de qué se trataba y no tuve que volver a hablarle del tema. A partir de ese momento, despegó como un cohete porque había comprendido el principio subyacente y la fábrica empezó a funcionar de maravilla».

Una de las primeras decisiones de Sculley fue bastante sensata. En aquella época, la empresa concentraba gran parte de sus esfuerzos de promoción en el Apple III, que había sido lanzado en mayo de 1980 y, a pesar de su caótico inicio y de que las ventas patinaran, se seguían haciendo inserciones de publicidad a página completa en revistas como *Time*. Apple trataba de comunicar el mensaje de que el Apple III era una máquina para profesionales mientras que el Apple II era básicamente lúdica. Aun así, el público no respondía y el nuevo producto ya presentaba unas pérdidas anuales de sesenta millones de dólares. Por alguna razón, los usuarios seguían prefiriendo el viejo Apple II, un ordenador para el que se podían encontrar más juegos y accesorios.

«Cabía preguntarse por qué Apple abandonó durante tanto tiempo el Apple II, un ordenador que continuaba produciendo beneficios», lamenta Wozniak. «Al parecer, había varios directivos que querían probar su propia genialidad e incluso habían pedido a los ingenieros que añadieran circuitos a la placa del Apple II para desactivar ciertas características. ¿De dónde venía aquella locura por el Apple III, cuyo fracaso había sido prácticamente instantáneo? En las primeras semanas después de haber sido puesto a la venta ya tenía demasiadas anomalías como para que fuera a parecer jamás una buena elección».

Sculley observó la situación desde la imparcialidad y, como buen gestor, decidió cerrar inmediatamente el grifo de las actividades del Apple III para rehabilitar al Apple II. Steve Wozniak acababa de regresar a Apple tras dos años de ausencia y enseguida fue destinado al equipo del Apple II con el objetivo de ultimar los nuevos modelos del ordenador, el IIc y IIe. Sin embargo, casi toda la atención permanecía fija en el Macintosh.

«Sculley y Jobs actuaban de forma muy similar. Sculley era el presidente y Jobs le proporcionaba continuamente datos sobre el mercado, los productos, las opciones, las tecnologías... De todas formas, se habían decantado claramente por el Macintosh», añade Woz.

Hacia mediados de 1983, la tensión entre Apple y Microsoft subió un grado cuando Jobs y Sculley descubrieron que esta última había anunciado un programa para PC, Windows, inspirado en la interfaz del Mac. Furioso, Jobs se echó a gritar. «¡Quiero ver a Bill Gates en mi despacho antes de que se ponga el sol!».

El fundador de Microsoft aterrizó en California para exponerse a los alaridos de Jobs, convencido como estaba de que Gates era un traidor y que Windows era un robo puro y duro de la tecnología de Apple. Jobs no dejaba de preguntarse si Apple podría seguir trabajando con quien había abusado de su confianza y había plagiado sus ideas.

Por lo general, los interlocutores de Jobs se dejaban intimidar pero Bill Gates no era un ingeniero de Apple ni un simple proveedor de la compañía. Con mucha calma, rechazó sus acusaciones y explicó que Microsoft se había limitado a actuar de la misma forma que Apple, inspirándose en los descubrimientos del Xerox PARC (y que se habían preocupado de patentar sus aplicaciones de dicha tecnología).

Contrariado, Jobs preparó la represalia. A falta de pocos meses para el lanzamiento del Mac, le explicó que habían decidido no incluir tantos programas preinstalados y que entre los damnificados por esa decisión estaban los programas de Microsoft. Sin embargo, Bill Gates descubriría poco después que Jobs le había engañado y que Apple había desarrollado versiones de dos de sus programas (MacPaint y MacWrite) y que se incluirían con la máquina. Pese a su enfado, no logró cambiar la decisión de Jobs.

Apple cerró el año 1983 con un volumen de negocios de más de 1.000 millones de dólares, gracias sobre todo a la popularidad del Apple II, cuya imagen seguía intacta a los ojos de los consumidores y del que seguían distribuyéndose 100.000 unidades al mes. Sin embargo, IBM avanzaba rápidamente y, en cuestión de dos años, el gigante azul se había hecho con el número uno de la informática doméstica con una cuota de mercado del 30% desbancando a Apple que se había quedado como segunda opción con un 21%.

A Jobs no le importaba demasiado. Estaba convencido de que el lanzamiento del Macintosh haría que la dirección del viento cambiase y era cuestión de tiempo que desbancasen al mastodonte informático. Frente a un valor de 40.000 millones de dólares y los 350.000 empleados de IBM, Apple llegaba apenas a los 3.000 millones y empleaba a 4.645 personas. Aun así, Jobs no perdía la ocasión de señalar al gigante de los gigantes como la pieza a abatir.

Probablemente, el mejor ejemplo es su intervención pública en una conferencia de seguidores de Apple en otoño de 1983. Con arrogancia y malicia se dedicó a enumerar lo que, en su opinión, habían sido grandes oportunidades que IBM había desperdiciado. En 1958 no habían tenido la clarividencia de comprar Xerox. Diez años después, no vieron venir la aparición de los miniordenadores y DEC se anticipó. En 1977, Apple se les había vuelto adelantar al inventar —al menos eso era lo que él mantenía— el ordenador personal, mientras IBM seguía mirando hacia otro lado. Jobs no consideraba otros competidores; para él, el mercado se reducía a una lucha entre las dos empresas.

A continuación dio un giro dramático en su discurso y situó al público en el año que estaba a punto de comenzar: «Nos trasladamos a 1984. Parece que IBM quiere quedarse con todo», explicó Jobs. «Apple aparece como el único rival capaz de competir con IBM. Los distribuidores, que habían acogido a IBM con los brazos abiertos, empiezan a temer un predominio absoluto del mercado y se vuelcan cada vez más en Apple, la única fuerza que puede asegurarles su libertad futura. IBM insiste en quedarse con todo y apunta con sus cañones contra su último obstáculo: Apple».

«¿Dominará el Gran Azul toda la industria?», inquirió Jobs a una audiencia que grita que no. «¿Tenía razón George Orwell sobre 1984?» volvió a preguntar dando paso a la presentación de un histórico anuncio en el que comparaba a IBM con el Gran Hermano.

«El Mac tiene el equipo más formidable con el que he trabajado jamás. Es un ordenador excepcionalmente brillante. Pero lo que es más importante es que su filosofía se basa en que el propio viaje es la recompensa. El equipo que lo ha desarrollado desea con fervor que se haga un lugar en el mundo. A día de hoy, el Macintosh les importa más que su vida privada.

La fuerza motriz del Macintosh es este equipo. Por desgracia, no puedo pasar con ellos todo el tiempo que me gustaría porque tengo otras responsabilidades pero siempre que tengo un rato me escapo a verles porque es el sitio más divertido del mundo.

El Apple II desprendía algo mágico, difícil de explicar. Por segunda vez en mi vida he vuelto a sentir esa excitación. Y ha sido gracias al Macintosh. Es de esas oportunidades que no suelen surgir muy a menudo. Desde el principio, sabes que es algo grande. Todos queremos que sea perfecto y trabajamos sin descanso para conseguirlo. Cada uno siente una responsabilidad personal hacia el producto.

El Macintosh es el futuro de Apple Computer. Ha sido fruto del talento de un increíble grupo de personas. La mayoría de las empresas no les habrían dado la oportunidad de causar tanto impacto. E incluso en Apple no podemos garantizar que el equipo vaya a estar unido eternamente. Tal vez continúen juntos en otra versión del Mac pero, después, cada uno seguirá su propio camino. Por ahora hemos permanecido juntos para poder crear este nuevo producto con la convicción de que quizá sea lo mejor que vamos a hacer en toda la vida».

Steve Jobs redactó este texto para el primer número de *Mac-world,* la primera revista dedicada al Macintosh, editado en 1984, convencido como la mayoría de sus colegas de Apple de que el nuevo ordenador representaba una revolución tan grande que la adhesión del público estaba asegurada.

Las semanas previas al lanzamiento del Macintosh fueron febriles y los programadores apenas dormían un par de horas al día. Varios meses antes, Jobs había contratado los servicios de un diseñador alemán de gran talento llamado Hartmut Esslinger, creativo del estudio Frogdesign, para que ultimara el aspecto general del ordenador. Encajado en una carcasa monobloque diseñada por Jerry Manock y Terry Oyama, y estilizado por Esslinger, el Mac se distinguía por unas finas líneas que aligeraban las superficies, con unos ángulos sutilmente redondeados. Era una obra de arte en sí mismo.

Mientras, Steve Jobs y John Sculley debatían sobre el precio del Mac. Los ingresos de Apple iban a la baja y el desarrollo del Mac había arrasado con la tesorería de la empresa. Sin embargo una de las primeras decisiones de Sculley fue aumentar considerablemente el presupuesto publicitario de Apple.

El debate causaba estragos entre los dos. ¿Cuál el precio adecuado? El nuevo consejero delegado quería recuperar las inversiones pero Jobs alegaba que los compradores potenciales se desanimarían ante un precio demasiado caro. Para estimular la reflexión, intercambiaban posiciones y Jobs defendía un precio alto mientras que Sculley apoyaba lo contrario. «A Steve y a mí nos gustaba defender una postura y luego la contraria, adoptando los argumentos de la otra parte. Lo hacíamos constantemente cuando debatíamos nuevas ideas, nuevos productos e incluso cuando hablábamos de los compañeros»[1], recuerda Sculley.

En paralelo, Jobs y Sculley se reunían sin cesar con los medios para predicar la buena nueva de la revolución Mac. La revista *Playboy* reservó a Jobs su entrevista mensual, que se publicaría en febrero de 1985 y donde, con un énfasis casi mesiánico, Jobs comparaba la llegada del Mac ni más ni menos que con la invención del teléfono.

«Si hace cien años alguien le hubiera preguntado a Graham Bell qué se podría hacer con un teléfono, el inventor habría sido incapaz de describir hasta qué punto iba a revolucionar el mundo. No podía sospechar que, un día, las personas llamarían para preguntar qué películas van a proyectarse el día siguiente, hacer la compra o comunicarse con un familiar en la otra punta del mundo. Hay que recordar, aun así, que el telégrafo se había presentado en 1844 y que había marcado un avance fantástico en las telecomunicaciones: cualquiera podía enviar un mensaje de Nueva York a San Francisco en una tarde.

Para mejorar la productividad de las empresas, se plantearon instalar un telégrafo en todas las oficinas. Sin embargo, para ser capaz de usarlo había que dedicar al menos cuarenta horas a aprender morse, un extraño código compuesto de puntos y rayas, algo demasiado difícil para la mayoría de la gente. Por suerte, hacia 1870 Bell patentó el teléfono, que cumplía el mismo cometido que el telégrafo pero se podía utilizar al instante.

Hoy nos encontramos en la misma situación. Algunos hablan de instalar un PC de IBM en cada oficina pero eso no funcionaría porque, esta vez, los códigos que hay que aprender son las líneas de código con barras oblicuas inversas y su aprendizaje es tan complejo como aprender morse. La generación actual de ordenadores ya se ha quedado anticuada.

Queremos que el Macintosh sea, como el primer teléfono, una herramienta para el gran público. Ése es el papel del Macintosh. ¡El primer teléfono de nuestro sector!».

Para lanzar el Macintosh, Jobs quería un vídeo publicitario fuera de lo común y, para ello, la agencia seleccionada, Chiat/Day, recurrió a los servicios del cineasta Ridley Scott (el director de moda desde el estreno de *Blade Runner)*, que realizó un anuncio basado en el libro *1984* de George Orwell.

Apocalíptico, el anuncio retrataba a una civilización gris compuesta de seres fantasmagóricos que se dirigían, como esclavos amorfos, hacia un auditorio mientras de fondo se oía el discurso enrabietado del Gran Hermano. Perseguida por unos policías vestidos de negro y con casco, una corredora rubia, con pantalón corto en rojo vivo y camiseta de Macintosh, irrumpía en la sala y lanzaba un martillo hacia la pantalla desde la que el Gran Hermano se dirigía a la población. Un viento fresco se extendía por los rostros de los espectadores, que recobraban la vida, y un rayo de sol entraba en la sala. El mensaje final era explícito. «El 24 de enero de 1984, Apple Computer presentará el Macintosh. En ese momento sabrás por qué 1984 no va a ser como *1984*».

El vídeo debía emitirse durante la Superbowl, la final de la Liga Profesional de Fútbol Americano, el evento televisado con mayores audiencias en EE.UU. Sin embargo, una semana antes de la emisión, el consejo de administración de Apple vio el vídeo y la mayoría de sus miembros se quedaron horrorizados. Su decisión fue revender el espacio contratado para la Superbowl pero la suerte se puso de cara para Steve y ante la falta de tiempo para encontrar alguien interesado en comprarlo, no lo consiguieron. «La suerte es una fuerza de la naturaleza», dirá Jobs a propósito del vídeo. «La mención de *1984* parecía tan evidente que tuve miedo que alguien se nos fuera a adelantar pero nadie lo hizo».

En las navidades de 1983, Jobs organizó una gran fiesta con música de Strauss en el Saint Francis Hotel de San Francisco, en honor a los artistas que habían participado en la creación del Mac. A cada uno le regaló un ordenador con su nombre grabado en una placa personalizada.

Un reportero que entrevistó al equipo por aquella época escribió que «el desarrollo del Macintosh ha sido traumático, feliz, extenuante, demente, enriquecedor. Para todos los que han participado en él ha sido el acontecimiento más importante de su vida»[2].

El 23 de enero de 1984 el Macintosh fue presentado en sociedad en el descanso del tercer cuarto de la Superbowl, cuando el 46,4% de los hogares americanos estaban viendo el partido. El devastador anuncio dirigido por Ridley Scott (que recibiría más de 35 premios en diferentes festivales publicitarios, entre ellos el León de Oro de Cannes) descubrió a los estadounidenses el ordenador soñado por Jobs. Al día siguiente, la época de los pantalones vaqueros había pasado a la historia y el nuevo Jobs, vestido a la moda de los ochenta con traje, camisa blanca y pajarita, se subió al escenario del auditorio Flint Center de Cupertino ante un público obviamente entregado a la causa.

Jobs recitó varias estrofas de Bob Dylan, su cantante favorito, («los tiempos están cambiando») y confesó su miedo a que IBM acabara dominando el mundo de la informática doméstica intentando imponer los mismos métodos abusivos que había empleado veinte años atrás. Después de describir al Macintosh como «demencialmente genial», elogió sus cualidades gráficas y, con los ojos húmedos de la emoción, retiró lentamente la tela que cubría el prodigio para, acto seguido, introducir un disquete en la ranura frontal. El auditorio contuvo la respiración y por los altavoces comenzó a sonar la banda sonora de *Carros de fuego* mientras en la pantalla aparecían las palabras «demencialmente genial». A continuación apareció un dibujo de una geisha creado con MacPaint y después apareció el MacWrite con su variedad de fuentes disponibles para el usuario.

Desde el primer segundo quedaba claro que el Mac era un producto pensado para el gran público, no para los informáticos. Al contrario que en los ordenadores de la competencia, ya no hacía falta teclear instrucciones complicadas. La tecnología estaba disimulada bajo un universo cercano compuesto de iconos llenos de significado: carpetas, documentos, papelera... MacPaint permitía dibujar de una forma sencilla y familiar, con un lápiz y una goma.

Para distinguirse más aún, el Macintosh saludaba al usuario con una sonrisa e incluso hablaba. «Hemos hablado mucho del Macintosh últimamente», dijo Jobs, con una sonrisa en los labios. «Hoy quiero que sea el Macintosh quien os hable». Desde la carcasa blanca se proyectó una voz sintética, cuyas palabras iban apareciendo simultáneamente en la pantalla. «Hola, soy Macintosh. Es un placer salir del embalaje. No tengo costumbre de hablar en público pero me gustaría contaros lo primero que pensé cuando vi un gran sistema de IBM. ¡No os fiéis nunca de un ordenador al que no podáis llevaros de un sitio a otro vosotros mismos!». La sala se inundó de carcajadas. «Es obvio que puedo hablar pero ahora prefiero escuchar. Con gran orgullo os presento al que es como un padre para mí, Steve Jobs». Tras una ovación digna de una figura de la ópera, Jobs aprovechó para jalear a los miembros del equipo que había concebido el Mac, que estaban sentados en las cinco primeras filas del auditorio.

De un día para otro, el PC de IBM parecía una antigualla, un ordenador hortera y pasado de moda. El Macintosh fue objeto de una campaña a gran escala donde se le presentaba como un ordenador fabuloso y que marcaba un hito en la historia. Apple invirtió un presupuesto colosal (quince millones de dólares) en difundir el mensaje en todo el mundo.

El Macintosh apareció en las portadas de las revistas de tendencias como *Rolling Stone* y Steve Jobs, convertido más que nunca en un héroe de la cultura americana, ofreció cientos de entrevistas y participó en incontables sesiones de fotos. El Mac salía en los telediarios de todas las cadenas y se hablaba de él en todos los programas de radio.

La euforia del Macintosh era tan intensa que se obviaba que, para bien o para mal, el Apple II seguía siendo el equipo más vendido de la casa y que si Apple había podido mantenerse a flote tras los sucesivos fracasos del Apple III y el Lisa, era en gran medida gracias a las nuevas versiones del Apple II que había ido lanzando.

El 24 de abril de 1984, Apple lanzó el Apple IIc, una versión compacta del ordenador concebido por Woz. Sin embargo, durante la presentación sobre el escenario del Moscone Center, Jobs dedicó la mayor parte de su discurso a hacer apología del Macintosh y de las cifras de ventas de sus cien primeros días. «El Apple II tardó dos años y medio en alcanzar las 50.000 unidades vendidas. El PC de IBM esperó siete años y medio para llegar a esa cifra. Macintosh lo ha conseguido en 74 días».

E incluso anunció que el éxito era aún mayor pues ya había superado los objetivos marcados, con 60.000 unidades vendidas y que muy pronto, antes del 2 de mayo, superaría las 70.000, y para disgusto de Wozniak que había regresado un año antes a Apple, añadió que «el Mac es el Apple II de los años ochenta».

El Mac causó furor en las universidades. Harvard, Stanford, Princeton, Brown y otros ocho centros más se comprometieron a adquirir ordenadores por un total de dos millones de dólares en los dos años siguientes[3]. Sin embargo, el desencanto general no se hizo esperar. Por mucho que el Mac fuera una revolución (la primera máquina que abría los ojos al gran público y les animaba a darse cuenta de que podían utilizar un ordenador), no muchos se podían permitir los 2.500 dólares que costaba. Y aunque Jobs pensaba en el potencial mercado que representaban los millones de empleados de las oficinas de todo tipo de empresas, sus limitadas capacidades no terminaban de seducir a los departamentos de compras de cara a una implantación masiva.

Pese a su facilidad de manejo, el Macintosh estaba limitado por sus 128K de memoria y carecía de la potencia suficiente para ejecutar programas complicados. El mero copiado de ficheros era un proceso tedioso porque exigía introducir un disquete, retirarlo, insertar otro y, después, volver a meter el primero. Además, no se podía conectar un disco duro que permitiera almacenar datos, mientras que ese accesorio era corriente en los PC de IBM y sus versiones clónicas (desde junio de 1982 otros fabricantes habían comenzado a ensamblar sus propias versiones del PC al tener disponibilidad del sistema operativo de Microsoft —que había obtenido la autorización de IBM para venderlo por separado en una versión ligeramente diferente (PC-DOS para IBM, MS-DOS para el resto de marcas). IBM sólo tenía la propiedad de la BIOS, el programa que localiza y reconoce todos los dispositivos necesarios para cargar el sistema operativo en la memoria RAM, y ése era el único componente que los fabricantes de clónicos tenían que desarrollar).

También resultado de la obstinación de Jobs, el Mac presentaba otra tara: carecía de un sistema de ventilación (no soportaba el ruido de los ventiladores). En consecuencia, algunos propietarios del primer Mac se vieron obligados a adquirir un extraño accesorio, la *chimenea* Mac, una especie de cofia horripilante que se colocaba encima del aparato con la intención de refrescarlo.

El otro gran problema del Macintosh era la alarmante carencia de programas. Los grandes editores como Lotus o Personal Software tardaban en publicar las versiones de sus programas y Multiplan, la hoja de cálculo de Microsoft, se lanzó en abril de 1984 pero tuvo que ser retirada del mercado porque tenía muchos errores de programación y tardó varios meses en regresar a las estanterías de las tiendas.

Lo cierto es que el PC de IBM, por muy falto de atractivo que estuviese en comparación con su rival de Apple, había conseguido atraer al mundo de las grandes empresas. El fabricante contaba con una reputación honorable de servicio a sus clientes y repetía sin cesar que «nadie se ha quedado tirado jamás por haber comprado un IBM...».

En junio de 1984, las ventas del Macintosh cayeron en picado y la situación empezó a adquirir tonos alarmantes con la consecuencia del deterioro de la relación entre Steve Jobs y John Sculley, aunque éste último esperaría al final del año para reaccionar. Su llegada a Apple era aún reciente y parecía desbordado por la personalidad de Jobs que, por otro lado, empezaba a preguntarse si había hecho una buena elección con Sculley y se sorprendía soñando con asumir él mismo la presidencia de Apple. Por su parte, los miembros del equipo Mac se burlaban a menudo de Sculley y sus instrucciones se trataban con osadía, como si su poder fuera sólo simbólico. «Steve no confiaba en mi capacidad para dirigir Apple», diría más tarde Sculley[4]. «Pensaba que no sabía lo bastante sobre los productos para actuar como es debido».

Por el momento, Jobs y Sculley se sentaban codo con codo en cada reunión, fiesta o acontecimiento y sus declaraciones eran prácticamente idénticas, si bien Jobs se presentaba como el líder natural mientras que Sculley templaba aquí o allá su discurso con vistas a seducir al mundo empresarial.

Sin embargo, algunas posturas de Jobs empezaban a irritar a muchos directivos de Apple por su desconexión de la realidad. Durante una reunión sobre la impresora LaserWriter, que Apple estaba a punto de lanzar al precio de 7.000 dólares, uno de los asistentes osó comentarle que era demasiado cara.

—¡Pues yo me compraría una de buena gana! —respondió Jobs.

—Genial, pero creo que los multimillonarios de 28 años no son un mercado demasiado importante para nosotros, ¿verdad?[5] —le contestó un responsable de márketing.

Pasaban las semanas y las ventas del Macintosh seguían sin despuntar. Jobs se sentía desamparado, incapaz de comprender lo que estaba pasando y angustiado cada vez más ante la idea de que el Mac pudiese terminar siendo un fracaso como lo había sido el Lisa. Con la llegada del otoño y unas cifras de venta aún estancadas, se hizo obvio que al ordenador le faltaba un programa estrella que fuera para el Mac lo que Visi-Calc había sido para el Apple II.

En noviembre de 1984, el editor de programas Lotus anunció la inminente aparición de una versión para Macintosh de su exitoso Lotus 1-2-3 lanzado anteriormente para el IBM-PC. El Lotus Jazz integraba en un único programa un procesador de textos, una hoja de cálculo y una base de datos. Apple esperaba impaciente su salida, prevista en marzo de 1985, consciente de que podía significar un punto de inflexión capaz de seducir a las grandes empresas y relanzar las ventas del Mac. Aunque el programa 1-2-3 de Lotus ya era el favorito de los directivos de toda clase, Apple decidió apoyar decididamente al Jazz. John Sculley alababa en público sus méritos y Steve Jobs pronosticó que se instalaría en el 50% de los Macintosh.

Al mismo tiempo, Microsoft estaba trabajando en un desarrollo más discreto para el Macintosh. Cuando un emisario de Bill Gates fue a presentar la versión mejorada de su hoja de cálculo bautizada como Excel, se topó con un recibimiento poco caluroso. «¡Estáis locos! Jazz va a ser el programa oficial de Macintosh. Lo encontraréis en todas las oficinas donde haya un Mac». Bill Gates, sin embargo, no pensaba lo mismo por su convencimiento de que los programas todo en uno, como Jazz, estaban abocados al fracaso.

A finales de 1984 se organizó una reunión en Hawai de los equipos de ventas de Apple y, por primera vez, se pudo palpar la discordia entre Jobs y Sculley. Los dos hombres, antes tan cercanos, se colocaron a cada extremo de la sala y, durante toda la sesión, la tensión se podía cortar con un cuchillo. Si uno soltaba una broma, el otro se mantenía impertérrito.

Apple estaba en apuros y necesitaba apoyos externos urgentes. Sin embargo Jobs ignoraba la situación y seguía mostrándose capaz de adoptar un comportamiento imprevisible, comportándose de forma irascible con facilidad. Poco antes de navidad, de camino a una reunión en las oficinas de Epson en Tokio, el coche en el que viajaba se quedó atrapado por una avalancha. A consecuencia del accidente Jobs llegó seis horas tarde y manifestó su irritación ante sus anfitriones de Epson, vociferando una lista de *sushis* que quería que le trajesen inmediatamente. Más tarde, cuando el presidente de Epson desveló sus novedades, exclamó: «¡Menuda chorrada! ¿No tenéis a nadie capaz de liderar?» y se levantó dejando a sus anfitriones conmocionados[6].

Las navidades de 1984 fueron especialmente duras. Las ventas previstas de 85.000 unidades se quedaron en unos 20.000 Macintosh vendidos. Una vez más, el viejo Apple II salía a escena para salvar a la empresa del desastre, con el 70% de las ventas durante ese período.

Ante el fracaso del Macintosh, Apple volvía a encontrarse sobre arenas movedizas y la perspectiva de unas pérdidas colosales se perfilaba en el horizonte. Para salvar lo insalvable, Steve Jobs sólo pensaba en una solución: tenía que deshacerse de John Sculley costase lo que costase.

La caída de Steve | 09

Desde la soledad de su despacho presidencial, Sculley se esforzaba por mantener la perspectiva sobre la situación de Apple. Atraído por los cantos de sirena de Jobs, se había dejado seducir por la idea de una victoria tranquila, una marejada inevitable, una conquista digna de Alejandro Magno. Poco familiarizado con el mercado, Sculley se había dejado impresionar por las explicaciones de Steve, sus énfasis y unas afirmaciones que no admitían réplica. Le había visto revolverse, desplegar una batería de propuestas sobre cualquier tema, insistir en asumir responsabilidades sobre aspectos relacionados con el diseño y la promoción del Macintosh, y defender sus posturas con uñas y dientes. Jobs era omnipresente mientras que él, ignorante en el campo de la informática, se conformaba con ser un espectador, entre el desconcierto y la admiración, arrastrado por la euforia del antes y el después del Macintosh.

«Steve era arrogante, excesivo, intenso, exigente y perfeccionista. También era muy inmaduro, frágil, sensible y vulnerable. Era dinámico, visionario y carismático pero también testarudo y rechazaba cualquier punto intermedio. Era imposible dirigirle»[1].

Un año después de su aterrizaje en Apple, Sculley ya no era el novato de la compañía y empezó a asumir las responsabilidades propias de su puesto. Su paso adelante hizo que la luna de miel se acabase y empezó a distanciarse de Jobs, de quien cada día tenía una opinión menos favorable. A finales de 1984, descubrió que Jobs había impuesto unas opciones técnicas incoherentes para el Macintosh y que, en parte, aquellas decisiones eran responsables de las malas ventas del ordenador. Una de ellas era la escasa memoria

RAM del Mac (128 Kb, cuatro veces menos que el PC de IBM) pese a que Burrell Smith y otros ingenieros habían intentado en vano disuadir a Jobs, explicándole que la limitación de la capacidad reduciría considerablemente las posibilidades del ordenador. Su obstinación había empujado a Burrell Smith a autorizar, en secreto, la colocación de una placa base cuya memoria pudiera ampliarse a 512 Kb y, dada la caída de las ventas y la disminución de los pedidos, se hacía imperativo comercializar ese Macintosh con la ampliación de RAM. Eso tal vez ayudaría a recuperar el favor del público y esta vez Jobs no se podría apuntar el tanto porque se había opuesto desde el principio a esa idea, pero al menos ahora estaba convencido de que el Mac 512 Kb podría ser la solución.

Pero la memoria no era la única laguna del Mac. La ausencia de ventilador o de disco duro (otras de las exigencias de Jobs), habían mermando el aura de genio visionario del cofundador de Apple. Al tiempo, Sculley estaba preocupado por sanear Apple con la mayor celeridad posible porque el consejo de administración le exigía resultados y le había dejado claro que, si no daba muestras de su buen hacer, su puesto corría peligro. Como veterano del mundo de los negocios, sabía dónde buscar aliados potenciales en el consejo de Apple, un senado de banqueros, inversores y gestores ansiosos por rentabilizar su dinero. La mayoría de los consejeros se sentían desconcertados por los arrebatos de Steve Jobs, sus salidas de tono y esa costumbre de opinar de cualquier cosa, mientras que veían en Sculley a uno de los suyos.

Si había que elegir un campo de batalla, tenía que ser ése. El consejero delegado no era un ingenuo y era consciente de que seguía sin acabar de ser aceptado ni por Jobs ni por su equipo, que seguían mirándole por encima del hombro, pasando por alto su autoridad e ignorando muchas de sus instrucciones. Había llegado el momento de tomar las riendas.

Jobs, por su parte, no había dicho aún la última palabra. El inesperado fracaso del Mac necesitaba chivos expiatorios y Sculley era el primero de la lista. No había entendido nada, no era de su misma generación, no venía del mismo mundo, no había crecido con Apple y, encima, desconocía el campo de los ordenadores personales.

A medida que pasaban las semanas, Jobs estaba cada vez más convencido de que era el único capaz de hacer que Apple regresase a la cima pero para conseguirlo necesitaba tener el camino despejado. ¿Acaso no había fundado él la empresa, la había lanzado a lo más alto y no era él al que todo el mundo le señalaba como el prodigio del sector? La ciudad era demasiado pequeña para los dos, así que uno tenía que marcharse.

La profundidad de la crisis de Apple aumentó a principios de 1985 cuando los minoristas reclamaron la devolución de las unidades no vendidas. La empresa podía irse a pique si alguien no tomaba el timón de forma resolutiva. Jobs no parecía la persona más adecuada para hacerlo, toda vez que era considerado responsable de muchos de los males que aquejaban a Apple. Incluso los más cercanos a él, como Mike Murray, el director de márketing, también le señalaban frente a John Sculley y Regis McKenna. Durante la reunión anual de la compañía en Fénix (Arizona), les comunicó su veredicto: si querían salvar la empresa, tenían que deshacerse de Steve Jobs en la división de Macintosh. Para ello sugirió que lo mejor sería ofrecerle la dirección del nuevo departamento de investigación, llamado Apple Labs.

Jobs, mientras tanto, seguía en sus trece, convencido de que el desplome del Macintosh era un bache temporal, cuestión de semanas o quizá meses y de que tan pronto como estuviese disponible el programa Jazz, las empresas empezarían a pasar pedidos. También contaba con la próxima salida de la impresora LaserWriter que completaba las posibilidades del Macintosh como herramienta de publicación para resolver el problema.

Por los pasillos, otras personas empezaban a compartir la inquietud de Murray y se barajaba un sucesor posible para la división Macintosh. La operación de Sculley pasaba, en primer lugar, por controlar mejor los gastos y recuperar el dominio de los productos, pues se había dado cuenta de que los lugartenientes de Steve sólo accedían a sus exigencias sobre el papel.

Jean-Louis Gassée, presidente de la filial francesa, era uno de los nombres que sonaba con más fuerza, dado el éxito del Macintosh en el país europeo, al contrario de lo que estaba sucediendo en el resto del mundo. Sculley se puso en contacto discretamente con él y éste le comentó que, si llegaba el caso, aceptaría el reto de reemplazar a Jobs.

¿Presentía Jobs, aun sin querer admitirlo, que sus días en Apple estaban contados? En una entrevista publicada en *Playboy* en febrero de 1985, se expresó en unos términos que demostrarían ser premonitorios. «Siempre seguiré vinculado a Apple. Espero que mi trayectoria personal y la de Apple estén ligadas de manera inextricable hasta el final, como en un tapiz. Puede que me ausente durante algunos años pero, en cualquier caso, volveré».

Mientras, en la empresa germinaba otra crisis cuando el equipo responsable del Apple II, que había evitado el hundimiento de Apple, empezó a quejarse, cada vez más amargamente, de que el Mac acaparara buena parte de los medios y toda la atención de la empresa, y que el esfuerzo publicitario y la comunicación parecieran destinados en exclusiva al Macintosh que, por otro lado, era un fracaso comercial.

En febrero de 1985, varios miembros del equipo del Apple II, entre los que estaba el mismísimo Steve Wozniak, ofendidos por lo que consideraban una injusticia, presentaron su dimisión. Woz le expuso a Sculley su descontento por el trato recibido y por el sentimiento de traición urdida por su antiguo amigo Jobs, especialmente dolido porque el Apple II ni siquiera hubiese sido mencionado en el transcurso de la reunión anual de la compañía.

La marcha de Wozniak fue un terremoto y hundió aún más las acciones de Apple. Sculley tuvo que emplearse a fondo para apagar el fuego. Para ello publicó un artículo del *Wall Street Journal*, en febrero de 1985 en el que explicaba que «es parte de la vida. Hay gente que no ha sabido adaptarse y es cierto que hemos perdido a algunos integrantes buenos pero Apple no puede quedarse para siempre dentro de un garaje». Jobs también restó importancia a la noticia, aunque despreciando el trabajo de su antiguo colega: «Woz no ha hecho prácticamente nada durante los últimos años».

Pero la salida del cofundador no fue la única que causó un gran revuelo. Andy Hertzfeld, responsable del sistema de explotación del Macintosh desde febrero de 1981 y objeto de alabanzas en revistas como *Rolling Stone* o *Newsweek*, anunció su marcha de Apple por desacuerdos con lo que llamó «la burocracia del grupo Mac». Nada más saber que Hertzfeld se había establecido por su cuenta, Bill Gates pidió mantener una reunión con él. Hertzfeld le contó que quería desarrollar un programa para el Mac llamado Switcher para facilitar el intercambio de datos entre programas. Gates quiso saber cuánto tiempo necesitaría para completar el programa.

—Unos dos meses —respondió, prudente, Hertzfeld.

—¿Y cuánto ganas de media a la semana?

—5.000 dólares.

—Te compro el Switcher sobre la base del tiempo que necesitarás: 40.000 dólares.

Andy Hertzfeld se reservó la respuesta hasta consultarlo con John Sculley, quien le ofreció la coqueta suma de 150.000 dólares.

Ese mismo mes, Digital Research publicó GEM, un sistema para PC similar al del Macintosh (con iconos y ventanas) aunque mucho más rudimentarios y con un peor acabado gráfico. Pese a todo, el público respondió muy favorablemente y, en cuestión de semanas, se agotaron 150.000 unidades. Apple se tomó muy en serio la aparición de GEM y sus abogados reaccionaron amenazando con una demanda por plagio que incluiría una enorme compensación económica. Lo desproporcionado de su actitud estaba claramente relacionado con el período cada vez más sombrío que atravesaba la empresa y la falta de esperanzas en el horizonte. Arrinconada, Digital Research retiró el programa de la venta con la promesa de modificar su aspecto y evitar cualquier parecido excesivo con el sistema Mac.

Pero Digital Research no era la única amenaza. Microsoft seguía trabajando en el desarrollo de Windows, un programa que también imitaba el aspecto del Macintosh para el entorno PC. Los asesores legales de Apple eran partidarios de adoptar una actitud similar a la que habían protagonizado en el caso GEM y amenazar con un ataque ante los tribunales aunque, frente a Bill Gates, la situación demandaba más cautela.

Los retrasos en la entrega del Jazz (en principio estaría listo para marzo pero Lotus tenía claro que no iba a poder cumplir con los plazos) habían acercado a Steve Jobs a Microsoft. El Excel, al que inicialmente había despreciado, podía ser la alternativa que abriese la puerta del Macintosh en las empresas, así que no era conveniente abrir un nuevo frente con la empresa de Redmond. Informado de las intenciones de Apple de demandar a Microsoft, Gates descolgó el teléfono y exigió reunirse con Sculley de inmediato para que le confirmara los rumores. Se organizó una reunión a toda prisa en Cupertino.

Bill Gates, un estratega experto, trató a sus interlocutores sin paños calientes. Dejó claras sus serias dudas sobre las posibilidades de supervivencia del Macintosh y además blandió dos armas implacables: si Apple optaba por demandarle, ordenaría detener en el acto el desarrollo de Excel y les retiraría la licencia de Basic (el lenguaje de programación sobre el que funcionaba el Apple II).

El presidente de Apple trató de calmar los ánimos, consciente de que, si Microsoft abandonaba Excel, el Mac acabaría pagando el pato y que el impacto de la pérdida de la licencia de Basic del Apple II sería un daño difícilmente reparable para el éxito de ventas de la casa. Teniendo eso en mente, Sculley decidió proponer un acuerdo formal con Microsoft autorizándole a desarrollar Windows pero protegiendo los aspectos específicos del Macintosh. Steve Jobs exigió ir un punto más allá y pidió el compromiso de Microsoft de no adaptar jamás Excel para el PC de IBM.

Pero ni Jobs ni Sculley estaban en condiciones de presionar, así que Gates logró salirse con la suya imponiéndose en perjuicio de Apple. La empresa de Cupertino abandonaría el Mac Basic, su propia versión del lenguaje en el que Apple trabajaba desde hacía dos años, a cambio de renovar la licencia de Basic otros diez años. La inversión en el desarrollo del Mac Basic era de varios millones de dólares. Bill Atkinson, horrorizado, declaró al *Wall Street Journal* que «Gates ha insistido en que nos deshagamos de un producto excepcional, apuntándonos con un fusil a la cabeza». En cuanto al Excel, la garantía de Microsoft se limitaba a un período de dos años durante el cual la hoja de cálculo sería un programa exclusivo del Mac.

Jobs escribió una carta el 25 de febrero de 1985 anunciando a los 700 empleados del equipo Macintosh que había llegado la hora de recortar gastos[2]. En su comunicado enumeraba las distintas amenazas que se cernían sobre ellos (dados los retrasos en la publicación de los programas profesionales y que las ventas eran muy inferiores a lo previsto, la división Macintosh estaba lejos de poder justificar su existencia). A continuación proponía todo un abanico de medidas hasta que regresaran los beneficios:

- Se suprimía el consumo gratuito de bebidas.
- Los seminarios se organizarían en las instalaciones de la compañía.

- Ya no habría más comidas en restaurantes.
- Adiós a los viajes en avión en primera clase.
- Las horas extra quedaban canceladas.
- Se aplazaba el traslado previsto a otras oficinas.
- Los gastos en servicios externos quedaban reducidos al 50%.
- Los gastos se reducían al 50%.
- La contratación de personal quedaba limitada.

En marzo de 1985, Mitch Kapor, de Lotus, confirmó que Jazz iba con un nuevo retraso justificándolo por problemas de fiabilidad del programa que ya se estaban subsanando. La noticia supuso un nuevo revés para Apple. Un mes después, Sculley explicó a los accionistas que los flojos ingresos del primer trimestre se debían, en parte, a la tardanza en la entrega de Jazz.

En el plano personal, Jobs dudaba sobre qué camino seguir. Murray le había propuesto la idea de dirigir el Apple Labs, pero internamente no dejaba de repetirse que lo más conveniente era que él mismo retomase la dirección de la empresa. Para Sculley, Jobs era un individualista cada vez más peligroso que aprovechaba cualquier oportunidad para criticarle tal y como estaba llegando a sus oídos. El ex presidente de Pepsi llevaba cada vez peor que aquel jovencito al que se le llenaba la boca con frases grandilocuentes y sus deseos de cambiar el mundo le mirara por encima del hombro. Si Jobs estaba convencido de que él era la salvación de Apple, Sculley pensaba que dirigiría la compañía mucho mejor si conseguía que Jobs se quedase al margen de las operaciones. El momento de la confrontación había llegado.

«Le dije a Steve que iba a comunicar al consejo de administración que tenía que renunciar a la dirección de la división Macintosh», recuerda Sculley[3]. «Pensé que lo mejor era que se conformase con presidir Apple y concentrase toda su atención en el futuro de la compañía, esbozando la tecnología del mañana y, llegado el caso, dirigiendo a un equipo que se encargase de elaborar los grandes productos de la próxima generación, como había hecho con el Macintosh. Le expliqué que iba a comentarlo en el consejo de administración pero que prefería que él lo supiera primero».

El encuentro crítico se produjo diez días más tarde, el 10 de abril de 1985[4]. Iniciado el segundo trimestre lo cierto es que a Apple le iba francamente mal, con unas ventas muy por debajo de las expectativas, después de que muchos ingenieros importantes hubiesen abandonado la compañía y con numerosos proyectos que no avanzaban según lo previsto.

Una vez despachados los asuntos más urgentes, el consejo de administración pidió formalmente un plan a Sculley para intentar corregir el rumbo de la empresa. En ese momento, Steve Jobs anunció que él era el indicado para dirigir las operaciones. Ante su sorpresa y mediante voto irrevocable, el consejo rechazó su propuesta.

Sculley decidió jugarse el todo por el todo y planteó asumir el mando efectivo de Apple sin interferencias por parte de Jobs, cuyas responsabilidades quedarían limitadas a la concepción de nuevos productos. «Quería que Steve encabezase el equipo de trabajo para nuevos productos, que se concentrase en las nuevas tecnologías y me dejase dirigir Apple, al fin y al cabo, me habían contratado para eso»[5], explica Sculley. De nuevo, el consejo de administración le dio su apoyo.

Los acontecimientos se precipitaban. Apenas entronado Sculley, el voto se centró en otra cuestión fundamental: ¿era necesario retirar a Steve Jobs de la dirección de la división Macintosh? Y otra vez más, ante el asombro de Jobs, la mayoría se decantó a favor. Sobre la marcha, decidieron ofrecer su puesto a Jean-Louis Gassée.

Trastornado, Jobs se dio cuenta de que quienes hasta ese momento habían confiado en él, eran los que le estaban hundiendo. Para intentar darle la vuelta a la situación,, durante las siguientes semanas, trató de organizar una revolución de palacio. ¿Al fin y al cabo, no seguía siendo el presidente del consejo de administración de la compañía?

El 2 de mayo de 1985, Microsoft lanzaba Excel, un programa que se suponía vital para el futuro del Mac, y pese a la enemistad que había entablado con Gates, Jobs acudió a la conferencia de prensa. La expectación era máxima pues, hasta ese momento, había dejado muy clara su preferencia por Jazz, de Lotus.

Tras una breve introducción sobre las virtudes de Excel, Bill Gates inició la demostración, tenso porque el programa no estaba puesto a punto y no se podía excluir algún fallo aunque, al final, todo se desarrolló como una seda. A la hora de las preguntas, Jobs tuvo que contestar qué pensaba del Excel e, inesperadamente, dio un giro de 180° y declaró que «Excel va a conseguir que Lotus no se coma sola el pastel». Después, subrayando su decepción hacia la empresa dirigida por Mitch Kapor, añadió que no creía en absoluto en las virtudes de los programas todo en uno, refiriéndose al Jazz.

Poco antes de que terminara la conferencia, Bill Gates recibió una pregunta que podía empañar el buen ambiente reinante. «¿Va a desarrollar Microsoft una versión de Excel para PC?». Con total habilidad, trató de esquivar el escollo: «es una cuestión de liderazgo. Apple tiene una ventaja clara en el campo de las interfaces gráficas pero, tarde o temprano, todas las tecnologías se vuelven disponibles para todos los fabricantes. Los PC tendrán una interfaz gráfica algún día...». Sarcástico, Steve Jobs le interrumpió, añadiendo que «¡ese día, estaremos todos muertos!» y la sala irrumpió a carcajadas. Gates esperó a que se apagase el ruido para dejar un guiño envenenado: «IBM no».

Jobs ignoraba que acababa de hacer una de sus últimas apariciones en público como representante de Apple y que sus días en la empresa de Cupertino estaban contados.

El 11 de mayo de 1988, Jean-Louis Gassée asumió sus funciones en Apple como director de I+D y márketing del grupo y, tres días después, el francés asistió a una conflictiva reunión sobre la división Macintosh, en la que la discusión entre Sculley y Jobs se convirtió en una batalla campal. Gassée redactó una nota dirigida a varios directivos con la intención de extraer los aspectos positivos de la situación[6]. «La confrontación entre los miembros del grupo es bastante obvia y aunque me he adaptado enseguida, es preferible una línea de conducta única e inequívoca». A continuación, enunció una lista de problemas pendientes sobre el Macintosh, poniendo los puntos sobre las íes con soluciones concretas y concluyendo que «dado que no parecemos saber quiénes o dónde están los usuarios del Macintosh, tendremos que buscarles para validar nuestras estrategias. Hasta ahora, hemos dado palos de ciego».

Steve Jobs, mientras tanto, estaba trabajando en un golpe de Estado desde dentro. Se decidió a reunir a un número suficiente de partidarios del consejo de administración en la casa de Mike Markkula para aprovechar que Sculley tenía que hacer un viaje a China a final de mes. La idea era votar su destitución cuando estuviese fuera para limitar su poder de respuesta. Jobs estaba en contacto con los consejeros más allegados pero cometió un error de cálculo al llamar al banco de inversión Morgan Stanley para preguntar si apoyarían con sus acciones la revocación de un empleado[7]. Pocos minutos después, Sculley estaba al tanto de los movimientos de Jobs.

La mañana siguiente, Sculley convocó una reunión extraordinaria para acusar a Steve de maquinar su despido e invitarle a dimitir. Steve se negó y respondió que era él, en calidad de presidente del consejo, quien le despedía. Jobs, hasta entonces tan seguro de sí mismo, parecía atravesar una fase de incertidumbre y, al día siguiente, acudió al domicilio de Sculley con una propuesta de paz entre ambas partes. De repente creía que era mejor, por el bien de la empresa, que los dos se entendiesen y depusiesen su actitud.

—Sólo tengo treinta años y quiero seguir teniendo la oportunidad de dar rienda suelta a mi creatividad. Sé que al menos me queda una gran idea para el futuro de los ordenadores y necesito que Apple me dé la oportunidad de ponerla en marcha.

—Te daremos la oportunidad de crear el próximo gran ordenador pero tienes que dejar de dirigir las operaciones. Estamos en una situación muy delicada y necesitamos concentrar toda nuestra energía en salvar la compañía[8].

Parecía que, tras la tempestad, había llegado la calma. Pero Jobs volvió sobre sus pasos, incapaz de resistirse a la perspectiva del golpe de Estado definitivo. Pidió reunirse acompañado de tres de sus colaboradores con Mike Markkula y, durante la entrevista, sugirieron un plan alternativo para salvar a Apple.

La mañana del 28 de mayo de 1985 Sculley recriminó a Jobs por sus continuas intrigas para derrocarle. Con todo el dolor de su corazón, se veía obligado a plantear lo que hasta entonces parecía impensable: retirar de una vez por todas a Jobs de cualquier responsabilidad directiva. El consejo de administración secundó por unanimidad la propuesta de John Sculley.

Desautorizado, rechazado y tratado como un paria, Jobs encajó el golpe como pudo. En Apple su voz ya no tenía el más mínimo peso e incluso alguno de sus amigos temió que pudiera suicidarse.

Para intentar sobreponerse al golpe, pasó varios días dando vueltas con su bicicleta por la playa hasta que, para cambiar de aires, viajó a París donde comió con Jean Calmon, el nuevo director de la filial francesa. Durante la comida, este último se sorprendió al ver a un Jobs hundido, sumido en el llanto y lamentándose de que su carrera estuviese acabada con sólo treinta años. Después visitó Italia donde, con la sensibilidad a flor de piel, el genio torturado parecía inconsolable, abrumado por la traumática salida de la sociedad que había contribuido a fundar. A finales de junio se trasladó a Suecia y más tarde a la Unión Soviética.

Apple cerró el segundo trimestre por primera vez en su historia con unas pérdidas de 17,2 millones de dólares. La primera consecuencia no se hizo esperar: John Sculley decidió despedir nada menos que a 1.500 empleados para intentar corregir los resultados. Además se adoptaron medidas draconianas para restringir los gastos, reduciendo el presupuesto publicitario en unos cien millones de dólares, lo que significaba una inversión menor que la realizada en el ejercicio anterior. También se paró la producción durante una semana para tratar de reducir existencias y el Lisa dejó de fabricarse. Bill Gates, muy pesimista sobre el futuro de Apple, aconsejó a Sculley que vendiera la tecnología del Macintosh a otros fabricantes.

Jobs regresó a Cupertino a mediados de julio para trasladarse a unos locales de la empresa lejos del cuartel general tal y como le habían pedido desde Apple. «Me fui a aquel edificio pero antes quise asegurarme de que todos los responsables de la empresa tenían mi número de teléfono», recordaría Jobs[9] tiempo después. «Sabía que John Sculley lo tenía y llamé personalmente a los demás para cerciorarme de que ellos también. Quería ser útil para la empresa, de la forma que fuese, así que les pedí que si podía resultar de ayuda, fuese en lo que fuese, no dudasen en ponerse en contacto conmigo».

«A pesar de la amabilidad de sus palabras nadie se puso en contacto conmigo. Seguía yendo a trabajar todos los días y me quedaba en el despacho atendiendo a las llamadas de teléfono pendientes y a la poca correspondencia que recibía. Casi nunca recibía los informes destinados a la dirección. Algunos veían mi coche en el aparcamiento y subían a compadecerse. Cada vez estaba más deprimido. Me quedaba en la oficina un par de horas y volvía a casa. Y así continué durante varios días hasta que me di cuenta de que aquello no era bueno para mi salud mental. Tenía que irme de Apple y eso hice. Nadie me echó de menos».

John Sculley asestó el golpe definitivo aquel verano durante una junta de accionistas al recalcar que «Steve Jobs no tiene ninguna función en las actividades de Apple, ni ahora ni en el futuro». La noticia dejó a consternado a Jobs: «Seguro que alguna vez has sentido un golpe en el estómago y se te ha entrecortado el aliento, dejándote con dificultad para respirar. Cuanto más tratas de inspirar, menos lo consigues y sabes que lo único que puedes hacer es relajarte»[10].

Más adelante, Jobs recordaría aquel trágico episodio durante su archiconocido discurso de graduación de la promoción de 2005 de recién licenciados de Stanford. «Con treinta años estaba en la calle: despedido, con pérdidas y fracasos. No tenía razón de ser y estaba hecho añicos. Seguí sin saber qué hacer durante varios meses. No podía quitarme de la cabeza la sensación de que había traicionado a la generación que me precedía porque había dejado caer el testigo justo cuando me lo habían pasado. Había sido un fracaso público y únicamente podía soñar con una huida de Silicon Valley. Hasta que, poco a poco, fui comprendiendo que todavía me gustaba lo que hacía y que lo sucedido en Apple no cambiaba las cosas. Me habían dado calabazas pero seguía enamorado. Era el momento de empezar de cero».

Tercera vida:
La odisea

NeXT | 10

A mediados de agosto de 1985, Steve Jobs tenía una cita para cenar con Paul Berg, Nobel de Biología Molecular y conocido de la Universidad de Stanford con el que se había vuelto a encontrar durante una cena organizada en primavera en honor a la visita de François Mitterrand, presidente de la república francesa, a California.

Berg le explicó la complejidad del ambicioso plan para descifrar el ADN y de los resultados que podría tener que los investigadores entendiesen los procesos de secuenciación del ADN. Jobs sugirió que utilizasen ordenadores para simular las condiciones de laboratorio para ahorrar tiempo y dinero a lo que Berg replicó recordándole que el coste de las estaciones de trabajo y de los programas necesarios supondría una inversión de miles de dólares que la mayoría de universidades no podían acometer aunque fuesen conscientes de los formidables avances que podrían suponer para la investigación[1].

Aquella conversación le hizo reflexionar. Todavía recordaba con orgullo su lucha para introducir los ordenadores en el mundo de la educación y cómo, gracias a su intervención, Apple había accedido a practicar importantes descuentos del Apple II a los colegios. Entonces, ¿por qué no seguir esa inercia y dedicarse a producir un ordenador específico para la investigación y la enseñanza universitaria? Un ordenador con la potencia de las estaciones de trabajo utilizadas por los ingenieros pero con la usabilidad del Mac. La idea de una máquina de esas características despertó su creatividad.

Poco a poco, la perspectiva de un nuevo viaje devolvió el aplomo al capitán que había salido de la circulación. Su fuerza, como ya había demostrado, residía en la capacidad de liderar a la tripulación contra viento y marea hacia continentes inexplorados y tierras míticas. Apple le había aparcado demasiado pronto y, lo quisiera o no, el momento de embarcarse en una nueva aventura había llegado. Si quería dar rienda suelta a su creatividad, tendría que hacerlo construyendo sobre nuevos cimientos.

En Apple, Bud Tribble, que había supervisado a los desarrolladores de programas del proyecto Macintosh, fue el primero en manifestar interés en el proyecto de Jobs. Éste le anunció que tenía pensado dimitir como presidente del consejo de administración aunque no descartaba la posibilidad de vender la licencia de su nuevo ordenador a Apple para que se comercializara bajo la marca Macintosh[2].

Jobs arrastró hacia su proyecto a George Crow quien, al igual que Tribble, también formaba parte del equipo de creación del Mac, y a Rich Page, uno de los ingenieros que había dirigido el desarrollo del Lisa. También convenció a Susan Barnes, controladora financiera para EE.UU. de Apple que había seguido siéndole fiel contra viento y marea, y sedujo a Dan'l Lewin, que gestionaba las relaciones con el mercado de la educación y que acabaría ocupándose del márketing.

El 12 de septiembre de 1985 John Sculley y sus partidarios dejaron entrever, durante la reunión del consejo de administración de Apple, que aunque las ventas no habían mejorado especialmente, la empresa iba camino de la recuperación. Jobs, en calidad de presidente, era quien se encargaba de cerrar las reuniones y llevaba tiempo preparando una intervención que presentía que iba causar mucho alboroto. La inactividad le aturdía. Se levantó y, con voz taciturna y ante la sorpresa de todos, anunció su dimisión de la presidencia de Apple[3]. «He estado reflexionando y ha llegado el momento de que haga algo con mi vida. Sólo tengo treinta años». Explicó al consejo de administración que tenía previsto crear una nueva empresa con el objetivo de introducirse en el mercado universitario y que, por lo tanto, ofrecería un servicio complementario que no competiría con los productos de Apple[4]. Según sus previsiones, en varios años alcanzaría un volumen de negocio de cincuenta millones de dólares anuales.

Sculley, Markkula y el resto de consejeros estaban estupefactos. ¿Cómo reaccionar a aquella noticia? Pidieron a Jobs que saliese un momento para que pudieran debatir sobre su anuncio. Al cabo de una hora, le invitaron a que se volviese a unir a ellos. Sculley se mostró diplomático y le ofreció su predisposición favorable a dejarle hacer. «Nos gustaría que reconsiderases tu decisión de dimitir del consejo de administración. En caso de que sigas convencido de que es la mejor opción, Apple estaría interesada en adquirir el 10% de tu nueva empresa». «Lo pensaré y tendréis una respuesta el jueves que viene», contestó Jobs.

Al terminar la reunión, Jobs se marchó a toda prisa, excusándose de la tradicional comida posterior para reunirse en el restaurante Jackling House con cinco directivos de Apple a los que tenía pensado contratar y con el abogado Al Sonsini. Sonsini les explicó que para evitar una demanda de Apple tenían que dimitir gradualmente, a razón de uno por semana[5].

El jueves siguiente Jobs se presentó en el despacho de Sculley para confirmarle su decisión. Sin embargo alguna dosis extra de prepotencia le hizo cometer un error estratégico al adelantarle que planeaba llevarse con él a cinco directivos de la empresa. Sculley no pareció darse cuenta de la magnitud de la noticia hasta que Jobs le dio la lista de sus futuros empleados: Susan Barnes, Dan'l Lewin, Bud Tribble, George Crow y Rich Page.

Markkula y otros miembros de la dirección se enfurecieron al conocer la noticia. Tribble, Crow y Page eran ingenieros y estaban al corriente de la mayoría de los proyectos de futuro. Dan'l Lewin había entablado relaciones con numerosas eminencias del mundo académico en nombre de Apple. De inmediato, se dio la orden para que abandonasen sus puestos de trabajo escoltados hasta la puerta por vigilantes.

Con el beneplácito de Markkula, Sculley amenazó con denunciar a Jobs por prácticas de competencia desleal, al haber maniobrado para contratar a los directivos cuando todavía era presidente e intentado engañarles al anunciar sus proyectos falsamente en la reunión del consejo de administración. Jobs entregó su carta de dimisión a Markkula y envió una copia a la revista *Newsweek*, que la publicó enseguida.

«Querido Mike:

Los periódicos de hoy dan a entender que Apple quiere relevarme de mi puesto como presidente de la compañía. No sé de dónde proviene esa información pero además de ser poco ajustada a la realidad de cara al público es injusta hacia mi persona. Como recordarás, durante la última reunión del consejo de administración, el jueves pasado, anuncié que había decidido crear una empresa nueva y presenté mi dimisión como presidente.

El consejo no quiso aceptar mi dimisión y me pidió posponerla una semana, a lo que accedí teniendo en cuenta el ánimo que suponía su decisión de valorar que Apple pudiera invertir en mi nueva sociedad. El viernes, cuando le enumeré a John Sculley las personas que se vendrían conmigo, me confirmó la voluntad de Apple de discutir posibles colaboraciones.

Desde entonces, Apple ha adoptado una posición hostil contra mí y contra mi proyecto. Por eso solicito que mi dimisión sea aceptada de inmediato. Ruego que, en todas las declaraciones sobre este particular, Apple indique claramente que la decisión de dimitir de la presidencia ha sido mía.

Estoy triste y perplejo ante la actitud de la directiva en este asunto, que me parece contraria a los intereses de

Apple, intereses que todavía me preocupan mucho, teniendo en cuenta mis vínculos pasados con Apple y la considerable inversión que conservo en ella.

Espero que el ambiente en Apple se tranquilice. Ha habido alguna voz que aseguraba temer que pudiese utilizar tecnologías de la casa en mi nueva empresa pero quiero aprovechar para insistir en que ésa es una inquietud sin fundamento. Si es la verdadera causa de la hostilidad de Apple contra mi proyecto, podré disiparla.

Como bien sabes, la reciente reorganización interna me ha dejado sin trabajo y ni siquiera tengo acceso a los informes de gestión. Sólo tengo treinta años y quiero seguir en activo y crear cosas.

Teniendo en cuenta lo que hemos conseguido juntos, me gustaría que nuestra separación se realizara de una forma digna y amistosa.

Atentamente,

Stephen P. Jobs».

En la entrevista que concedió a *Newsweek*, Jobs se dejó llevar por el despecho. «Cuando alguien te acusa públicamente de ser un ladrón, tienes que responder. Me sorprende mucho que Apple me haya demandado. Nos hemos pasado una semana entera hablando con los abogados de Apple para demostrarles que no tenemos intención de utilizar ninguna información confidencial de Apple ni elementos tecnológicos que sean de su propiedad legal. Es un comportamiento que deshonra a Apple. [...] Desconocía que yo fuese propiedad de Apple. De hecho creo que no es así, que yo soy el único dueño de mi destino».

«No vamos a utilizar ninguna tecnología que pertenezca legalmente a Apple. Lo vamos a poner por escrito. Nada impide a Apple hacernos la competencia si creen que lo que hacemos es una buena idea, pero choca pensar que una empresa de 2.000 millones de dólares, con 4.300 empleados, se sienta amenazada por seis personas en vaqueros».

El 13 de septiembre de 1985, la noticia sacudió el mundillo de la informática. ¡Steve Jobs se iba de Apple! De pie sobre el césped, Jobs se dirigió a la prensa en un tono dramático con tintes épicos, como intentando resaltar la importancia de un momento clave. «Si Apple se transforma en un lugar donde los ordenadores no son más que objetos, desaparecerá el romance y la gente se olvidará de que los ordenadores son la invención más increíble que jamás haya hecho el hombre. Y yo sentiré que he perdido a Apple. Si, por el contrario, aunque me encuentre a millones de kilómetros, los empleados siguen sintiendo eso, pensaré que mis genes siguen ahí».

Varios días después de su dimisión, Jobs anunció al mundo que había encontrado un nombre para su nueva empresa, NeXT [siguiente]. Desde el primer minuto dejó clara su intención de crear el ordenador del futuro. El objetivo principal era fabricar un ordenador que pudiese encontrarse sobre la mesa de cualquier estudiante universitario. A lo largo de los siguientes meses, Jobs vendió prácticamente la totalidad de sus acciones en Apple (más de veinte millones con las que recuperó 150 millones de dólares) para escenificar su desvinculación de la compañía, quedándose con la mínima participación para seguir recibiendo el informe anual. Su nueva empresa comenzó a andar con una inversión de doce millones de dólares.

Apple cumplió la amenaza de llevar a NeXT a juicio. En su opinión era bastante evidente que Jobs se aprovecharía de datos internos y confidenciales a los que había tenido acceso como cofundador de la compañía. El rencor de Jobs hacia Sculley seguirá vivo para siempre.

En el ámbito personal, Jobs vivió una emotiva experiencia cuando, finalmente, y después de mucho buscar, pudo conocer a su hermana biológica. Mona Simpson era escritora y a Jobs aquello le pareció una señal. Le sorprendió el parecido físico y los elementos comunes en su carácter y pensó que el hecho de que ella fuese artista no podía ser mejor augurio.

Un año después, con motivo de la presentación de la primera novela de Mona, *A cualquier otro lugar*, Jobs hizo oficial su parentesco al presentarse en la fiesta organizada por la editorial junto a su hermana y su madre, Joanne Schieble.

«Creo que es natural que las personas traten de comprender de dónde vienen ciertos rasgos incluso si, personalmente, yo soy ante todo un determinista social. Es decir, opino que la educación, los valores y la visión del mundo proceden de las experiencias vividas en la infancia», explicó Jobs. También en esa misma época quiso conocer a Lisa, la hija de la que había renegado nada más nacer y que ya había cumplido siete años.

Durante los primeros meses de la trayectoria de NeXT se dio unos pequeños lujos para acondicionar sus nuevas oficinas. Tiró la casa por la ventana y pidió que instalaran un suelo de madera noble, una cocina con encimera de granito y sofás en forma de U en los locales del polígono industrial de Stanford, en Redwood City. Quería, como ya había ocurrido con el proyecto Macintosh, lo mejor para la empresa y no estaba dispuesto a aceptar términos medios. Una de sus primeras decisiones fue encargar el logo a Paul Rand, creador de la imagen corporativa de IBM, en una operación que le costaría 100.000 dólares y que reflejaba su preocupación por el más mínimo detalle.

En diciembre de 1985 organizó un primer seminario con la plantilla de NeXT y aprovechó para lanzar un desafío a sus tropas: su espectacular ordenador tenía que estar listo en la primavera de 1987. Los asistentes se quedaron estupefactos. Apenas quedaba un año y tres meses, y lo único que tenían era un logo. Parecía que Jobs seguía sin haber aprendido nada de la experiencia. Los que le conocían (Tribble, Crow y Page) sonrieron por dentro, conscientes de que tendrían que aguantar sus recriminaciones, su impaciencia crónica, su incapacidad para tener en cuenta las vicisitudes terrenales... Pero los ingenieros no hacían milagros. Jobs insistió con toda una declaración de principios: «Si fracasamos, pensaré que no somos una empresa digna de este nombre. Estoy totalmente convencido»[6].

Entre sus ideas estaba un coste máximo de 3.000 dólares para poder adaptarse al mercado educativo y conseguir su sueño de que estuviese sobre la mesa de cualquier estudiante. Para transmitir mejor el nivel de perfección que esperaba, en diciembre de 1985 trasladó a su equipo a la Universidad Carnegie Mellon para que tuviesen una reunión con investigadores de alto nivel. A continuación les llevó a visitar la Casa de la Cascada, la obra maestra del arquitecto Frank Lloyd Wright[7]. Quería transmitirles el significado de una creación hermosa. Dentro de ese mismo empeño por explicar su concepto de la perfección, también llevaría a su equipo a una demostración de aikido.

A principios de 1986 recibieron una buena noticia: Apple abandonaba el pleito contra NeXT consciente de los daños que estaba haciendo a su imagen corporativa. Durante su primer año de vida, NeXT contrató a decenas de ingenieros de gran talento que se ofrecían a trabajar allí atraídos por el aura de su fundador. Jobs estaba especialmente interesado en captar a especialistas en UNIX dado el rendimiento que este lenguaje ya ofrecía en las estaciones de trabajo de Sun o Silicon Graphics. En cualquier caso el proceso era un poco especial porque, por lo general, el candidato desconocía cuál iba a ser su destino y, si se ponía remilgado, no dudaba en descartarle.

Pero NeXT no era su única preocupación. A principios de 1986 había destinado parte de su fortuna a la compra de una empresa de George Lucas especializada en la animación con imágenes generadas por ordenador. La compañía había sido una división de Lucasfilm fundada por Alvy Ray Smith y Ed Catmull. El primero había hecho sus pinitos en el PARC de Xerox, el famoso centro de investigación donde habían nacido los conceptos que permitieron la creación del Macintosh. Ray Smith entabló amistad con Catmull, otro especialista en la animación por ordenador, y juntos convencieron a George Lucas de la rentabilidad de crear por ordenador las espadas láser de *La Guerra de las Galaxias*. El cineasta les dio carta blanca.

En 1984, cuando todavía estaba en Apple, Jobs oyó hablar de aquella división de Lucasfilm dedicada a la animación por ordenador gracias a un ingeniero del PARC, Alan Kay y, picado por la curiosidad, visitó el estudio en San Rafael (California). El descubrimiento de aquella técnica le causó una conmoción parecida a la que había experimentado en el Xerox PARC años atrás. Ese mismo año, Lucasfilm había contratado a John Lasseter, un joven animador de gran talento procedente de Disney que había concebido media hora de animación por ordenador para la película *Tron*.

En esa misma época, Lucas había manifestado su deseo de vender el departamento de informática de su estudio, principalmente por motivos económicos. Acababa de divorciarse de Marcia, con la que había estado casado entre 1969 y 1983, y la compensación a la que se veía obligado a pagar le exigía reunir dinero si no quería tener que vender participaciones en la licencia de los productos derivados de *La Guerra de las Galaxias*. Pedía cien millones de dólares y Jobs le dijo que le avisara si bajaba de precio[8].

Dos años después, Lucasfilm seguía sin encontrar comprador para su división informática. Entre los pretendientes se encontraban Disney y Philips, que habían manifestado su interés pero no estaban dispuestos a aportar la dote solicitada. Al tiempo, Jobs ya estaba en condiciones de adquirirla gracias a los millones de dólares obtenidos de la venta de sus acciones Apple. Harto de esperar, George Lucas rebajó sus exigencias y, en febrero, Jobs finalmente se apropió del estudio por el módico precio de diez millones de dólares, una cantidad francamente asumible para él. Una de las primeras decisiones de Jobs fue cambiar el nombre por uno más evocador del tipo de actividad que realizaban. El nombre final mezclaba el aspecto de la imagen (píxel, la materia prima) y arte: Pixar.

Para la fabricación de los ordenadores NeXT, Jobs instaló en Fremont (California) una factoría futurista llena de robots que controlaban todos los procesos garantizando la precisión.

«Me gustan tanto las fábricas como los ordenadores», ha reconocido Jobs. Su perfeccionismo se manifestaba hasta en el color de los robots de ensamblado que exigió se pintasen de un mismo tono para que diesen unidad al conjunto aunque hubiesen sido fabricados por diferentes proveedores. Los capataces no entendían a qué venía ese capricho cromático pero Jobs les replicaba explicándoles que, por encima de todo, la fábrica tenía que ser bonita. Su intención era recibir a los clientes allí y era imprescindible que pensaran que era un lugar del más alto nivel. Sin embargo, más tarde confesaría a la revista *Inc.* que ésa no era la única razón[9]. «En realidad, no queríamos que los empleados consideraran la fábrica como islas separadas entre sí, sino como un todo. Si se produce un cuello de botella en un nivel, el flujo sólo puede volver a reestablecerse si se piensa de forma global». El proceso de integración de todos los elementos según los conceptos propuestos por Jobs llevó seis meses de trabajo al personal pero finalmente todo quedó como había pedido.

En septiembre de 1986 se organizó otro seminario para empleados de NeXT en un hotel de Sonoma, al norte de San Francisco. Durante dos días y medio de discusiones, se tomaron decisiones importantes y a Jobs se le metió en la cabeza que el ordenador tendría incorporado un lector de discos ópticos[10]. Durante una visita a Canon en Japón para negociar la fabricación de una impresora compatible con NeXT, le habían enseñado una tecnología que permitía almacenar 256 MB de datos, es decir, una capacidad superior a los discos duros de los PC de la época. Como un niño que acaba de descubrir un juguete nuevo y reluciente, Jobs decidió que quería uno para su ordenador.

Jobs justificó su decisión en Sonoma explicando que NeXT debía situarse en la vanguardia de la tecnología. Como era de esperar, ignoró los consejos de quienes le exhortaban a prestar atención a las realidades del mercado, ya que la tecnología de Canon era aún incipiente y su eficacia estaba por demostrar. Además, incorporar aquel dispositivo disparaba el precio final del equipo.

Uno de los asesores explicó en voz alta el sentir de muchos de los presentes: «tenemos que adecuarnos a nuestra clientela actual. No podemos asumir que estarán dispuestos a pagar cualquier precio para conseguir la última tecnología». Como de costumbre, el poder de persuasión de Jobs era demasiado fuerte y los directivos de NeXT se fueron convenciendo, poco a poco, de la necesidad de integrar un lector de discos ópticos aun sin prever una alternativa en el caso de que Canon no cumpliese con los plazos.

Jobs seguía contando con que la estación NeXT podría ser lanzada en la primavera de 1987 pero a principios de año quedó claro que ese plazo era una quimera. Los ingenieros se esforzaban para poder optimizar la velocidad de dos chips fabricados por Fujitsu que iban integrados en la placa base. Su trabajo se desarrollaba a toda prisa después de haber pasado casi un año dando palos de ciego. Mientras tanto, la empresa empezaba a quedarse sin fondos.

Como si fuese una bendición, una buena mañana recibieron la llamada de Ross Perot. Célebre por haber amasado una fortuna gracias a su empresa Electronic Data Systems (EDS), Perot tenía a su cargo una sociedad valorada en 1.000 millones de dólares e incluso había coqueteado con la idea de comprar Microsoft en 1979 cuando la empresa no era más que un editor de programas con 28 empleados. Bill Gates se había sentido tan impresionado por la posibilidad de conocer a Perot que había salido corriendo a la peluquería. Finalmente se encontraron en el último piso del edificio de Perot en Dallas, un edificio singular por estar coronado por una gran bandera americana. Durante la conversación, el fundador de Microsoft pecó de impertinente y exigió más de cuarenta millones dólares, lo que desanimó al multimillonario[11].

Habría sido un buen negocio si tenemos en cuenta que en la primavera de 1986, Microsoft salió a Bolsa con gran estruendo y, en cuestión de semanas, su valor bursátil ya superaba los 661 millones de dólares. Con sus once millones de acciones,

Bill Gates entró fulgurantemente en la lista de los cien americanos más ricos. En marzo de 1987, el precio de las acciones de Microsoft cuadruplicaba su precio de lanzamiento.

«Me temo que es uno de los mayores errores que he cometido jamás en los negocios», se lamentaba Perot. Consciente de haber desaprovechado una magnífica oportunidad, el multimillonario tejano andaba al acecho de alguna buena inversión. Así que cuando una noche de principios de 1987 vio en televisión un documental sobre innovadores en el que Steve Jobs salía muy bien parado no dudó en ponerse en contacto con él a la mañana siguiente y proponerle que si alguna vez necesitaba un inversor, se lo hiciese saber[12].

El trato se cerró enseguida. Ross Perot puso veinte millones de dólares en NeXT y adquirió de paso el 16% de la sociedad. El multimillonario se tomó muy en serio sus funciones y se implicó en la gestión del día a día. Poco después de ingresar en el consejo de administración, se dirigió a los ingenieros que se esforzaban por optimizar el rendimiento de los chips para soltarles un discurso motivacional. «Chicos, he pasado por vuestra situación más de mil veces. No tengo ninguna duda de que vais a resolver el problema. Seguid trabajando sin hacer nada más»[13].

Conseguido el diseño óptimo, el problema era que Fujitsu no era capaz de fabricar los chips dentro del plazo marcado. Habría que esperar a agosto para que la producción fuera de una calidad irreprochable. Cuando Jobs preguntó a ocho altos directivos en qué momento tenían previsto ultimar sus piezas de ordenador, se aventuraron a ponerle fecha en octubre de 1987[14].

Pixar estaba en Modesto, a dos horas por carretera del domicilio de Jobs en Palo Alto y aunque había intentado en repetidas ocasiones convencer a Alvy Ray Smith y Ed Catmull para que se trasladasen a San Francisco, el caso era que los ingenieros se resistían a mudarse. Su decisión obedecía en parte a que eran conscientes de que la distancia les daba la oportunidad de cierta paz sin las injerencias de Jobs. Al menos entre 1986 y 1994, período en el que Jobs sólo les visitó cinco veces[15].

Para compensar sus ausencias, las visitas de Jobs parecían desfiles presidenciales con una liturgia preestablecida: acercarse, darle la mano, dejarle hablar… «Le observaba dirigiéndose a nuestros empleados y en sus miradas veía admiración incondicional. Hacía con ellos lo que quería. Jobs tiene un poder de seducción inigualable. También me encantaba verle entrar en una sala llena de desconocidos y adueñarse de la situación. Tiene tanto talento… Domina la comunicación. Y es consciente de ello»[16].

En NeXT, donde pasaba la mayor parte del tiempo, el ambiente no era tan de color de rosa porque los arrebatos de Jobs no habían tardado en aparecer. Como ya había ocurrido en Apple, su fuerte personalidad se imponía en un estilo de liderazgo en el que la dignidad de sus colaboradores estaba en un segundo plano y a los que no le importaba imponerse de manera tajante e incluso humillante. «Muchos compañeros le describen como un hombre brillante y encantador, capaz de motivar a sus tropas. Al mismo tiempo, su búsqueda de la perfección es tan extrema que los empleados que no satisfacen sus demandas se exponen a un feroz ataque verbal que desgasta hasta al más motivado»[17].

Se decía que lo desaprobaba todo de forma sistemática y sin pensar. «Un ex empleado de NeXT recordaba que Jobs, por principio, solía rechazar el trabajo que hacían los demás la primera vez que se lo enseñaban. Para evitar aquella actitud irracional, los empleados presentaban deliberadamente una versión inacabada primero y guardaban el primer modelo para reuniones posteriores. Así aumentaban sus posibilidades de satisfacer las expectativas del jefe»[18].

Para que la estación NeXT fuera un éxito faltaba mucho por hacer. Jobs tenía que animar a las editoras de *software* a escribir programas para su ordenador pero parecía que Lotus era la única grande interesada en su proyecto. El resto de gigantes del sector, como Microsoft o Ashton-Tate, no estaban especialmente motivadas para seguirle en su nueva aventura.

En cualquier caso, era precisamente un elemento de software (su sistema operativo) el que se había convertido en una de sus grandes ventajas. Apoyándose en el entorno Unix, concebido en la Universidad Carnegie Mellon, un investigador del Instituto Nacional Francés de Investigación Informática y de Automoción (INRA) llamado Jean-Marie Hullot había desarrollado una revolucionaria herramienta bautizada como NeXTSTEP [el paso siguiente]. Hullot había asistido a la concentración anual de Apple en San Francisco para presentar su criatura y le invitaron a visitar NeXT para que le hiciera una demostración a Jobs. Cuando se dirigía de vuelta al aparcamiento, una persona fue corriendo a buscarle. «Me dijo: "tú te quedas aquí". Y me ofreció trabajar en NeXT», recuerda.

En octubre de 1987, el NeXT seguía sin estar listo mientras el mundo contemplaba el éxito de otra figura de la informática. Un año después de que Microsoft saliese a Bolsa, Bill Gates ocupaba el puesto número 29 de la lista de las 400 grandes fortunas de Estados Unidos de la revista *Forbes*. Ese mismo mes salía en la portada de *Fortune*, en cuyo interior podía leerse que «parece que Gates podría haber ganado más dinero que ninguna otra persona a su edad, en cualquier sector».

En NeXT, Jobs dirigía a la plantilla con mano de hierro. Brian Dumaine en un artículo de *Fortune* relataba que «a finales de los 80, había dos ingenieros de NeXTSTEP que llevaban quince meses trabajando como esclavos, noches y fines de semana, para cumplir unos plazos casi imposibles con un chip de última tecnología. Nadie había creado antes un chip de aquellas características y la tensión era increíble. Durante una reunión fuera de las oficinas, un fin de semana, Steve Jobs les reprendió en público y a traición, reprochándoles que no estuvieran trabajando con la suficiente prisa y sin tener en cuenta todo el esfuerzo realizado. Por pura dignidad, terminaron el proyecto pero uno de ellos abandonó la empresa poco después».

Finalmente, la presentación del NeXT se aplazó hasta otoño de 1988. Durante ese año la sede de Redwood se convirtió en escenario de una actividad incesante, salpicada por las frecuentes salidas de tono de Jobs. Sólo algunos directivos se atrevían a plantarle cara. Uno de ellos, Avie Tevanian, era un joven especialista en programas informáticos que se había incorporado en enero de ese año tras obtener el doctorado en la Universidad Carnegie Mellon. A pesar de tener un carácter tranquilo y amable, Avie no se dejaba pisotear por Jobs.

—Steve, te equivocas —le decía Tevanian con total tranquilidad[19].

—Avie, no me estás entendiendo.

—¡Que no, Steve, que te equivocas!

En el curso de los meses siguientes, la presión que ejercía Jobs en sus equipos adquiría unos tintes cada vez más febriles. Como él trabajaba sin descanso, esperaba lo mismo de sus subalternos y les exigía que se dedicaran día y noche, fines de semana incluidos, a las actividades de la empresa. A veces incluso convocaba reuniones el domingo por la mañana, en un gesto de máximo desprecio hacia la vida familiar de los directivos. Casi todos acataban en silencio las órdenes pero algunos como Dan'l Lewin, en ocasiones, le comunicaban que no contase con ellos en el que, para casi todos, era su único día de descanso[20].

No siempre conseguía salirse con la suya y a veces su exacerbado individualismo se volvía contra él. Por ejemplo en una ocasión organizó una cena con representantes de varias universidades para presentarles el NeXT. Miles de pedidos dependían del buen desarrollo de la velada. Poco antes de la cena, Jobs se enteró de que se habían olvidado de prepararle una opción vegetariana y, en lugar de resignarse o buscar una solución sensata, decidió anular el plato principal de todos los invitados. Sus colaboradores más próximos no consiguieron hacerle cambiar de opinión.

Aquel año de 1988, un suceso le contrariaba en particular. Apple había vuelto a la escena y John Sculley estaba llevándose todo el crédito por la recuperación de la compañía. La enemistad entre los dos hombres seguía viva. En octubre de 1987, Sculley había publicado *De Pepsi a Apple,* en el que daba su propia versión de los hechos y sugería que había tomado la decisión de prescindir de Jobs por el bien último de la empresa. En las navidades, el ingeniero Bob Metcalfe dio una fiesta a la que invitó a Jobs y a Sculley. Ambos pasaron toda la velada tratando de evitarse, parapetándose en extremos opuestos de la casa[21].

En cualquier caso era evidente que los resultados hablaban a favor de la gestión del consejero delegado de la empresa de Cupertino. El precio de las acciones se había multiplicado por cuatro desde los 10 dólares a los que cotizaban a la salida de Jobs. Los ingresos se duplicaban y las cifras de beneficios se habían triplicado.

Huelga decir que, en el lanzamiento de NeXT, Jobs se había dejado llevar en parte por un sentimiento de revancha. A medida que pasaban los meses, las filtraciones acerca de las características del ordenador que estaban preparando empezaban a dejar claro que la *caja negra* (así era como se conocía el proyecto de NeXT porque ésa era la imagen de su logotipo) era una joya tecnológica de una concepción vanguardista sobresaliente.

En cuanto al aspecto que tendría el futuro ordenador, Jobs, tras haber probado con varios diseñadores, decidió volver a confiar en Hartmut Esslinger, de la empresa Frogdesign, el diseñador alemán que había creado la carcasa del Apple IIc en 1982 y ultimado el aspecto general del Mac. El creativo aceptó la propuesta con una sola condición: Jobs aceptaría que diese rienda suelta a su imaginación. Le bastó un fin de semana para concebir lo que acabaría convirtiéndose en un impresionante cubo negro que, sin embargo, se topó con una reacción inesperada por parte de Jobs porque le parecía «demasiado radical»[22]. Aun así, Esslinger se mantuvo firme y Jobs se fue haciendo a la idea poco a poco.

Poco antes de la presentación, programada el 12 de octubre de 1988 en el Davies Symphony Hall de San Francisco, durante un cóctel, Jobs realizó una demostración en la que estaba presente el rey Juan Carlos I. El monarca español quedó tan impresionado que se convirtió en uno de los primeros clientes de la empresa.

La inquietud de Jobs previa al estreno seguía creciendo y revisaba obsesivamente todos los detalles para que nada saliese mal. Por ejemplo, la acústica de la sala tenía que ser perfecta para la demostración de la calidad estéreo de la tarjeta de sonido del NeXT. Llegado el día, y ante 3.000 espectadores que incluían a la flor y la nata del mundo académico, la prensa y la informática, volvió a dejarse llevar por el tono épico que solía imprimir a sus presentaciones: «Estamos a punto de vivir uno de esos escasos hitos que sólo se producen una o dos veces cada década en el mundo de la informática. El momento en que se destapa una nueva arquitectura capaz de cambiar el futuro de este sector. Llevamos tres años trabajando en este gran lanzamiento».

Nada más desvelar el cubo negro, llovieron las alabanzas sobre el sistema NeXTSTEP, que integraba una barra con los principales programas y que incluía una aplicación para gestionar el correo electrónico. Además, era el primer equipo que soportaba las funciones multitarea, es decir que se podía saltar entre programas a través de las ventanas dejando activos los programas, algo nunca visto hasta aquel momento. «Hemos fabricado el mejor ordenador del mundo», proclamó Jobs y se permitió bromear ante los periodistas afirmando que NeXT era lo que el Mac debería haber sido.

Ross Perot no quiso quedarse atrás en grandilocuencia y afirmó que «la gente de NeXT ha dedicado un tiempo desmesurado a buscar la perfección. Jobs ha vuelto a sorprender».

Los medios respondieron en masa a la convocatoria y Jobs y su máquina negra salieron en la portada de *Businessweek*, acompañados de un artículo en páginas interiores en el que se describían las capacidades «asombrosas» en cuestión de almacenaje de datos y se obviaban detalles como la lentitud desesperante de los lectores de discos ópticos. Con razón, el periodista lamentaba que la máquina se hubiera contentado con una pantalla monocromática.

El precio del ordenador (6.500 dólares) era muy alto y quedaba muy por encima de lo que Jobs había pensado en un principio. Un precio especialmente prohibitivo si tenemos en cuenta que añadir una impresora elevaba el conjunto hasta los 10.000 dólares. Encima, la ausencia de programas compatibles era espantosa. Bill Gates aprovechaba casi cualquier ocasión para proclamar que Microsoft no editaría ningún programa para el NeXT mientras Jobs contraatacaba afirmando que, con NeXTSTEP, tres personas podían hacer lo mismo que 200 con Microsoft.

Mantenía su confianza en un ordenador del que pensaba era técnicamente perfecto y cuya capacidad podría obrar el milagro. Su seducción a gran escala era únicamente una cuestión de tiempo. Para garantizar la supervivencia de NeXT, Jobs atrajo a otro inversor de capital, la japonesa Canon, que invirtió cien millones de dólares en 1989 y añadiría diez millones más el año siguiente y otros veinte en 1991.

El NeXT anticipaba el futuro multimedia y de la comunicación y Jobs estaba orgulloso de su capacidad de visionario al anticipar con casi diez años de adelanto para su época el ordenador del futuro, el equipo que parecía estar naturalmente abocado a convertirse en hacer honor a su nombre y ser la siguiente piedra angular en la evolución de la informática.

Pero la realidad es que había llegado demasiado tarde. A esas alturas tanto el PC de IBM como el Macintosh de Apple ya eran dos competidores inalcanzables. Las empresas se habían equipado de forma masiva de ordenadores personales de uno u otro estándar y ya no quedaba sitio para un tercero. Los meses siguientes serían nefastos.

Desencantos | 11

«La primera impresión es la de un adolescente. Viste vaqueros y jersey de cuello vuelto. Es amable y cordial pero a medida que avanza el día manifiesta una inseguridad cada vez más acusada. Es tremendamente tímido y hace gala de una aversión casi física hacia cualquier pregunta que pueda considerarse personal». Así describió a Steve Jobs el periodista de la revista *Inc* que se había desplazado hasta el cuartel general de NeXT. Para su primer número, que salía a los kioscos el 1 de abril de 1989, la publicación decidió concederle el título de empresario de la década aunque, paradójicamente, las razones del jurado aludían a un único logro de los años 70, sin ninguna mención del Macintosh ni de NeXT. «Sin Jobs, el Apple II no habría existido. Su mérito es el haber creado y dado forma a la revolución informática». La distinción otorgada por *Inc* ilustraba perfectamente la fascinación que Jobs seguía ejerciendo en los medios incluso aunque su trayectoria tuviese alguna sombra y ya no tuviese ningún vínculo con Apple. A pesar de todo, seguía haciendo soñar y recibiendo un apoyo implícito que era la envidia de más de un directivo.

Pese a la imponente imagen de Jobs en la portada de *Inc,* 1989 no parecía que fuese a ser un gran año, tal vez ni siquiera regular, y no faltaban los motivos de inquietud. Varios ingenieros y directivos de NeXT habían empezado a cansarse de los excesos de su jefe y las deserciones se multiplicaban a cada trimestre. La fabulosa fábrica automatizada de ordenadores distaba mucho de cumplir con su cometido y a finales de 1988 sólo era capaz de producir 400 estaciones NeXT al mes, frente a las 10.000 que había previsto Jobs.

En cualquier caso, la demanda de estaciones NeXT era anémica. Desde su lanzamiento, quedó claro que el precio marcado (10.000 dólares incluyendo la imprescindible impresora láser) superaba con mucho la capacidad adquisitiva del universitario medio. Para intentar favorecer su venta Jobs decidió un cambio de estrategia (inicialmente sólo se iba a vender de forma directa a estudiantes y universidades) y, en marzo de 1989, llegó a un acuerdo con la cadena Businessland para la distribución al gran público. Aun así, los cubos NeXT seguían vendiéndose a cuentagotas. A final de año, Businessland presentó el triste balance de 460 NeXT vendidos en total[1].

Vista la situación, Jobs convino dotar de mayor atractivo a la estación NeXT, destronando el cubo negro a favor de un modelo más elegante y compacto. La perspectiva de un período de vacas flacas no había conseguido desanimarle sino que, más que nunca, estaba decidido a deslumbrar a cualquiera que atravesase la puerta de NeXT. La empresa se había trasladado a unos locales relucientes, situados frente al puerto deportivo de Redwood City, que se harían famosos por la opulencia de su decoración, con sofás y teléfonos de lujo pero, sobre todo, una escalera de madera y metal concebida por la agencia del arquitecto I.M. Pei[2].

Un único motivo para la esperanza era el sistema operativo NeXTSTEP, cuya principal ventaja era la rapidez para ejecutar las aplicaciones. «NeXTSTEP es capaz de ejecutar las tareas entre cinco y diez veces más deprisa, con un programa fiable, fácil de ampliar y más potente», afirmaba Jobs. Un estudio independiente desarrollado por la consultora Booz Allen & Hamilton confirmó que los programadores podían trabajar entre dos y tres veces más deprisa con NeXTSTEP que con las estaciones de Sun y de otros fabricantes, algo que admitió incluso la revista *Sun World*, especializada en los equipos de Sun Microsystems.

El poder de atracción de NeXTSTEP era tal que IBM estaba valorando la posibilidad de incorporarlo en sus máquinas.

Su alianza con Microsoft se tambaleaba por la insistencia de Bill Gates en permitir que los clónicos del PC también pudiesen instalar el sistema operativo Windows. IBM no quería que un sistema que en principio entendía se había desarrollado para sus ordenadores estuviese en equipos de la competencia y presionaba para intentar romper su vínculo con Microsoft.

Bill Lowe, el hombre que había llevado a buen puerto el proyecto del PC en IBM, convenció a la dirección de que adquiriesen una licencia de NeXTSTEP para poder utilizarlo como caballo de Troya frente a la apisonadora Microsoft. La suma que IBM aceptó desembolsar (sesenta millones de dólares) daba idea de su nivel de desesperación en la búsqueda de alternativas.

Por las mismas fechas, otro rayo de sol iluminó el jardín de Jobs cuando, en una de sus muchas conferencias sobre informática, conoció a su alma gemela. En otoño de 1989 acudió a la Universidad de Stanford para dar una conferencia a los alumnos cuando se fijó en una rubia esbelta muy atractiva que se había sentado justo enfrente de él. No fue capaz de dejar de mirarla y, al terminar su intervención, canceló la cena de negocios que tenía prevista aquella noche para irse con ella. «Estaba en el aparcamiento, con la llave en el contacto del coche, y pensé: "si fuera mi última noche sobre la Tierra, ¿querría pasarla en una reunión de negocios o con aquella mujer?". Volví corriendo y la pedí que cenara conmigo. Me contestó que sí y nos fuimos caminando a la ciudad». Entre Steve Jobs y Laurene Powell se produjo un flechazo. Ella tenía todo lo necesario para atraerle: belleza, un espíritu vivo y además era vegetariana militante. No volverían a separarse.

A nivel empresarial, NeXT no era el único quebradero de cabeza para Jobs. Pixar se había convertido en un pozo sin fondo que no podía mantenerse mucho más tiempo. El 30 de abril de 1990, el estudio se desmembró. La división material, que trabajaba en el desarrollo de ordenadores dedicados para el tratamiento gráfico, cerró y el estudio se dedicó en exclusiva a crear películas de animación.

Pero aquél no fue el único cambio. Jobs deseaba controlar la productividad de sus artistas y para ello trasladó el estudio a unos locales nuevos en Point Richmond, junto a la bahía de San Francisco, acabando con la etapa de independencia absoluta que los creativos de Pixar habían disfrutado hasta aquel momento. En su nueva ubicación, las visitas y las intervenciones en la hasta ahora apacible vida de John Lasseter y sus acólitos se multiplicaron.

La segunda generación del NeXT estaba anunciada para septiembre de 1990 y los desarrolladores de software estaban empezando a acercarse a la plataforma con apuestas serias. Lotus había presentado una innovadora hoja de cálculo especialmente adaptada al NeXTSTEP mientras que WordPerfect lanzaba una versión de su procesador de textos estrella para NeXT. El nuevo ordenador tenía un monitor de tubo con pantalla plana que se colocaba sobre una pequeña plataforma y permitía la visualización en colores. También incorporaba un lector de disquetes, a lo que Jobs se había negado hasta entonces por considerarlo un accesorio superfluo y poco agraciado. El precio era ligeramente inferior (5.000 dólares) pero seguía siendo un producto caro.

Pese a los avances parecía que una tormenta se cernía sobre NeXT. La demanda del ordenador de concepción vanguardista era dolorosamente minúscula y los rayos de esperanza se disipaban incluso entre quienes habían sido sus más fervientes defensores. Dan'l Lewyn fue el primer cofundador que abandonó la empresa y no sería el último. En el artículo de *Inc*, Jobs explicaba que «estamos en la obligación de triunfar a gran escala. Nuestro competidor más pequeño está valorado en 1,75 billones de dólares. El mundo no necesita otra empresa informática de 100 millones de dólares. Debemos alcanzar cierta envergadura si queremos jugar en igualdad de condiciones. Estamos construyendo la próxima empresa informática multimillonaria».

Dieciocho meses después, el objetivo parecía desmesurado ya que, a finales de 1990, incluso un volumen de negocio de 100 millones de dólares habría sido más que satisfactorio. NeXT cerró el año con unos ingresos de 28 millones de dólares, incapaces de sostener una estructura con 570 empleados.

Poco a poco, la empresa se hundía en las profundidades pero Steve Jobs no perdía la esperanza y, para reavivar la moral de las tropas, grababa vídeos de bajo presupuesto para transmitir mensajes importantes. En uno de ellos, de principios de 1991, aparecía delante de una pizarra blanca con un rotulador en la mano. Como si fuera un profesor, explicaba que después de haber reflexionado sobre el potencial de NeXT había llegado a la conclusión de que hasta la irrupción de su ordenador, el mercado se dividía en dos grandes segmentos: por un lado, estaban los fabricantes de estaciones de trabajo como Sun, Apollo o IBM y, por otro, los ordenadores domésticos como el PC y Mac. NeXT constituía un segmento en sí mismo capaz de atraer a los profesionales que necesitaban ordenadores tan potentes como las estaciones de trabajo pero fáciles de utilizar. En su propia estimación y teniendo en cuenta que Sun había conseguido vender 40.000 ordenadores a ese mercado en 1990, valoraba que tenían margen para vender 50.000 unidades. Además varios estudios proyectaban un crecimiento en ese nicho hasta alcanzar los 100.000 ordenadores en 1992 y los 300.000 en 1993. NeXT saldría adelante. «Hemos competido quince veces por contratos con los equipos de Sun en los últimos noventa días. Y NeXT ha ganado en todas las ocasiones, quince de quince». Oyéndole hablar, parecía capaz de mover montañas. La victoria estaba detrás del siguiente recodo en el camino. Su poder de convicción seguía intacto pese a que su barco estaba a punto de naufragar.

Por su parte, Pixar continuaba siendo deficitaria y los ocho millones de dólares en pérdidas en 1990 fueron la gota que colmó el vaso. En 1991, Steve Jobs volvió a cortar por lo sano y redujo por la mitad a la plantilla, despidiendo a la mayoría del personal de ventas para quedarse únicamente con los ingenieros clave de la división de programas.

En el ámbito personal, una alegría inesperada puso color a su existencia: su novia estaba embarazada. Por desgracia, la buena nueva se tiñó enseguida de matices menos agradables para Jobs porque Laurene le pidió que se casasen. Steve, alérgico a los ultimátums, se negó en rotundo a dejarse llevar hasta el altar. Indignada, Laurene abandonó el domicilio común y, al día siguiente, Jobs se presentó en la oficina extenuado y fuera de sí[3]. Al final, dio marcha atrás en su postura y aceptó la proposición. La boda se celebró el 18 de marzo de 1991 según el rito budista zen en el hotel Awhahnee del parque nacional de Yosemite. La pareja tendría tres hijos; su primogénito, Reed Paul Jobs, nació en septiembre.

NeXT parecía tener un gran aliado en IBM pero la relación se estropeó cuando James Cannavino tomó las riendas de la división de programas del fabricante. Pidió una entrevista en privado con Jobs sin la presencia de ningún asesor para evitar que se dejasen engatusar por el legendario carisma del presidente de NeXT. Cannavino quería renegociar el acuerdo entre ambas compañías y condicionaba el apoyo de IBM a NeXTSTEP a gran escala a cambio de que Jobs abandonase la producción del ordenador NeXT. IBM se encargaría de aprovechar sus recursos para la promoción, mientras que el equipo de Jobs se concentraba en NeXTSTEP para convertirlo en un sistema operativo sin igual. Jobs se opuso en redondo. «No soy lo bastante estúpido como para darte todo lo que tengo, cuando tú tienes 27.000 vendedores en IBM»[4] y, seguro de su audacia, se marchó con la sensación de haber ganado la partida. La realidad, sin embargo, era bien distinta porque NeXT acababa de perder a un aliado de altura. Cannavino era un negociador intransigente y se ocupó de que IBM abandonase a NeXTSTEP aunque aquello supusiese dejar en vía muerta la inversión de sesenta millones de dólares que había hecho su predecesor. Cannavino no volvió a contestar las llamadas de Jobs[5].

Para empeorar las cosas, el 29 de abril de 1991 *Forbes* publicó un artículo muy crítico sobre Jobs en el que se aludía a los «resultados desalentadores de NeXT». La autora del texto, la periodista Julie Pitta, llamaba la atención sobre la actitud positiva de los medios ante la labor de Jobs incluso a pesar de los malos resultados de NeXT (15.000 máquinas desde su lanzamiento o, lo que es lo mismo, diez veces menos de lo que Sun vendía en un año) y se distanciaba de sus compañeros. «He aquí una manera distinta de ver las cosas. Considerándolo todo bien, Sculley tenía razón. Jobs es un gestor mediocre. En NeXT se beneficia de un poder absoluto y ha tomado decisiones erróneas que han acabado condenando la aventura. [...] Ahora pretende que creamos que su máquina gana terreno. "Hemos competido con Sun unas quince veces en los últimos noventa días y hemos ganado en todas las ocasiones", dice, sin nombrar a sus clientes. Asegura haber entregado 8.000 estaciones durante el trimestre pero el instituto International Data sólo habla de 4.000. En Apple, la capacidad de Jobs se compensaba con la de Steve Wozniak pero, dejado a su albedrío, tiene la tendencia de rodearse de personas que, aunque de gran talento, no se atreven a cuestionar su opinión».

En efecto, Steve Jobs parecía no entender que la situación de NeXT era cada vez más alarmante y, uno a uno, los cofundadores del navío fueron abandonándole. En la primavera de 1991, la responsable financiera, Susan Barnes, fue la segunda integrante del equipo original que presentó su dimisión. Bud Tribble, uno de sus compañeros más fieles (había participado en la creación del Mac) también tiró la toalla. El responsable de programación lamentaba que Jobs hubiera dejado que IBM abandonara NeXTSTEP y bastó un telefonazo a Scott McNealy, el consejero delegado de Sun, para que el ejecutivo de la competencia le devolviera inmediatamente la llamada desde el coche con una oferta de trabajo[6]. Peor aún, Ross Perot se retiró del consejo de administración de NeXT con la intención de limitar las pérdidas antes de la debacle final.

Como consolación, en mayo de 1991 Steve Jobs contrató a un directivo de Microsoft, Mike Slade, que no duraría en la empresa ni siquiera un año. Su marcha precedió a la de Rich Page, otro de los cofundadores. George Crow fue el único que permanecía a bordo.

Entre tantas tribulaciones, mayo de 1991 trajo una buena noticia de la mano de Pixar. John Lasseter se había labrado un nombre en el mundillo de la animación y sus producciones solían llevarse muchos premios pero en mayo de 1989 uno de sus cortometrajes de animación infográfica, *Tin Toy*, ganó un Oscar. Impresionado, Jeffrey Katzenberg, el director de la división de cine de Disney, le ofreció trabajo pero Lasseter rechazó su oferta porque en Pixar se sentía como en ningún sitio[7].

El ejecutivo, pragmático, se resignó. Muy poco tiempo después la estrella de Disney recuperaba fulgor con el lanzamiento de grandes producciones animadas como *La Bella y la Bestia* (la primera película de animación que optó a un Oscar a la mejor película) o *Aladdin*. Pero Katzenberg seguía pensando en el impacto que tendría quien lanzase el primer largometraje de animación por ordenador y no podía quitarse de la cabeza cómo podría convencer a Lasseter para que realizase una película de animación para Disney.

Lasseter se dejaba querer... ¡Un largometraje! Sería la ocasión perfecta para dar a conocer a gran escala las técnicas elaboradas por Pixar. Empezó a valorar la posibilidad de realizar *Blancanieves y los Siete Enanitos* en 3D, aunque pronto empezó a pergeñar una idea original. Las ideas iban y venían, preconizando éxitos futuros y, finalmente, el artista presentó el borrador de un guión en el que los juguetes de un niño cobraban vida en cuanto los humanos se marchaban, la futura *Toy Story*.

Jobs estaba abrumado por los problemas y había perdido su combatividad legendaria. Encontrar un comprador para Pixar podía significar un problema menos así que cuando recibió la propuesta de Disney para que Pixar hiciese películas para ellos, lo estudió detenidamente. Durante la reunión con Jeffrey Katzenberg, le pidió 22 millones para realizar *Toy Story* pero desde Disney decidieron jugarse un farol y le ofrecieron un presupuesto cinco millones menor. Ante su sorpresa, Jobs, que había recurrido a los servicios de uno de los abogados más respetados de Hollywood, aceptó la oferta sin pestañear[8]. Es más, sólo exigió el 12,5% de los ingresos por taquilla, un porcentaje muy inferior al habitual en la meca del cine.

Pero realmente había aceptado porque no tenía elección. Era la última oportunidad de Pixar y la cantidad que Disney estaba dispuesta a desembolsar era tentadora. El contrato de realización de *Toy Story* se firmó en mayo de 1991 y estipulaba que Pixar produciría tres largometrajes para su posterior distribución por Disney.

El 26 de agosto, Jobs recibió un nuevo revés de la prensa. *Fortune* salía con una portada dedicada a los «dos niños terribles de la microinformática», Bill Gates (35 años) y Steve Jobs (36), y este último no salía muy bien parado. Las ventas del NeXT seguían siendo simbólicas, con ventas en el segundo trimestre de 10.000 máquinas según las estimaciones más favorables. Lejos quedaban los días en que Bill Gates miraba con admiración a Jobs esperando que le descubriera los secretos del Macintosh. Microsoft era ya una multinacional de enormes dimensiones y Bill Gates acababa de entrar en la lista de los diez grandes multimillonarios de EE.UU., con unas acciones valoradas en 4.000 millones de dólares. El volumen de negocio alcanzado por la empresa de Bill Gates suponía tal amenaza que IBM y Apple se habían aliado para intentar contenerla. Además el futuro de Microsoft sólo tenía una nube en su horizonte, la investigación abierta por el Gobierno de EE.UU. ante las sospechas de prácticas comerciales monopolísticas.

Jobs dejaba ver en el artículo de *Fortune* una faceta desconocida hasta el momento: se mostraba prudente, comedido y a la defensiva. Bill Gates era el número uno en programas informáticos y no era conveniente desairar al emperador. ¿Quién sabe si, algún día, querría volver a escribir programas para NeXT? En términos generales, Jobs se mantenía discreto frente a un Gates dominante y divertido, como atestiguan los siguientes extractos.

Fortune: ¿Qué pensó cuando apareció el PC de IBM hace diez años?

Steve Jobs: No nos lo tomamos muy en serio. En aquella época Apple vendía decenas de miles de máquinas al mes. A pesar de ello, mucha gente cree que IBM inventó el ordenador personal y eso, evidentemente, no es cierto.

Bill Gates: Otros muchos piensan que fue Apple y tampoco es verdad. Nosotros escribimos nuestro primer programa para el Altair en 1975.

Fortune: ¿El control de Microsoft del sistema no ahoga a la competencia?

Bill Gates: En todos los aspectos de los programas hay competencia.

Steve Jobs: Aun así, me sorprende que nadie haya conseguido competir con Microsoft. No te estoy acusando de nada. Tampoco estoy diciendo que no sea bueno pero hay cientos de empresas que fabrican PC y cientos de programas para ese ordenador.

Bill Gates: Exacto.

Steve Jobs: Sin embargo, todos están obligados a pasar por ese pequeño aro que se llama Microsoft.

Bill Gates: ¡Es un aro muy grande! [Risas].

Steve Jobs: Pero pasan por una única empresa.

Bill Gates: ¿Estás diciendo que hay algún defecto en nuestra popularidad? Mi planteamiento ha sido el mismo desde el principio: crear el estándar del sector. Nada ha cambiado.

FORTUNE: ¿Qué opinan de la reciente decisión de Apple e IBM de colaborar en los programas?

BILL GATES: Es sorprendente.

STEVE JOBS: Nosotros no lo terminamos de entender.

BILL GATES: Me pregunto en qué sale ganando Apple. ¿Con qué contribuye IBM? ¿Con su nombre? Cualquiera diría que Apple está en apuros...

STEVE JOBS: En mi opinión, IBM debe replantearse si puede sobrevivir vendiendo lo mismo que se puede comprar en otro sitio un 30% más caro que su competencia. A lo mejor les falta valor añadido. Para que una máquina sea única hace falta un programa único.

BILL GATES: ¡Lo mismo decía yo en los años 70! [Risas]. Otra cosa que no entiendo es por qué si IBM ya ha comprado una licencia de tu NeXTSTEP, salen al encuentro de Apple en lugar de capitalizar su propia licencia.

STEVE JOBS: No voy a contestar a eso. Debo ser prudente. No quiero molestar a nadie en IBM.

BILL GATES: Eso es precisamente lo que queremos nosotros. [Risas].

STEVE JOBS: Hace algunos años, alguien de IBM vio en NeXT el diamante que podría resolver su principal problema pero en IBM trabajan muchas personas. En estos momentos, el diamante se ha caído al lodo y ahora está sobre la mesa de alguien que cree que es un grano de arena.

Jobs intuía el fin de NeXT y prefería ser más conservador en sus declaraciones. Canon era el único socio que continuaba inyectando capital en la sociedad, y fundamentalmente lo hacía por evitar tener que dar por perdida la inversión inicial. En la clasificación de los más ricos de EE.UU. de la revista *Forbes* en 1992, el nombre de Steve Jobs había desaparecido.

Uno de los ejecutivos más perseverantes de NeXT era un inglés llamado Peter van Cuylenburg. Jobs le había contratado para que se encargase de la promoción. Mes tras mes, los diversos vicepresidentes de la compañía habían ido presentando su dimisión pero Van Cuylenburg no perdía la moral. Jobs entendía que había «puesto bajo presión a la empresa y no todos estaban preparados ni dispuestos a aceptarlo. De todos modos, en NeXT había demasiados vicepresidentes»[9].

Sin embargo, mientras daba lecciones bajaba la guardia hasta ignorar que sería él quien acabaría recibiendo una. Un buen día, Scott McNealy, el consejero delegado de Sun, recibió una llamada de Van Cuylenburg, que le propuso un trato secreto. Se ponía a su servicio para que Sun comprase NeXT y así desalojar a Jobs dándole vía libre para ponerse al frente de la sociedad. McNealy, un hombre cuya integridad era conocida, llamó enseguida a Jobs para contarle la traición de su número dos[10]. Steve Jobs trató de encajar como pudo el golpe de que, sin darse cuenta, había vuelto a tropezar en la misma piedra y había contratado a un nuevo Sculley.

Finalmente el 10 de febrero de 1996 Jobs se vio obligado a anunciar lo que nunca hubiera deseado: NeXT cerraba su planta de producción. Sólo se habían fabricado 50.000 máquinas con una inversión que superaba los 250 millones de dólares. La japonesa Canon, propietaria del 18% de NeXT, se vio obligada a contabilizar la operación en pérdidas. 300 personas (de un total de 540) se quedaron sin empleo.

Los bienes de NeXT (hileras de discos ópticos, pantallas planas, chips de todo tipo) fueron subastados. Los interesados en comprar los componentes eran en parte empresas dispuestas a reciclarlos en otras máquinas y en parte compañías interesadas en los metales que podían extraer de ellos. El resto fue a parar a un desguace.

170

Jobs encajaba una derrota tan amarga como su salida de Apple en septiembre de 1985. El golpe había sido colosal y de nuevo se quedó sin poder de reacción (al menos durante un tiempo). Por segunda vez en su existencia, mordía el polvo aunque en esta ocasión no era un consejo de administración quien le había señalado la puerta de salida sino que su rechazo provenía del público y, en consecuencia, era mucho más doloroso. La revancha soñada no se había cumplido.

La resurrección | 12

Acaba de sufrir una indigesta y nauseabunda derrota que únicamente le permitía ser la estrella del pasado: algunas líneas en los libros de historia, puede que incluso dentro de un párrafo dedicado al sorprendente éxito de Bill Gates. Aunque peor sería hacerlo como alusión dentro de una entrada dedicada a John Sculley en un diccionario biográfico, una entrada que podría glosar cómo el consejero delegado había reunido el coraje para librarse de un iconoclasta llamado Steve Jobs justo a tiempo de salvar Apple.

¿Qué le quedaba? ¿Pactar con IBM? ¿Con Bill Gates? ¿Admitir la derrota y poner la otra mejilla? Jobs no era así. Sentado en su despacho, analizó todas las posibilidades. Sus principales socios habían abandonado el barco, Ross Perot había intentado salvar lo insalvable y había desistido. Canon lloraba sobre los millones de yenes volatilizados. La estación NeXT no era más que un recuerdo y, sin embargo, no todo estaba perdido, ni mucho menos. Tantos años de trabajo no habían sido en vano porque mientras quedara un solo combatiente en pie, la guerra no había terminado. Y ese soldado era un general con munición a su disposición: una bomba llamada NeXTSTEP.

El principal argumento de compra para adquirir un ordenador NeXT era su excepcional sistema operativo, el Rolls Royce de los interfaces gráficos, un programa concebido para optimizar los procesos y sacar el máximo provecho a las aplicaciones y al que Microsoft jamás había sido capaz de acercarse.

NeXTSTEP era perfecto, fluido, casi mágico. Usarlo para la creación de aplicaciones era como tocar un Stradivarius de verdad. Los laboratorios que lo habían probado no daban crédito a un programa que era capaz de desbancar o incluso aniquilar sin miramientos a todos sus competidores. Windows, en comparación, parecía una chapuza, un bailarín borracho, cojo y torpe. NeXTSTEP era la herramienta para ganar una segunda oportunidad a la empresa. La perla estaba ahí y todos los que la conocían podían atestiguarlo. Al diablo con el soporte físico; el caballero NeXT empuñaría la espada del soporte lógico en su gesta.

La nueva misión de Jobs estaba clara: imponer la joya de la corona de la casa en todas las pantallas de nuestro planeta. Seguía embarcado en su particular cruzada para hacer del mundo un lugar más bello, en el que la estética y el buen gusto se impusieran. ¡La era NeXTSTEP había empezado! «Y Jobs dijo: hágase el siguiente paso».

En febrero de 1993, anunció que su nueva lucha se articularía alrededor de NeXTSTEP, con el fin de implantar el sistema operativo en todo lo que se pareciese más o menos a un ordenador, empezando por los omnipresentes PC. El estudio CKS Partners le ayudó a definir la nueva estrategia tras una exhaustiva encuesta con los responsables informáticos de las 500 empresas americanas más grandes. La conclusión era que, en su mayoría, desconocían las posibilidades del sistema. Por el contrario, sus trabajadores más avezados, los informáticos más forofos, conocían de la existencia de NeXTSTEP y sabían que facilitaba enormemente las tareas de programación. Alguno incluso insinuaba que tenían el mejor producto nunca visto «pero no lo sabéis. Peor aún, ni siquiera nos lo intentáis vender». Jobs recuerda que «las empresas venían a llamarnos panda de imbéciles porque no habíamos entendido nada».

«Nuestra misión principal es establecer NeXTSTEP como un entorno líder en los 90» era el mensaje que intentaba transmitir a diestro y siniestro. NeXTSTEP era la solución soñada de las empresas y no sólo iba a permitirles ahorrar mucho dinero sino que les haría ganarlo. Uno de los argumentos que Jobs defendía constantemente era que, con NeXTSTEP, tres personas podían conseguir lo mismo que 200 con Microsoft[1].

En junio de 1993, NeXTSTEP inició la conquista con su introducción en los equipos que llevaban la nueva generación de procesadores Intel (la familia 486) pero el panorama no era especialmente alentador y la travesía del desierto se adivinaba larga. Ni un solo fabricante de PC se planteaba adoptar NeXTSTEP como sustituto o incluso complemento del mediocre Windows. Jobs buscaba convencer especialmente a Hewlett-Packard, Sun y otros grandes del sector pero su sistema de vanguardia no conseguía persuadir a los fabricantes, en guardia frente a lo que Steve podía contarles.

En octubre de 1993, el periodista Joseph Nocera de *Gentlemen's Quarterly* resumía el ambiente general en un artículo donde se autoflagelaba por haberse dejado engañar por el carisma de Jobs. «Como tantos otros, durante mucho tiempo me dejé hipnotizar por Jobs. Sabía exactamente de qué hilos tirar. Creó NeXT con una fe inquebrantable en sus propios comunicados de prensa, pasando por alto constantemente sus errores y exagerando los supuestos éxitos».

Y mientras, Pixar volvía a generarle preocupaciones tras el periodo de tranquilidad alcanzado después del acuerdo con Disney. El 17 de noviembre de 1993, Jeffrey Katzenberg dio media vuelta y anunció que su compañía anulaba el acuerdo para la producción de *Toy Story* por discrepancias con el guión. En pleno ataque de pánico, John Lasseter cogió el toro por los cuernos y mandó revisarlo de arriba abajo y fruto de esa segunda versión salió la idea de la rivalidad entre los dos juguetes protagonistas: Woody, el vaquero a la antigua que hasta entonces había sido el jefe indiscutible, y Buzz Lightyear, el flamante astronauta recién llegado que representaba la modernidad, la alta tecnología y que se impondría sin dificultad como el nuevo líder en detrimento de Woody. Como en cualquier película de la casa, el enfrentamiento acabaría dando paso a una sincera amistad frente al peligro común. Katzenberg se dejó seducir por el nuevo argumento y *Toy Story* se salvó en el último momento.

Al mismo tiempo, el equipo de NeXTSTEP de desvivía para mejorar su sistema operativo y Jobs no dejaba de predicar la buena nueva y de alabar los méritos del programa. Aunque algunas empresas se dejaron tentar por su discurso, la situación global era bien distinta. Microsoft triunfaba con su tambaleante Windows y su dominio parecía casi irreversible.

A la larga, Steve pareció aceptar la derrota y poco a poco fue dejando de presentarse en NeXT. En 1994 decidió concentrar sus esfuerzos en la otra empresa cuyo destino estaba en sus manos: Pixar. Con el transcurso de los años, había inyectado millones de dólares en Pixar y aunque más de una vez se había sentido tentado de vender el estudio de animación, seguía siendo el propietario. «Si en 1986 hubiera sabido cuánto iba a costarme mantener Pixar activo, no creo que la hubiera comprado», admitió. «Durante varios años, el coste de los ordenadores necesarios para producir una animación comercializable era altísimo y no bajó lo suficiente como para poder justificar un negocio así hasta los últimos años»[2].

Antes de iniciar el proyecto *Toy Story* en 1991, Pixar únicamente contaba con doce empleados, de los que John Lasseter era el único animador digno de ese nombre. Para realizar la película, el personal ascendió a 110 personas, una sexta parte del personal que Disney destinaba a cada película de animación.

Según Jobs, la relación con Disney marchaba muy bien o, por lo menos, así lo dejaba entender en público. «Es lógico pensar que hay algo de cierto en la reputación de Disney de ser una empresa dura en los negocios pero nosotros no lo hemos vivido así. Hemos descubierto que compartimos los mismos valores. También creemos que cuando uno produce una historia o una película de la mejor calidad posible, lo demás viene por sí solo y eso es precisamente lo que ha ocurrido»[3].

Aun así, en agosto de 1995 quienes vieron a Steve Jobs en la feria Sigraph debieron de pensar que el fundador de Apple era un héroe cuyo mejor momento claramente era cosa del pasado por su aspecto deslucido. Un artículo de C|Net resumía el sentimiento hacia Jobs. «Se ha sumido en la oscuridad. Cada vez le llaman más para hablar de los viejos tiempos en Apple y por eso concede menos entrevistas. Incluso se ha negado a hablar de Apple»[4].

Varios meses después, contra todo pronóstico, Jobs renacería de la manera más inesperada posible. El estreno de *Toy Story*, el 19 de noviembre de 1995, fue todo un éxito de taquilla, con 39 millones de dólares recaudados el primer fin de semana. Diez días después, siguiendo un guión hábilmente calculado, Steve Jobs lanzó Pixar a Bolsa situando el precio por acción en un rango muy elevado, en contra de la opinión de los especialistas financieros que supervisaban la operación. La jugada le salió bien y las acciones pasaron de 22 a 49 dólares. Durante la jornada de apertura, el volumen de compra alcanzó los 152 millones de dólares. El 70% de las acciones que aún conservaba Jobs se transformaron en oro y, de la noche a la mañana, volvió a ser multimillonario. Abandonado durante mucho tiempo por los medios de comunicación, Jobs volvió a ocupar las portadas de las revistas. El 19 de diciembre de 1995, *Toy Story* rompía el techo de recaudación en taquilla de los cien millones de dólares.

El viento empezaba a soplar a su favor y, sin hacerse esperar, Jobs descolgó el teléfono para pedir una reunión con Disney y renegociar el contrato de Pixar. Desde aquel momento, Pixar y Disney compartirían los beneficios al 50% o, de lo contrario, vendería los servicios de Lasseter y los suyos a la competencia de Disney tan pronto como Pixar hubiese cumplido con las tres películas a las que estaba obligada según el contrato. Michael Eisner, presidente de Disney, no tuvo más remedio que claudicar[5].

Mientras tanto, a Apple le iba peor que nunca. El fabricante había visto su cuota de mercado fundirse como la nieve, pasando del 12% a principios de los 80 a poco más del 4%. La tendencia se había llevado por delante a Sculley en 1993 cuando el consejo de administración le había despedido por falta de resultados convincentes. Muchos analistas económicos predecían el inminente final de la sociedad.

En abril de 1995, Jobs acudió como invitado al Instituto Smithsonian y tuvo unas palabras duras para Sculley, dejando ver que el rencor no se había desvanecido con el paso de los años. «Lo que ha arruinado a Apple son los valores. John Sculley ha arruinado Apple privilegiándose de unos valores corruptos. Corrompió a varios directivos de la casa, trajo a personas más corruptas todavía y les pagó decenas de millones de dólares. Se ha preocupado más por su gloria y su riqueza que por lo que había levantado a Apple en primer lugar, la fabricación de ordenadores estupendos para la gente».

En diciembre de 1995, Jobs llegó a plantearse volver a dirigir Apple y, durante unas vacaciones en Hawai con su amigo Larry Ellison (propietario de Oracle), maquinó la posibilidad de hacerse con el control de la compañía de la manzana. Juntos convencieron a varios inversores y recaudaron la suma potencial de 3.000 millones de dólares para lanzar un ataque en toda regla pero Jobs se echó atrás en el último momento, como contaría más adelante Ellison en el *New York Times*[6]. «No me iban las tomas hostiles del poder», le confesó Jobs a Larry Ellison. «Si me hubieran pedido volver, la cosa habría sido diferente». Ellison añadió que «Steve es el único que puede salvar Apple. Lo hemos hablado muy en serio muchas veces y en cuanto esté dispuesto a hacerlo, yo le ayudaré. Puedo recaudar el dinero necesario en cuestión de una semana».

Había que dar tiempo al tiempo. En febrero de 1996, Steve Jobs concedió una entrevista a la revista *Wired* en la que parecía haber perdido parte de la esperanza de antaño sobre la capacidad de la informática para cambiar el mundo.

WIRED: El Macintosh marcó tendencias durante diez años. ¿Ha tomado el relevo Internet?

STEVE JOBS: La industria informática está muerta. La innovación se ha paralizado prácticamente. Microsoft domina y no innova casi nada. Es el fin. Apple ha perdido. El mercado informático de las oficinas ha entrado en una era sombría que puede durar diez años o, por lo menos, hasta el final de la década. Tarde o temprano, Microsoft se desvinculará de su suficiencia y tal vez aparezca algo nuevo. Pero hasta ese momento, salvo que se produzca una ruptura tecnológica, el juego está acabado.

WIRED: ¿Cuál es el cambio más sorprendente que ha traído Internet?

STEVE JOBS: Me he hecho viejo, ya tengo cuarenta años. No creo que vaya a cambiar el mundo en absoluto.

Varios meses después, Jobs aparecía en un documental televisado que repasaba la historia de la informática y se ensañaba con Bill Gates. «El problema de Microsoft es que no tienen gusto. Y estoy midiendo mis palabras. Lo digo alto y claro. No tienen ideas originales, simplemente aportan un poco de su cultura a los productos. Su éxito no me molesta. En lo fundamental, se lo merecen. Lo que me apena es que hagan productos de mala calidad». En el momento de la emisión del documental, Jobs se avergonzó de sus palabras y descolgó el teléfono para llamar a Bill Gates y pedirle excusas. «Bill, pienso cada palabra pero no debería haberlas dicho en público».

Si hacía falta una señal de la importancia de Jobs desde *Toy Story*, ésta llegó en agosto de 1996, cuando la casita de ladrillo rojo donde vivían Steve y Laurene Jobs con mobiliario minimalista de madera recibió a dos invitados de alto nivel: el presidente Bill Clinton y su esposa, Hillary. Una docena de directivos de Silicon Valley, incluido John Lasseter, asistieron a la cena en compañía de la pareja presidencial[7].

Jobs estaba considerando la posibilidad de sacar NeXT a Bolsa y, para eso, contrató a los expertos de Goldman Sachs, que le llamaron la atención sobre el hecho de que en los documentos financieros quedaría claro que Jobs pasaba mucho más tiempo en Pixar que en NeXT y que tenía pensado seguir haciéndolo. A falta de ese paso, se le ocurrió una alternativa. ¿Y si vendía NeXT?

Cuarta vida:
El apogeo

La vuelta a Apple 13

A mediados de los 90 Apple perdía millones de dólares. La imagen hasta entonces cristalina de la marca se había visto empañada con la salida de una gama de ordenadores económicos, los Performa, cuya calidad dejaba mucho que desear, más en una marca que se preciaba de vender únicamente lo mejor. Además, la sociedad de Cupertino tenía problemas con la gestión de existencias y era incapaz de responder con la celeridad necesaria a los pedidos. Finalmente el sistema operativo de la casa, el Mac OS, parecía haber alcanzado el límite de sus capacidades. Michael Spindler, que dirigía Apple desde la salida de John Sculley, había intentado buscar una salida para la compañía acercándose a IBM para alcanzar un acuerdo de colaboración pero, ante el fracaso de su estrategia, luchó por vender Apple a Sun y Philips, que en aquel momento estaban negociando para fusionarse. La negativa de la primera motivó el despido de Spindler.

Preguntado por los sinsabores de Apple en una entrevista en *Fortune*[1], Steve Jobs confesó que tenía un plan para salvar Apple. «No puedo decirle más pero se trata del producto perfecto y la estrategia perfecta. En Apple no me quieren escuchar».

Gilbert Amelio, un reputado investigador que había sido director general del fabricante de chips National Semiconductor, fue nombrado máximo responsable de Apple el 31 de enero de 1996. Amelio se había ganado su reputación gracias a su gestión de National Semiconductor a la que gracias a un plan de recorte de gastos había transformado de una empresa en pérdidas en uno de los líderes del mercado. Su libro, *Profit from expe-*

rience, en el que relataba cómo había logrado en tres años la espectacular recuperación le había otorgado cierta notoriedad.

Intentando replicar el éxito anterior y con el fin de recortar gastos en Apple, Amelio despidió a 2.800 empleados pero la reestructuración únicamente contribuyó a hundir más todavía las cuentas de Apple. En un encuentro con otros empresarios, el nuevo consejero delegado explicaba su tarea al frente de Apple. «Nuestra empresa es un barco con una vía de agua en el que cada uno rema en direcciones diferentes y eso hace que el barco se estanque. Afortunadamente, dentro tenemos un tesoro y mi trabajo es conseguir que todos remen en la misma dirección para salvarlo»[2]. «¿Y qué harás con el agujero?», quiso saber uno de sus interlocutores.

Para contener la vía, Amelio contrató a varios directivos procedentes de National Semiconductor. Una de ellas era Ellen Hancock, que había trabajado anteriormente en IBM, quien se responsabilizó de la tecnología. Sin embargo, su experiencia en el mercado de los ordenadores personales era muy limitada y se mostraba incapaz de evitar que las ventas siguiesen cayendo.

A nivel interno, los desarrolladores de Apple estaban probando el nuevo sistema operativo para el Macintosh cuyo nombre de proyecto era Copland aunque los primeros tests dejaban claro que no estaba a la altura. Más adelante, Amelio lo describiría en términos poco elogiosos. «Copland no era más que una colección de trozos distintos, cada uno desarrollado por un equipo diferente. Parecía cómo si todos esperasen que el conjunto fuese a funcionar como por arte de magia».

En julio de 1996, Gilbert Amelio y Ellen Hancock anularon el proyecto y su primera intención fue buscar fuera un nuevo sistema operativo para sus ordenadores. Barajaron comprárselo a Sun, Microsoft o Be, la empresa que dirigía Jean-Louis Gassée, ex director de Apple Francia y antiguo lugarteniente de John Sculley. Necesitaban tomar una decisión con rapidez pues los planes de Amelio pasaban por un anuncio de la nueva estrategia de Apple en el Macworld de enero de 1997.

Cuando Jobs se enteró de que Apple estaba buscando un sistema nuevo, decidió atrapar la oportunidad al vuelo y llamó a Gilbert Amelio pero, como estaba de viaje, dejó un mensaje a Ellen Hancock. Para su gran asombro, Hancock le devolvió la llamada en el acto[3] y durante la conversación intercambiaron puntos de vista sobre la situación de Apple. Jobs insinuó que no le entusiasmaba Be y que su sistema operativo era inadecuado para Apple[4] e insistió en ver a Amelio en cuanto regresara.

El 2 de diciembre de 1996, Steve Jobs se dirigió a Cupertino, donde fue recibido por Gilbert Amelio y dos asesores en medio de cierta conmoción. Era la primera vez que volvía a poner los pies en la empresa desde su salida en 1985 y se emocionó al descubrir cuánto habían cambiado los edificios. En la sala de conferencias puso a NeXTSTEP por las nubes. Sin duda, era la elección obligada para Apple porque, aparte de su fantástica interfaz, disponía de unas herramientas de desarrollo sin igual. De paso, expuso la estrategia de futuro en la que llevaba tiempo reflexionando. Parecía como si de pronto hubiese recuperado su elocuencia, su poder de persuasión, su capacidad para entusiasmar a un auditorio.

El 9 y 10 de diciembre, cuatro empresas (Be OS, OS2 de IBM, Solaris de Sun y NeXTSTEP) se reunieron en el hotel Garden Court de Palo Alto para realizar una demostración de sus sistemas operativos en presencia de Amelio y siete altos directivos de Apple. El representante de NeXTSTEP era el propio Steve Jobs. En su presentación explicó que el sistema de NeXT llevaba varios años de adelanto a la competencia y que su consejo a Apple no era que comprara la licencia del sistema sino que adquiriese la empresa en su conjunto, incluidos sus ingenieros especializados. Los directivos pensaron que, si adquirían NeXTSTEP, podrían contar con el asesoramiento visionario de Jobs.

Los acontecimientos se precipitaron vertiginosamente y, el 20 de diciembre, el presidente de Apple anunció la compra de NeXT Software por 400 millones de dólares en un acuerdo que incluía una oferta a Jobs como asesor a tiempo parcial en Apple y el traspaso de 1,5 millones de acciones a las manos de Jobs. En su libro *On the firing line*, Gilbert Amelio cuenta que Jobs quiso cobrar en efectivo, no recibir acciones de Apple, pero el consejero delegado insistió en que recuperara un paquete de acciones para que se sintiera «implicado en el juego». Después de una década en el exilio, el hijo pródigo volvía a casa. «La decisión de Apple ha sido correcta y me quito el sombrero ante Amelio», reconoció Jean-Louis Gassée. «En un primer momento no me hizo mucha gracia pero BeOS ya se ha recuperado. Por encima de todo, Apple ha comprado un visionario y su equipo. Jobs ha sido capaz de atraer a Apple a gente como Avie Tevanian o Bertrand Serlet. Además contaba con su saber hacer y la legitimidad histórica».

Mientras tanto, Amelio dejó claro a la inmensa comunidad de fieles de la marca que había llegado el momento de reconciliarse con el creador de Apple en un momento, principios de 1997, en el que se había visto obligado a comunicar a los inversores que las ventas de la empresa habían caído un 30% en el último trimestre y que las pérdidas superaban los cien millones de dólares. Por su parte, Steve Jobs le ofreció un apoyo matizado. «Estoy aquí para dar los mejores consejos posibles. Lo seguiré haciendo hasta que deje de escucharme o me pida que me marche»[5].

El 7 de enero, los dos hombres subieron juntos al escenario de Macworld, en San Francisco, para alabar los méritos de su acuerdo. Incómodo y perdido en sus notas, Amelio se lanzó a pronunciar un lamentable discurso que parecía no tener pies ni cabeza. Jobs, sin embargo, se esforzó en demostrar que NeXTSTEP era la poción mágica que necesitaba Apple.

Steve Lohr, periodista del *New York Times* que estaba preparando un artículo, acompañaba a Jobs una mañana de enero, mientras se dirigía a Cupertino al volante de su Porsche[6]. El peculiar chófer empezó anunciando que no tenía ninguna intención de hablar de Apple pero no pudo evitar desahogarse sobre la empresa que había fundado. Lohr observó con cuánta emoción regresaba a los lugares donde se había desarrollado una etapa fundamental de su existencia. «Es como el primer amor adulto, algo que seguirá siendo importante, independientemente de cómo acabe». A medida que iba explayándose, dejó entender que Apple tenía que reinventarse y recuperar su aura de innovación. A los 41 años, había dejado de ser aquel rebelde alocado que había dirigido el equipo de Macintosh a principios de los 80 e insistía en que venía para aportar a Apple muchas experiencias y cicatrices.

Jobs describía su nuevo trabajo de asesor como una pasión, la búsqueda de un fin que valía la pena. Sus amigos ya le habían recordado «la necesidad de hacer algo grande» y él explicaba su regreso diciendo que «volver a Apple responde a los mismos motivos espirituales que me llevaron a lanzar NeXT».

Jobs se reunió con Amelio en varias ocasiones para exponerle su opinión sobre qué hacer para enderezar el rumbo de Apple. Para su sorpresa se topó con la resistencia interna de Ellen Hancock (algo que no había previsto), que tenía muy claro que Apple debía dar marcha atrás y adoptar el sistema Solaris de Sun[7]. Sin embargo, Amelio se puso del lado de Jobs y redujo las funciones de Hancock.

El 4 de febrero se anunció una remodelación de Apple con la incorporación de varias de las figuras clave de NeXT. Avie Tevanian, el ingeniero jefe de la empresa, fue ascendido a la dirección del departamento de programas (en el que contaría con la ayuda de Bertrand Serlet, incorporado hacía poco) y se le asignó un proyecto de máxima prioridad: el desarrollo de Rhapsody (que sería lanzado como el Mac OS X). Jon Rubinstein, que había dirigido la división física de NeXT cuando el ordenador estaba en el mercado, fue ascendido a la gerencia de ingeniería.

Una de las primeras propuestas de Jobs fue reducir la gama de Apple a unas pocas series estrella. De forma más bien poco casual, la primera línea en ser purgada fue el Newton, un ordenador de bolsillo que había lanzado John Sculley. Amelio estaba al tanto de que el producto no era indispensable en el catálogo de Apple.

El 3 de marzo, la revista *Fortune* publicó un artículo titulado *Something's rotten in Cupertino* [Algo huele a podrido en Cupertino, paráfrasis del *Hamlet* de Shakespeare], en el que su autor, Brent Schlendler, se mostraba muy crítico con Amelio y adoptaba una postura desmesuradamente a favor de Jobs. Schlendler, famoso por su amistad con grandes nombres del campo de la tecnología, hablaba en su artículo de los veinte millones de usuarios fieles y desamparados del Macintosh, de los 13.000 «traumatizados» empleados de la empresa y de los 30.000 accionistas infortunados pero, sobre todo, se centraba en las confabulaciones que se estaban desarrollando entre bastidores. «La lucha de poder que se está librando en los locales de Apple en Cupertino (California) sobre quién dirige en realidad la empresa, podría poner patas arriba la compañía. Ironías de la vida, la razón de este folletín es resultado de lo que Amelio considera su golpe maestro: la compra de NeXT por 400 millones de dólares y la contratación de Jobs como asesor de Apple».

«Su gran golpe empieza a parecerse a una toma de Apple por parte de NeXT. Poco importa que sus ingresos frente a los de Apple hayan sido insignificantes. Jobs, el alma negra de Silicon Valley, se ha superado y, no contento con haber recibido cien millones de dólares y 1,5 millones de acciones de Apple, ha dejado su huella en toda la remodelación y en la estrategia de Amelio. Todo ello a pesar de no estar presente en el consejo de administración y ni siquiera poseer una función operativa claramente definida».

«Muchos empleados confían en que Jobs y su compinche Larry Ellison han venido a salvarles porque, tras la ruptura de las negociaciones para la fusión de Apple con Sun y Philips, Jobs y Ellison se plantearon tomar Apple por la fuerza. Según Ellison, sin embargo, Steve ha seguido adelante a regañadientes, ya que no era su intención regresar a Apple a jornada completa justo en el momento en el que Pixar empezaba a divertirle».

«Ellison explica que su plan incluye la producción de un Mac súper económico y la venta de redes de aparatos a los colegios, las pymes y los consumidores. Jobs ha declarado que no quiere volver a dirigir Apple. ¿Qué pensar, entonces, de lo que ha hecho en las pocas semanas que han seguido a la compra de NeXT? Su próspero amigo Ellison ha asegurado que apoyaría económicamente la toma de poder de Jobs y éste ha dado un golpe de mano sustituyendo a Ellen Hancock por dos veteranos de NeXT».

«Si las cosas no mejoran, Jobs podría verse tentado a actuar con más contundencia. Ellison considera que sólo tienen un 30% de probabilidades de hacerse con el control de Apple. "La decisión es de Steve. Yo no lo voy a hacer sin él. ¿Quién sabe? A lo mejor a Steve no le apetece volver a casarse con su antigua novia [Apple], aunque podría verse tentado de salvarle la vida"».

El artículo de Schlendler era bastante premonitorio. Al final de la primavera, los resultados de Apple seguían cayendo y, en el primer trimestre de 1997, Apple presentó nuevas pérdidas por un total de 708 millones de dólares, un récord en su sector. A la luz de esos resultados, Jobs vendió todas las acciones de Apple menos una y su movimiento provocó nuevas caídas. «Es cierto que vendí mis acciones. Había perdido la esperanza en que el consejo de administración de Apple pudiera hacer algo. No pensaba que el precio volviera a subir», admitiría Jobs después a la revista *Time*.

El 9 de julio de 1997, el consejo de administración de Apple obligó a Gilbert Amelio a presentar su dimisión de la presidencia pero sin un acuerdo para nombrar a un sucesor. De forma interina, Fred Anderson, director financiero de Apple, se encargaría de la gestión del día a día hasta que encontrasen a alguien con la entidad necesaria.

A falta de un líder de consenso, Jobs se impuso como el hombre del momento y aceptó la posibilidad de desempeñar provisionalmente el cargo de presidente. Hizo entrar en el consejo a varios conocidos suyos, entre ellos su amigo Larry Ellison (máximo accionista de Oracle), Bill Campbell (presidente del desarrollador de programas Intuit) y Jerry York (antiguo director financiero de Chrysler). También le ofreció un puesto de consejero a su viejo amigo Steve Wozniak. Dos fieles de la etapa NeXT pasaron a ocupar puestos clave de Apple: Mitch Mandich, que se convirtió en el responsable de ventas, y Phil Schiller, a cargo del márketing mundial.

Al llegar a los cuarenta, Jobs había renunciado a su rebeldía y ya no creía que el mundo se pudiera cambiar sólo con la tecnología; había aprendido que la política y los negocios también eran importantes. Se trataba de salvar a Apple y para eso se resignó, muy a su pesar, a una idea hasta entonces inconcebible. Discretamente, tramó hacer las paces con Bill Gates y Microsoft mientras Amelio estaba todavía en su puesto.

No había duda de que la situación era crítica. Como después saldría a la luz en el intercambio de correos electrónicos entre Bill Gates y uno de sus subordinados (Ben Waldman), en junio de 1997 Microsoft se había planteado abandonar el desarrollo de la versión de Office[8] para Mac. La empresa de Bill Gates intentaba imponer por todos los medios su navegador Internet Explorer en detrimento de Netscape, el recién llegado que lideraba el mercado. En su respuesta a un mensaje de Gates, Waldman sugería que «la amenaza de anular Office para Mac 97 es la mayor arma de negociación con la que contamos porque haría mucho daño a Apple. Y sospecho que Apple nos tomaría muy en serio».

De hecho, si Microsoft anulaba aquel producto tan valorado por las empresas, las ventas del Mac en el mundo profesional se llevarían un importante varapalo. Sin embargo, en el mensaje de varias páginas, Waldman defendía la causa de mantener la versión de Office para Mac. Gates aceptó conservar el desarrollo pero se le ocurrió asestar un golpe todavía mayor: se ofrecía a adquirir el 6% de Apple a cambio de imponer Internet Explorer en los Mac. Arrinconado ante una propuesta tan difícil de encajar, Jobs aceptó tenerla en cuenta pero Michael Dell, presidente y fundador de la marca de su mismo nombre, se permitió un comentario mordaz. «Sería mejor que Apple cerrara las puertas y devolviera el dinero a los accionistas». Ofendido, Jobs le contestó que «se supone que los presidentes tienen clase. Veo que Michael Dell no comparte esa opinión».

Stewart Alsop II, editor de una revista especializada de tecnología y socio de una firma de capital riesgo con intereses en el mundo de la informática, tampoco fue muy amable con Apple en una columna para *Fortune*[9]. «Hace falta mucho tiempo para poder acabar con una empresa que genera 11.000 millones de dólares al año. Sin embargo, Apple ya ha bajado a los 8.000 millones y no la doy más de tres años, antes del milenio, para morder el polvo».

Apple confiaba en la visionaria audacia de Jobs para relanzar las ventas y éste, que todavía no se había dado por vencido, mantenía su esperanza en el futuro: «Tenemos la oportunidad de adelantarnos a Microsoft y el resto de compañías, y dar el próximo gran paso en términos de tecnología».

Antes de pasar a la acción, Jobs mantuvo una serie de reuniones para pasar revista a toda la gama Apple, elemento por elemento, y determinar cuáles eran los activos de la empresa. Los distintos responsables de Apple pasaban por una de las salas de conferencias de Apple para presentarle con todo detalle sus productos y proyectos en curso.

Durante las entrevistas, Jobs trataba de absorber al máximo la información sobre las existencias para discernir qué proyectos merecía la pena conservar porque ofrecían una mayor rentabilidad. Jim Oliver, antiguo ayudante de Amelio y presente en estas reuniones, contaría después que Jobs escuchaba con atención y mesura a sus interlocutores evitando cualquier signo que pudiese interpretarse como una provocación[10]. Aun así, de vez en cuando no se reprimía y, con toda la razón del mundo, les reprochaba su falta de perspectiva pues parecía que no se habían dado cuenta de la urgencia de la situación.

Durante la primera reunión con uno de los equipos, Jobs escuchó sus explicaciones y al concluir, les preguntó: «Si hubiera que suprimir la mitad de vuestros productos, ¿cuáles suprimiríais?». En otras ocasiones apelaba a la imaginación de los responsables de la casa: «¿Qué haríais si la empresa no tuviese problemas de liquidez?». También dibujaba en la pizarra el descenso en los ingresos de Apple, de 12.000 a 7.000 millones de dólares, mientras explicaba que Apple podría perfectamente reportar beneficios con unos ingresos de 6.000 millones de dólares[11].

«Descubrí que Apple tenía millones de productos. Era asombroso», contó Jobs. «Empecé a preguntar a la gente por qué debía recomendar el 3400 en vez del 4400, o cuándo es más interesante un 6500 que un 7300. Después de varias semanas seguía sin verlo claro y me dije que si yo, que trabajaba en Apple con todos esos expertos que intentaban descifrarme aquel follón, estaba perdido, ¿qué debían de pensar nuestros clientes?»[12]. En las semanas siguientes, muchos directivos se quejaron del acoso telefónico de Jobs (cuando no se presentaba directamente en sus casas).

Jobs no tardó en emitir su veredicto. Su primera conclusión era sencilla: la línea de productos de Apple, con 600 referencias, se había vuelto demasiado compleja. Gilbert Amelio ya había empezado a limitarla y Steve Jobs la redujo a diez productos en total. La gama de PowerMac, demasiado extensa, se limitó a un único modelo, el G3. De paso, Jobs decidió atacar a los nuevos procesadores de IBM con una nueva generación de productos que se declinarían en forma de ordenadores de oficina y portátiles.

También cambió su política comercial. Jobs cerró las cuentas de la mayoría de los distribuidores para quedarse sólo con los más eficaces. Pionera en la materia, la sociedad se lanzó a la venta directa por Internet mediante la adquisición de Power Computing, una empresa que destacaba en ese campo.

Otra decisión crucial fue la de cerrar la puerta a los clones[13]. Desde 1995, Apple había querido seguir el ejemplo de Microsoft con Windows y había abierto su sistema operativo a otros fabricantes. Pioneer abrió el fuego en 1995 desde Japón y otros fabricantes como Power Computing no tardaron en ofrecer sus versiones capaces de funcionar bajo Mac OS 7.5. E incluso algunos como Motorola tuvieron cierto éxito; su Starmax compatible con Mac alcanzó las 40.000 unidades vendidas entre noviembre y diciembre de 1996. Por su parte, Power Computing había vendido en su primer año de vida más clones de Mac que las cifras de venta combinadas de Compaq, Dell y Gateway en su primer año. Además de los equipos puramente clónicos, algunos fabricantes como DayStar decidieron dar un paso adelante y ofrecer modelos muy originales como el multiprocesador Genesis, cuya capacidad permitía que algunos programas Mac se adaptaran especialmente para ese equipo aumentando su versatilidad.

Jobs no compartía el entusiasmo de haber abierto el mercado y consideraba que los fabricantes de clones eran el origen de la erosión de la cuota de mercado de Apple. De esta forma, toda una industria de ordenadores compatibles con Apple se vino abajo justo cuando empezaba a repuntar. Las grandes empresas como Pioneer y Motorola sufrieron el impacto de tener que asumir las inversiones realizadas, mientras que las más pequeñas como Vertegri se declararon en quiebra pocos meses después.

«Ésa ha sido una de las decisiones de Jobs más criticadas», opina Jean-Louis Gassée, «pero lo hizo porque se dio cuenta de que las licencias estaban desangrando a la empresa. El caso de Apple no tenía que ver con el de Microsoft. La compañía de Gates había sido desde sus inicios un editor de programas mientras que Apple era un fabricante de material. Y no se puede cambiar el modelo económico basado en la venta de productos por valor de 1.500 dólares a otro con precios de 100 dólares la unidad sin que los beneficios se hundan durante dos o tres años. Cuando Apple autorizó los clones, la competencia absorbió los márgenes. Cada unidad vendida por un competidor restaba 1.000 dólares de margen. Al cerrar la puerta a los clones recuperaban un margen operativo tres veces superior al de HP que, sin embargo, vende el triple de ordenadores».

La vida privada de Jobs se vio afectada por la reestructuración de Apple. «Nunca había trabajado tanto», reconocería después. «Volvía a casa a las diez de la noche y me derrumbaba en la cama. Por la mañana tenía que arrastrarme a la ducha e irme a trabajar. Todo el mérito es de mi mujer, que me dejó concentrarme en Apple en aquel momento. Me dio su apoyo y se ocupó de nuestra familia en mi ausencia»[14].

Sólo le quedaba imprimir su huella magistral en el diseño de los ordenadores, como en los viejos tiempos del primer Mac. En su análisis, uno de sus principales problemas era que los Apple se parecían demasiado a los banales PC y habían perdido el aspecto distintivo que caracterizaba al primer Macintosh. Es más, le chocaba que la empresa no dispusiera de ningún ordenador con un precio accesible al gran público; estaba convencido de que «la cura de Apple no era sólo reducir costes sino innovar a su manera para salir de la situación actual».

Durante las reuniones, Jobs entabló amistad con Jonathan Ive, un diseñador británico de 31 años que la empresa había contratado en 1992. En su opinión, el diseño obedecía únicamente a dos principios: suprimir todo lo innecesario y perseguir la serenidad total. Además Ive era muy sensible a algo que Jobs apreciaba mucho, los aspectos no cuantificables. Huelga decir que congeniaron a la perfección.

Jonathan Ive había nacido en Essex, al este de Londres. Su padre era orfebre y desde niño le había gustado fabricar objetos. Tenía la fastidiosa manía de desmontar y volver a ensamblar las radios o la televisión que estaban por su casa. Había estudiado en una escuela de artes de Londres y se sentía atraído por la concepción de las carrocerías de coches pero no se llevaba demasiado bien con sus compañeros porque eran muy extraños —«hacían "rum, rum" mientras dibujaban»—. Cuando estudiaba diseño en Newcastle, uno de sus profesores, Clive Grinyer (que luego sería diseñador para Tag Heuer, Orange o Cisco), se fijó en su alto nivel de exigencia. «Ive podía construir cien modelos para un proyecto final mientras los demás se conformaban con seis».

Concluidos sus estudios, Grinyer le ofreció asociarse a su compañero Martin Darbyshire y los tres fundaron el estudio de diseño Tangerine. En 1992, mientras concebía elementos nuevos para cuartos de baño, le asignaron la tarea de proponer ideas de portátiles para Apple. Pocos días después, el proyecto de los cuartos de baño fuera rechazado pero la empresa de Cupertino mostró interés en sus ideas y le invitaron a que se uniese a su plantilla en el cuartel general en California. Allí se incorporó al proyecto de la agenda electrónica Newton, una propuesta anterior a la Pilot de Palm.

Sin embargo, Ive se aburría tremendamente en Apple y estaba a punto de presentar su dimisión. La empresa había perdido el brillo de antaño y su distinción, los motivos que habían hecho que muchos usuarios se identificasen con la marca y se considerasen miembros de una tribu exclusiva. Sin embargo, la irrupción de Jobs llevó a la aprobación de uno de los diseños de Ive que Apple había rechazado: un ordenador con pantalla a color en plexiglás... El nuevo asesor de Apple no pudo contenerse: «¡Lo quiero!».

Jobs encontró en Ive a un creador capaz de pensar de otra manera, de producir un objeto fuera de lo común y se le pasó por la cabeza regresar al Mac de antaño con su carcasa vertical renovándolo con el uso de plásticos traslúcidos. Aunque actuaba dejándose llevar por la emoción, era consciente de que esa decisión, tarde o temprano, le enfrentaría a la incredulidad de un consejo de administración de Apple superado por los acontecimientos. ¿Cómo reconocer ante aquella cohorte de seres racionales en busca de rentabilidad garantizada que su elección se apoyaba únicamente en una intuición? Ningún estudio de mercado había dejado entrever que el público estuviera a favor de las carcasas transparentes pero Jobs lo sabía desde el instante en el que vio el primer boceto. El iMac estaba en la incubadora.

Una cosa estaba clara: el iMac se fabricaría bajo el máximo secreto porque Jobs se había propuesto acabar con las filtraciones. La prensa especializada solía estar al tanto de las novedades de Apple varios meses antes de su presentación. Para que la nueva línea de acción quedase bien clara para todos, Jobs colgó un cartel en su despacho de la propaganda utilizada en la Segunda Guerra Mundial: «*Loose lips might sink ships*» [las lenguas largas pueden hundir el barco]. Desde ese momento, la más mínima indiscreción sería castigada con un despido fulminante. Apple quedaba sumida en el culto al silencio.

Ive disponía de total libertad en la elección de los materiales, colores y formas. El diseñador británico optó por tonos ácidos y una carcasa traslúcida. «La resina traslúcida planteaba varios problemas por el volumen de producción. Era necesario garantizar que el color y el grado de transparencia fueran exactamente iguales en los primeros modelos y en los siguientes», recuerda Ive. Para perfeccionar su obra maestra, el diseñador pidió consejo a un fabricante de caramelos.

El 7 de agosto de 1997, los seguidores de Macintosh acudieron a Boston a una conferencia mundial de Apple para expresar su apoyo al hijo pródigo, el fundador que estaba de vuelta, y se llevaron un inesperado jarro de agua fría. Extrañamente, Jobs no parecía estar a gusto sobre el escenario. Empezó explicando que había que frenar la caída del volumen de negocio, que había pasado de 11.000 millones de dólares en 1995 a 7.000 millones. Gesticulaba torpemente mientras hablaba y caminaba a la vez e incluso a mitad de una frase interrumpió su discurso como si fuese un novato para beber un trago de agua.

En realidad, estaba preparando a los asistentes para lo que vendría después. «Las relaciones destructivas no ayudan a nadie. Estas últimas semanas nos hemos planteado varios acercamientos y ha destacado una empresa con la que no siempre hemos tenido buenas relaciones. Sin embargo, creo que existe un potencial positivo para ambas». En ese momento, el logotipo de Microsoft apareció en pantalla. Parte de la sala aplaudió mientras que la otra estalló en gritos de espanto. ¿Cómo se le ocurría hacer las paces con su enemigo histórico?

Jobs continuó a duras penas. «En realidad, las conversaciones se iniciaron a propósito de varias patentes...». En aquel momento se oyeron risas en la sala y Jobs, por primera vez, esbozó una sonrisa cómplice. «Me enorgullece que hayamos conseguido resolver nuestras diferencias de una forma muy profesional». A continuación anunció que la disputa sobre las patentes había terminado y que, a cambio, Microsoft colaboraría con Apple comprometiéndose a desarrollar versiones de Office para Mac. Cuando Jobs anunció que el Internet Explorer de Microsoft se convertiría en el navegador de los Mac, una ola de ira y hostilidad barrió la sala. Tras los abucheos, enseguida recuperó el control de la situación. «Pero como nosotros creemos en las virtudes de la libre elección... [más risas], vamos a ofrecer otros navegadores con el Mac y para que aquellos usuarios que lo deseen, puedan cambiarlos sin problema».

Para terminar, Jobs anunció lo más importante: Microsoft invertiría 150 millones de dólares en acciones de Apple con el compromiso de no venderlas durante un periodo mínimo de tres años. Aquella noticia, tan satisfactoria para Apple, llenó de decepción los rostros de muchos incondicionales de la marca. Acto seguido, llamó al escenario a un «invitado muy especial» que se uniría a ellos mediante una conexión vía satélite. Con una gran sonrisa y aspecto sereno, Bill Gates apareció en directo en la pantalla. Su cara gigante empequeñecía el cuerpo delgado de Jobs en una diferencia de proporciones que parecía evocar el dominio de Windows.

Una ola de abucheos tronó al aparecer Bill Gates y su rostro cambió de un aspecto jovial a un gesto que ocultaba difícilmente su irritación. Jobs tuvo que emplearse a fondo y desplegar sus poderes de persuasión para provocar un tímido aplauso en el público. Gates recordó que «algunos de los trabajos más apasionantes que he realizado en mi carrera han sido con Steve para el Macintosh», en referencia al lanzamiento del Mac y Excel, y resaltó las calidades del nuevo Office para Mac. La fuerza de convicción de Gates era tan grande que la audiencia le aplaudió en varias ocasiones.

Jobs puso fin a su intervención con varias frases muy sensatas. «Tenemos que desechar algunas ideas, como la de que para que Apple gane, Microsoft tiene que perder. Para que Apple gane, tiene que hacer un trabajo excelente. Necesitamos toda la ayuda posible pero si nos equivocamos somos los únicos responsables de nuestro error. La época de la rivalidad entre Apple y Microsoft está acabada por mi parte».

Jobs insistió en la necesidad de aumentar la cooperación entre los dos gigantes y en el hecho de que los compradores de Apple, desde siempre, desde el lanzamiento del Apple II, pensaban de forma diferente. «Nuestros compradores son el alma creativa de este mundo, personas que quieren cambiar el mundo. Y nosotros fabricamos herramientas para ese tipo de personas». Ése sería el elemento central de la siguiente campaña de márketing y al mismo tiempo había conquistado al público allí congregado. Nadie podía negar su forma inimitable de hablar, expresarse y moverse. El artista que había creado el Macintosh había vuelto.

El 16 de septiembre de 1997, Steve Jobs fue nombrado consejero delegado provisional de Apple y, de inmediato, lanzó la producción del iMac con la ambición de lanzar una máquina para el gran público. Igualmente, en una decisión sorprendente para la época, decidió que ningún Mac tendría lector de disquetes.

Como era de esperar, sus controvertidas decisiones no fueron aceptadas de inmediato ni unánimemente. Durante varios meses recibió críticas e incluso desde dentro de la empresa algunos directivos blandían estudios de mercado que demostraban que los consumidores no estaban preparados para comprar un ordenador todo en uno (el iMac integraba la CPU y el monitor en un único dispositivo). Jobs respondía, convencido: «¡Yo sé lo que quiero y lo que quieren ellos!»[15].

Su presencia al frente de la compañía también se dejaba notar en el día a día de los empleados. Entre las nuevas reglas del campus de Apple estaba la prohibición de fumar y la de traer animales domésticos al trabajo. Jobs mandó abrir una cafetería nueva cuya gestión fue confiada a un célebre restaurante de Palo Alto, Il Fornaio[16].

Entre tanto revuelo, incluso tenía tiempo para tramar bromas de dudoso gusto con su compinche Larry Ellison como la que en las navidades de 1997 gastaron aprovechándose de la ingenuidad de Michael Murdock. Murdock había sido empleado de Pixar y trabajaba como asesor. Se tomó muy en serio la supuesta provisionalidad en el cargo de consejero delegado de Jobs y presentó su candidatura a la presidencia de Apple mediante un sinnúmero de correos a Jobs y Ellison. El 23 de diciembre, Murdock recibió un mensaje de Larry Ellison que le confirmaba que el puesto era suyo. Varios minutos después, Jobs le confirmaba por correo electrónico la oferta: «Sí, Mike. Todo tuyo. ¿Cuándo puedes empezar?». Murdock, emocionado, respondió que podía asumir sus funciones el 5 de enero. Llegados a ese punto, Jobs pensó que la broma había durado demasiado y le contestó, secamente: «Si pones un pie en

Apple tendremos que pedirte que te vayas. De lo contrario, haremos que te detengan».

Los principales medios se hicieron eco de la broma como un ejemplo del sentido del humor pasado de dos multimillonarios y el hecho tuvo cierta notoriedad en Palo Alto. Sin embargo Murdock pareció concederse una pequeña venganza un par de meses más tarde. Los sueldos de todos los trabajadores de Pixar fueron filtrados a la prensa por un informador secreto y, aunque Michael Murdock era el principal sospechoso, negó cualquier responsabilidad en el asunto y nunca se pudo demostrar su participación.

Las medidas de Jobs empezaron a surtir efecto enseguida, sobre todo con el éxito del nuevo Power Macintosh G3, presentado en noviembre y del que se venderían un millón de ejemplares en un año. En enero de 1998, Apple anunciaba un beneficio de 44 millones de dólares. En marzo, Jobs hizo público el fichaje de Tim Cook, un directivo de Compaq, para que le secundara a la cabeza de la empresa.

El iMac apareció el 6 de mayo de 1998. Con su aspecto traslúcido y tonalidades ácidas, volvió a poner a Apple en el mapa y enseguida se recibieron 150.000 pedidos. Se convirtió en el ordenador más vendido del momento en todas las categorías. Jonathan Ive comentó que «los actores del sector informático se obsesionan con el rendimiento y el resultado son unos diseños fríos, sin alma». A finales de julio ya se habían entregado 278.000 unidades del iMac. Su diseño creó escuela y fue adoptado en todo tipo de objetos, lanzando a la fama a su diseñador, cuya huella sería en el futuro marca de los grandes artículos de la casa.

El lanzamiento del iMac significó, sobre todo, el asentamiento del regreso de Jobs. En ese año y por primera vez desde hacía mucho, la empresa presentó tres trimestres consecutivos con beneficios. En diciembre de 1998 el precio de las acciones se había triplicado desde que Jobs estaba de nuevo al mando.

Otro de los aciertos de Jobs había sido contratar los servicios de Lee Clow, de la agencia Chiat/Day, artífice de los primeros anuncios del Mac, incluido el famoso *1984*. Juntos desarrollaron una campaña titulada *Think different* (piensa diferente), con el fin de reposicionar a Apple como marca distintiva. Para ello hicieron desfilar los rostros de grandes figuras de la historia destacando su capacidad para ver otras alternativas cuando parecía que no existían. «Nos dijimos: ¿por qué no rendir un homenaje a todos aquellos que fueron capaces de cambiar el mundo? De esa idea surgieron nombres como Gandhi o Edison», recuerda Lee Clow[17]. Jobs sugirió personajes como el inventor Buckminster Fuller o el fotógrafo Ansel Adams pero se negó a figurar él mismo, como proponía la agencia. Para garantizar el éxito de la campaña, el propio Jobs solicitó en persona la autorización a Yoko Ono para usar la imagen de John Lennon, y la de Albert Einstein a sus herederos.

En el anuncio desfilaban los retratos de Albert Einstein, Pablo Picasso, Bob Dylan, María Callas, Alfred Hitchcock y otros grandes personajes de la historia mientras un mensaje posicionaba claramente a Apple como una empresa diferente. «Éste es un tributo para los locos. Los marginales. Los rebeldes. Los problemáticos. Los que van a contracorriente. Los que ven las cosas de otra manera. Los que no acatan las reglas. Y no sienten ningún respeto por lo establecido. Puedes estar en desacuerdo, citarles, glorificarles o maldecirles. Pero lo que no puedes hacer es ignorarles. Porque ellos cambian las cosas. Inventan. Imaginan. Sueñan. Exploran. Crean. Inspiran. Impulsan a la humanidad hacia delante. Tal vez necesiten estar locos. ¿Cómo, si no, se puede visualizar una obra de arte en un lienzo en blanco? O sentarse en el silencio y escuchar una canción que no está escrita. O mirar un planeta rojo y ver un laboratorio ambulante. Donde otros ven locura, nosotros vemos genialidad. Porque sólo las personas que están tan locas como para creer que pueden cambiar el mundo son las que lo hacen. Piensa diferente».

En cuestión de doce meses se vendieron dos millones de unidades del iMac y el aparato se convirtió en el éxito del momento. Algunas webs como Macbidouille adelantaron que la segunda serie de iMacs saldría en colores afrutados. Jobs, molesto con la filtración, tuvo una idea brillante. Internamente comunicó el lanzamiento de seis nuevos colores a las distintas divisiones, con información diferente en cuanto al sexto color para cada una. La aparición de ese sexto color en la siguiente filtración en la Red permitió descubrir dónde estaba la fuga y despedir al empleado indiscreto.

Y si en Apple las cosas iban bien, Pixar no le iba a la zaga. El estudio seguía inmerso en un cuento de hadas. *Bichos*, su segundo largometraje, se estrenó en las pantallas de EE.UU. el 29 de noviembre de 1998 y confirmó que había que seguir contando con el equipo de John Lasseter. El primer fin de semana recaudó 33 millones de dólares. Un año después, durante el estreno en los principales países del mundo, superó a *Toy Story* y se convirtió en uno de los cinco metrajes animados con los mayores beneficios de toda la historia del género.

Pese a su dedicación a Apple, la productora no había pasado a un segundo plano para Jobs sino que lo consideraba el mejor vehículo para cambiar la historia a gran escala. En una entrevista para *San Francisco Chronicle* confesó que frente a la efímera gloria que producía el éxito de un ordenador, en pocos años era probable que pocos se acordasen del iMac, acariciaba la idea de producir películas que gustaran al público durante décadas, como lo había hecho Disney con *Fantasía*.

En noviembre de 1999, *Toy Story 2* volvió a batir récords y se situó en el segundo lugar de las películas de dibujos animados más vistas de la historia, únicamente superada por *El rey león*. A medida que iba acumulando éxitos, Jobs empezó a distanciarse de la prensa, irritado por algunos comentarios que juzgaba falaces y despreciables. En septiembre de 1999, un reportero de *Wired* acabó pagando el pato.

Wired: A los 44 años, si pudieras dar marcha atrás y dar un consejo al hombre de 25 años que fuiste, ¿qué le dirías?

STEVE JOBS: ¡Que no pierda el tiempo con entrevistas estúpidas! Estoy muy ocupado para estupideces filosóficas. Tengo mucho trabajo[18].

Wired prefirió no publicar la entrevista.

En el encuentro Macworld celebrado en Nueva York en otoño, Jobs, con una barba que le devolvía su antiguo aspecto *hippy,* desveló la anunciada serie de iMac en colores afrutados: naranja, azul, verde, rojo y lila. Con un dominio del escenario digno de una estrella del rock, adelantó el lanzamiento del nuevo portátil, el iBook, mientras el público aplaudía sin cesar, literalmente electrizado. «Hemos preguntado a nuestros clientes qué esperaban de un portátil. Les hemos escuchado con mucha atención. Hemos sintetizado sus deseos y hemos hecho un iMac que puedes utilizar mientras estás paseando, un iMac que dejará al mundo atónito. ¡Espero que lo hayamos conseguido!».

El iBook ofrecía una calidad visual inédita, una velocidad superior a todos los PC portátiles y una batería con seis horas de autonomía. Finalmente desveló la forma de aquel prodigio, un aparato de contornos anaranjados que llevó al público al delirio. ¿Por qué Dell, Compaq, Toshiba y demás fabricantes del universo Windows habían sido incapaces de imaginar un portátil tan elegante y seductor? Para responder a esa pregunta, Jobs se permitió una comparación pícara. «¡Hasta el trasero de nuestro ordenador es más bonito que la tapa del portátil más vendido!». Incluso, y para refutar el buen gusto de todo el conjunto, Jobs presentó el cargador, un elemento en el que primaba el gusto, con sugerentes formas redondeadas, y la practicidad, pues contaba con un sistema para enrollar el cable.

A finales de 1999, las acciones de Apple se vendían a 118 dólares frente a los trece del año anterior, batiendo un récord en la historia de la compañía. El iMac había vendido seis millones de unidades y ya era el ordenador personal más vendido de la historia. La capitalización bursátil de Apple se había multiplicado por diez y el valor de la compañía alcanzaba ya los 20.000 millones de dólares. La cuota de mercado se había duplicado. Nada más comenzar el año 2000, el consejo de administración logró convencer a Jobs de que eliminara el adjetivo «provisional» de su puesto y, como incentivo, le ofrecieron diez millones de acciones de Apple y un avión privado, el Gulfstream V.

En enero de 2000, antes de terminar un discurso memorable de dos horas y media en el Moscone Center de San Francisco, Jobs anunció que había dejado de ser el consejero delegado *provisional* de Apple. La sala se levantó en una ovación para saludar a quien ya era, oficialmente, el consejero delegado de la compañía.

Música | 14

La irrupción del MP3 y de los sistemas de intercambio de archivos había puesto contra las cuerdas a las discográficas, Las descargas ilegales amenazaban un modelo de negocio en el que las recopilaciones y reediciones en CD de discos clásicos a precio alto generaban cómodos ingresos para los que no existía un plan B. Salvar lo insalvable exigía soltar a los perros, ordenar incursiones sorpresa y acabar con los piratas de tres al cuarto.

En Cupertino, Steve Jobs observaba la situación desde la distancia del gurú pausado, como los que describían sus libros de juventud. Su problema era que no habían entendido nada. Atrincherados en sus libros de historia, los directivos de las discográficas combatían una nueva amenaza con armas obsoletas. sin darse cuenta de que Internet era un escenario muy diferente a lo que hasta ese momento habían conocido. Su enemigo estaba sobradamente preparado y presumía de títulos académicos, era invisible e inalcanzable, si le eliminaban en el norte, reaparecía al sur; y, además, su número no dejaba de crecer.

Melómano convencido, Jobs lo veía todo de otra manera. Las querellas entre la industria discográfica y los piratas ocultaban un dato importante: la formidable voluntad de escuchar música. El público pedía a gritos que le dieran canciones en abundancia; querían disfrutar con los viejos Stones, un Daft Punk de última cosecha, una fuga de Mozart... El iPod, tan esbelto y elegante, se convertiría en el caballo de Troya de una invasión tranquila. Hasta entonces, los lectores de MP3 se parecían a los PC: aparatos pesados, poco manejables y tan estilosos como un tanque de combate. El iPod, a su lado, sería una obra de arte.

En cuanto la joya musical entrase en los hogares, sería cuestión de tiempo que desbancase al CD gracias a su versatilidad para generar listas de canciones que mezclasen tecno de Detroit con los suspiros de Norah Jones o ecos de la guitarra de Paco de Lucía. Si el CD había enterrado al disco de vinilo, la pareja iPod/iTunes se convertiría en el estándar habitual.

La fuerza de persuasión de Jobs es un factor clave de su personalidad. Para transmitir su mensaje es capaz de recurrir a la poesía, la sátira, el énfasis o, simplemente, a las palabras más sencillas del mundo. Sólo necesita la tribuna adecuada para que se exprese con tal intensidad que es capaz de hacer recordar al carisma de su bardo favorito, el señor Bob Dylan. En octubre de 1999, Steve Jobs explicó que uno de los factores que habían permitido la emergencia de un ordenador como el primer Macintosh o el último iMac era, ni más ni menos, que el sentido de la belleza, un impulso elemental a navegar dejándose guiar por las vibraciones de la estética. «Nunca he pensado que el arte y la tecnología fueran cosas distintas. Leonardo da Vinci fue un gran artista y científico. Miguel Ángel era experto en mármol. Los ingenieros informáticos más sobresalientes que conozco son todos músicos. Algunos son mejores que otros pero todos piensan que es una parte importante de su vida. [...] E. H. Land, el inventor de la cámara Polaroid, dijo una vez que quería que su invento fuese la intersección entre el arte y la ciencia. Siempre lo he tenido en cuenta»[1].

Poco después, para recalcar más todavía cuál era la diferencia de Apple, Jobs trazó una analogía entre sus equipos y los prototipos de los automóviles[2]. «En muchas empresas pasa esto: un día veis un súper coche que es lo más. Sin embargo, cuatro años más tarde, cuando el modelo se empieza a comercializar, tiene poco que ver con aquel prototipo. Os preguntaréis qué ha pasado, cómo han podido fracasar si tenían el éxito en la palma de la mano. Lo que ha ocurrido es que los diseñadores tenían una súper idea entre manos y se la entregaron a los ingenieros y éstos les dijeron: "No podemos hacer eso. Es imposible". Y el producto empeoró. Después los ingenieros les enseñaron el modelo al departamento de producción, y les dijeron: "Así no lo podemos construir". Y siguió empeorando».

En su opinión, se trata de fomentar el proceso de la polinización cruzada o colaboración intensa. En Apple, las reuniones son muy frecuentes y suelen convocar a todos los implicados en un proyecto alrededor de una misma visión ineludible: alcanzar el éxito. El diseñador Jonathan Ive lo explica con sus propias palabras: «la manera clásica de desarrollar productos no funciona cuando se tienen ambiciones como las nuestras. Cuando el desafío es tan complejo, hace falta desarrollar un producto en colaboración, de manera global»[3].

Ive reconoció en el famoso blog de diseño de Marcus Fair que «el número de modelos que realizamos es impresionante. Elaboramos montones y montones de prototipos. La cantidad de soluciones que abordamos hasta obtener la definitiva es vergonzosa. Pero ésa es nuestra forma de trabajar y es sano». Mediante ese proceso, que para muchos podría considerarse agotador, nacería un objeto destinado a convertirse en mítico: el iPod.

El milenio había comenzado con una revolución tecnológica vinculada a la música en línea y, más en concreto, a un programa que haría correr ríos de tinta: Napster. En 1998, Shawn Fanning, un joven de 18 años, ingresó en la Universidad de Northeastern de Boston para estudiar la carrera de informática. Sus compañeros de habitación consumían mucha música MP3 pero se quejaban de la dificultad para encontrar canciones ya que, por lo general, las páginas de MP3 se cerraban tras varias semanas de existencia.

A Fanning se le ocurrió una aplicación comunitaria, Napster, que favoreciese la relación entre varios internautas y que se basase en que los usuarios conectados en cada momento pudieran compartir los archivos musicales de sus discos duros. Al poco tiempo de su lanzamiento, en enero de 1999, Napster atrajo a miles de navegantes y, cuando en Download.com ya acumulaban más de 300.000 descargas del programa, el estudiante de primero de carrera se dio cuenta de que había dado con un filón. Con la ayuda de una inversora de Boston llamada Eileen Richardson montó una pequeña empresa para explotar los beneficios.

Sin comprender muy bien lo que estaba pasando, los responsables informáticos de las universidades americanas tenían que hacer frente a una situación inédita: de pronto la mayoría de sus conexiones de alta velocidad estaban bloqueadas por el intercambio de ficheros musicales. La RIAA [Recording Industry Association of America], la organización encargada de defender los derechos de autores y editores musicales en EE.UU., tomó cartas en el asunto y aprobó varias medidas para acabar con el fenómeno. El 7 de diciembre de 1999 demandaron a Napster, acusándola de provocar un mercado negro musical y exigieron 100.000 dólares de daños y perjuicios por cada canción descargada que infringiera los derechos de autor. Para apoyar a su causa recurrieron al testimonio de los artistas más emblemáticos y populares que mostraban su oposición a Napster.

Elton John decía que «las oportunidades que abre Internet son apasionantes porque los artistas ya pueden comunicarse directamente con sus fans pero no hay que olvidar el respeto al trabajo y la remuneración. Estoy en contra de la piratería en internet y no me parece correcto que Napster y otros fomenten el robo de obras en línea». Lou Reed le siguió los pasos. «Los artistas, como cualquier otra persona, tienen todo el derecho a cobrar por su trabajo», decía.

A mediados de abril de 2000, el grupo Metallica saltó a la palestra. La gota que había colmado el vaso era la difusión vía Napster de una de las canciones que iban a ser editadas en su siguiente disco que aún no estaba a la venta. Los integrantes del grupo demandaron a Napster y a tres universidades americanas: la Universidad del Sur de California, la de Indiana y Yale. «Queremos dejar clara una cosa», explicó Lars Ulrich, el batería. «Llevamos mucho tiempo tolerando que los fans graben nuestros conciertos y ofrecemos nuestra música en la web de Metallica pero cuando se intercambian libremente obras protegidas por derechos de autor, eso se convierte en un saqueo de nuestro arte. Ningún artista lo va a tolerar». Lars Ulrich se presentó en el juzgado con una lista de 317.000 usuarios de Napster que habían intercambiado fragmentos de Metallica y recalcó que los dólares facturados por Napster eran «dinero sucio».

Ése era el estado de las cosas a principios del año 2000. La locura de la música en línea era innegable y Jobs llegó a dos conclusiones: a los usuarios de la red les seducía la facilidad con la que podían escuchar su música favorita pero estaba convencido de que la inmensa mayoría de esos internautas estarían dispuestos a pagar a cambio de un servicio adecuado. Jobs resumió la reacción de Apple explicando que «creemos que el 80% de la gente que está utilizando la Red para conseguir música realmente no quiere robarla pero tiene a su disposición una forma casi irresistible de obtenerla. La gratificación es instantánea. Ya no hay que desplazarse a la tienda de discos porque la música está digitalizada, por lo que tampoco es necesario convertir el CD. El sistema es tan práctico que incluso se han expuesto a que les tachasen de ladrones para aprovecharlo. Pedirles que dejen de hacerlo sin ofrecerles una solución legal con las mismas ventajas es ridículo. La única manera de convencerles es ofreciéndoles una zanahoria en lugar de un látigo. Y la zanahoria es una experiencia mejor»[4].

Desde el principio, Jobs era consciente de que Apple salía con desventaja en el nuevo lejano oeste de la música en línea y, por lo tanto, lo más urgente era disponer de un programa de la casa que permitiese que cualquier usuario tuviese acceso a las canciones. Como el tiempo apremiaba, la empresa contactó a dos pequeñas editoras de programas, muy avanzadas en el terreno, para comprar un reproductor de MP3 para Mac que sirviese como base del programa que querían desarrollar.

Después de que AOL se interesase también en el Audion de Panic Inc., Apple centró sus esfuerzos en comprar SoundJam MP a Casady&Greene. El acuerdo también incluyó el fichaje del programador jefe responsable de SoundJam, Jeff Robbin, para que simplificara el programa y lo convirtiera en el futuro iTunes.

Mientras Robbin desarrollaba iTunes, Steve Jobs examinaba el mercado de lectores de MP3. El aspecto de la mayoría de los productos, sobre todo el Nomad, de Creative Design (uno de los más vendidos), le parecía espantoso aunque, en lo que a él concernía, aquello eran buenas noticias porque significaba que Apple tenía margen de maniobra. Jon Rubinstein, que se había incorporado a Apple en 1997 después de trabajar en NeXT, recibió instrucciones de Steve Jobs para supervisar la creación de un lector de MP3.

Otra gran revolución se avecinaba en paralelo. Apple quería situarse en el corazón de las ciudades y llegar a su público en emplazamientos agradables donde cualquiera pudiese acudir libremente y descubrir lo que distinguía al iMac y demás productos del resto. Jobs se había dado cuenta de que la distribución de los productos de la marca dejaba mucho que desear. «Me asusté», reconoció Jobs, «porque Apple dependía cada vez más de los puntos de venta dentro de las grandes superficies, de empresas que no tenían formación ni ningún interés particular en posicionar nuestros productos como objetos únicos. Me dije que teníamos que hacer algo o, de lo contrario, seríamos víctimas de la tectónica de placas. Teníamos que pensar diferente, innovar»[5].

El objetivo, pues, era instalar escaparates de la marca Apple en los núcleos urbanos imitando la expansión del cristianismo en la Edad Media; había que estar presentes en el medio de la población habilitando nuevos lugares de culto. Para ello, Jobs se propuso encontrar al mejor especialista posible en cadenas de tiendas. Una y otra vez todos a cuantos consultaba le recomendaban un mismo nombre, el de Mickey Drexler, que había supervisado la creación de la cadena de ropa Gap. Enseguida obtuvo su consentimiento.

Drexler sugirió alquilar un almacén y construir en su interior un prototipo de tienda que sirviera de modelo. Así se podrían concebir los establecimientos siguiendo el espíritu de la casa, como si se tratara de un ordenador o una pantalla. Seducido ante la perspectiva, Jobs se ocupó él mismo del diseño de la tienda con la ayuda de otro fulgurante fichaje, Ron Johnson, ex vicepresidente de Target, la segunda empresa de distribución en Estados Unidos.

Al ver la primera versión, Jobs y Johnson organizaron espontáneamente el espacio por familias de productos, en lugar de tener en cuenta las necesidades del consumidor pero enseguida retomaron el diseño alfabético. La operación duró nueve meses y, al final, se adoptó una organización según los intereses del público: fotos, vídeos, niños...

En febrero de 2001, Jon Rubinstein visitó Toshiba, en Tokio, y descubrió que el fabricante acababa de crear un disco duro minúsculo, de 1,8 pulgadas (4,5 cm). Toshiba desconocía aún su utilidad pero Rubinstein vio en él el elemento esencial para fabricar un aparato compacto. Volvió de Japón con un mensaje. «Sé cómo fabricar nuestro lector de MP3 y tengo todas las piezas necesarias»[6]. «¡Pues ponte a ello!», respondió Jobs.

Ese mismo mes, contrató al ingeniero Tony Fadell para que ayudara en la concepción del iPod. Fadell había desarrollado previamente varios aparatos portátiles para empresas como Philips o General Magic y en aquella época estaba centrado en un lector de MP3 que se conectaba a un disco duro externo. A falta de disponer de la financiación necesaria, propuso su proyecto a la empresa RealNetworks pero la operación no cuajó. «Llamé a Tony Fadell» cuenta Rubinstein. «Estaba en una pista de esquí cuando contestó al teléfono. No le dije qué queríamos. No supo exactamente qué le íbamos a encargar hasta que se presentó en Apple»[7]. Fadell no ocultó su entusiasmo hacia la visión de Jobs. «El proyecto permitirá remodelar Apple. De aquí a diez años, seréis una empresa de música y no sólo de informática», profetizó.

Para empezar, Jobs exigió que Fadell renunciara a los vínculos con otros clientes y garantizara la exclusividad de sus servicios a Apple. Se le asignó un equipo de treinta personas. No había tiempo que perder porque Jobs quería disponer de un producto en el otoño de 2001. Había impuesto varias especificaciones para el aparato, sobre todo un formato de compresión de ficheros (AAC) distinto al ultra popular MP3 pero muy superior en calidad sonora.

El formato MP3 era capaz de hacer maravillas con la música electrónica, el *tecno,* el *dance* y otros estilos nuevos pero fallaba cuando tenía que comprimir sonido basado en algunos instrumentos analógicos como la guitarra acústica o el piano, cuyas vibraciones generaban muchas sonoridades secundarias que resultaban en una especie de papilla sonora. Gran amante de Dylan, The Beatles, Eric Clapton o Beethoven, Jobs no podía soportar que su música favorita perdiese tanto valor.

Como era lógico, Jonathan Ive se encargó del diseño del iPod y la elección era todo un seguro para el éxito. Ive y su equipo desprendían una curiosidad formidable y además se permitían el lujo de saber que podían equivocarse hasta dar con la tecla adecuada. «Y ésa es la mejor forma para descubrir cosas nuevas»[8], mantenía Ive.

Para garantizar el secreto absoluto del proceso, Ive y su equipo de doce diseñadores industriales se mudaron a un edificio separado de Apple, con las puertas y las ventanas tintadas. El acceso estaba protegido mediante pases electrónicos a los que sólo un número muy reducido de directivos tenía acceso. El estudio estaba dotado de todo tipo de herramientas de última generación para la realización de los prototipos.

El grupo de diseño de Ive concibió un modelo detrás de otro pero ningún aparato estaba la altura en cuanto al aspecto. Sus aproximaciones seguían pareciéndose demasiado a objetos informáticos y Jobs quería algo «tan simple y luminoso que parezca casi imposible fabricarlo». Mensaje recibido: Jonathan Ive cerró la puerta a los cánones habituales de la alta fidelidad metalizada y concibió la famosa carcasa blanca.

Jobs concedía mucha importancia al futuro iPod y convocaba reuniones cada dos o tres semanas para tomar el pulso a los progresos, insistiendo sobre todo en que el aparato tuviera el mínimo posible de botones. «La mayoría de la gente comete el error de pensar que el diseño está relacionado sobre todo con el aspecto del aparato. Nosotros no lo vemos así. El diseño es su funcionamiento», diría Jobs al *New York Times*.

En palabras de Ive a ese mismo diario, «Steve Jobs hizo desde el principio varias observaciones muy interesantes sobre la navegación con el aparato. El objetivo era conseguir el mínimo de manipulaciones. La clave del iPod era desembarazarse de todo lo que no fuese imprescindible». «[Jobs] intervenía hasta en los pequeños detalles del proyecto», contó a *Wired* Ben Knaus, adjunto de Fadell, «y no suele implicarse a ese nivel». Steve Jobs buscaba una simplicidad infantil en la manipulación y se enfadaba si había que pulsar más de tres veces para escuchar una canción.

Fue el director de márketing, Phil Schiler, quien tuvo la idea de la rueda de control[9] y sugirió, con gran audacia, que cuanto más rápido se girara la rueda, más deprisa se pasaran los menús. El resultado era un aparato diferente al que ofrecía la competencia en muchos aspectos, incluidos algunos detalles como que el volumen máximo estaba ajustado a un nivel superior a lo tolerado en otros países, como Francia, debido a la ligera sordera que padece Jobs. Durante los ensayos, cada vez que probaba el iPod, gritaba: «¡Subid el volumen, que no oigo nada!».

El 19 de mayo de 2001 Steve Jobs inauguró las primeras Apple Stores, una en Virginia y otra en California, ambas con decoración minimalista pero elegante y un servicio innovador: el

Genius Bar, un hallazgo de Ron Johnson. «Reunimos a un grupo de personas de distintos sectores y, para romper el hielo, les pedimos que nos hablaran del mejor servicio que habían recibido. De las 18 personas, 16 contestaron que había sido en la recepción de un hotel. La respuesta fue toda una sorpresa porque la labor principal de los recepcionistas no es la venta sino ayudar al cliente. Entonces se nos ocurrió crear una tienda con el mismo buen trato que un hotel Four Seasons y para eso instalamos un barra en la que, en lugar de servir alcohol, se ofrecieran consejos»[10].

Cuanto más se acercaba la fecha del lanzamiento del iPod, más se implicaba Jobs y, en la recta final, se interesaba diariamente por el aparato, insistiendo en que el funcionamiento de iTunes fuera transparente y que, nada más conectarlo a un Mac, la biblioteca de canciones se actualizara sin necesidad de intervención por parte del usuario. «Se enchufa. Zzzzz. Terminado», resumía Jobs.

Un redactor publicitario de San Francisco, Vinnie Chieco, fue quien acuñó el nombre de iPod. En aquel momento, Steve Jobs estaba obsesionado con el concepto de núcleo digital y presentía que el Mac podría convertirse en el punto central de conexión de los aparatos domésticos. Chieco reflexionó sobre el tema y tuvo la idea de que el Mac actuaría como una especie de estación espacial, el punto de conexión definitivo. El pasajero podría alejarse dentro de una nave de tamaño reducido, como las cápsulas (pods, en inglés) o los vehículos planetarios de *La Guerra de las Galaxias*, y regresar a la nave nodriza para repostar o alimentarse. Al ver el prototipo blanco que había creado Ive, tuvo una revelación. «En cuanto vi el iPod blanco pensé en *2001, odisea en el espacio*», recuerda Chieco. «¡Abre la puerta de la cámara de las cápsulas, HAL!»[11]. Curiosamente, Jobs rechazó la idea pero Chieco defendió su causa con tesón y, varios días después, Jobs le informó, sin más explicaciones, que se quedaban con el nombre.

Aunque la fecha del lanzamiento ya estaba fijada, el proyecto estuvo a punto de anularse porque la batería sólo duraba tres horas. Fadell, arrinconado, tuvo que encontrar una solución de máxima urgencia y para ahorrar energía dotó al iPod de una gran memoria caché para almacenar las canciones sin tener que recurrir al disco duro. Había salvado al iPod por los pelos.

O casi, porque pocos días antes del gran día, a Jobs seguía sin convencerle el chasquido que hacían los cascos al conectarse al aparato y encargó a un ingeniero la misión de modificar todos los iPods para la prensa con un conector que produjera el sonido correcto[12].

Poco antes del lanzamiento, Jobs concedió una entrevista a *Fortune* en la que adelantó algunos acontecimientos. «Todo el mundo nos pide que fabriquemos una Palm y yo me pregunto: ¿para qué sirven las agendas electrónicas? Las civilizaciones primitivas no tenían agendas pero sí tenían música. Está en nuestro ADN. A todo el mundo le gusta la música».

El iPod se presentó el 23 de octubre de 2001 después de convocar a los medios en Cupertino con el misterioso anuncio de que Apple lanzaba un nuevo dispositivo que no era un ordenador. Jobs subió al escenario luciendo nueva imagen de pelo corto y barba de tres días. «Hemos querido entrar en el segmento de la música. ¿Por qué? Porque nos encanta y siempre está bien hacer lo que a uno le gusta. La música forma parte de la vida de todo el mundo. Siempre ha estado ahí y seguirá estando».

A continuación, recalcó que la nueva revolución de la música digital seguía sin tener un líder del mercado, ya que nadie había encontrado la receta necesaria para triunfar. Entonces adelantó que Apple podría conseguirlo y explicó cómo lo haría. Con cierto suspense, enumeró las distintas vías de acceso a la música digital:

- El lector de CD da acceso a unas quince canciones.
- Las tarjetas de memoria permiten el acceso a unas pocas canciones más que el CD.
- El lector de MP3 puede alojar 150 títulos.

- Una gramola con disco duro ofrece un millar largo de piezas.

Y explicó que Apple quería situarse en el último sector. «Hoy presentamos el iPod. Es un lector de música digital con calidad de CD pero lo más importante es que es capaz de albergar un millar de canciones. Es prodigioso porque esta cantidad representa la discoteca completa de mucha gente. ¿Cuántas veces os habéis llevado el reproductor de CD y después os habéis dado cuenta de que se os había olvidado el disco que queríais? Lo mejor del iPod es que vuestra discoteca entera cabe en un bolsillo. Eso era imposible hasta ahora».

Jobs continuó explicando las principales prestaciones del aparato. Pese a su minúsculo tamaño, estaba dotado de una memoria caché capaz de alojar el equivalente a veinte minutos de música. Su tamaño y peso lo hacían un compañero ideal para ir en bici, hacer escalada o *footing*. Y la transferencia de canciones era ultra rápida: un CD entero se descargaba en diez segundos frente a los cinco minutos necesarios en los aparatos de la competencia. Jobs añadió que Apple había integrado una batería extraordinaria cuya duración se aproximaba a las diez horas de autonomía y se reservó lo mejor para el final. «El iPod tiene el tamaño de una baraja de cartas, pesa menos que la mayoría de los teléfonos móviles y tiene un diseño típico de Apple». Acto seguido desveló la criatura, empezando por el lateral, enseñando a continuación la parte trasera de acero brillante y terminando por la parte frontal. Lo sujetó a la vista de los asistentes, que rompieron en aplausos, y se lo guardó en el bolsillo de los pantalones.

Nada más darse a conocer, el pequeño aparato de color blanco con su delicada ruedecilla marcó la diferencia gracias a su diseño compacto y la pureza de sus líneas. Era mucho más que un producto tecnológico, un objeto para acariciar. Una vez más, Apple había marcado diferencias apostando por la estética.

A raíz del lanzamiento del iPod, Jobs se lanzó a una cruzada para implantar un servicio legal de descargas, intentando llegar a acuerdos con las discográficas. El rechazo inicial fue la tónica general, pues sus interlocutores estaban seguros de que tenían un sistema que protegía frente a la copia y la digitalización ilegal de los CDs y que pensaban que era infalible. «En un principio les dijimos que las tecnologías de las que nos hablaban no funcionarían. Nuestros ingenieros conocían el tema a fondo y ya se habían dado cuenta de que no era posible proteger el contenido digital», contaría Jobs más tarde. Pero el mensaje no cuajó porque los responsables de las casas de discos seguían luchando contra la música en línea y habían optado por aferrarse a unas medidas de restricción de acceso y maniobras represivas. Jobs trató de explicarles que estaban perdiendo el tiempo porque por muy sofisticado que fuese el sistema, al final siempre habría alguien dispuesto a desprotegerlo y copiar los CDs para subirlos a Internet. «Es un movimiento imparable. Se trata de ofrecer alternativas e intentar competir con un servicio mejor».

Incansable, volvía a la carga. Le hicieron falta 18 meses para convencer a los responsables de las grandes discográficas de que se adhiriesen al modelo que les proponía. Warner fue la primera en dejarse seducir por la idea cuando sus directivos se dieron cuenta de que tenía razón. Universal no se hizo esperar. Una de las razones para aprobar la cesión de su catálogo fue que, en un principio, la iTunes Music Store se restringía únicamente al mundo Apple. «Les dijimos: ¿sabéis qué? Si el virus se propaga, sólo podrá contaminar al 5% del jardín», rememoraba Jobs.

En su debut musical, Steve Jobs se había negado a que el iPod fuera compatible con los PC. Para ello, iTunes, el programa de gestión de canciones, únicamente estaba disponible para los ordenadores de Apple. Sin embargo, semejante restricción limitaba el mercado del dispositivo a los quince millones de Mac en circulación, frente a los 500 millones de PC. Como era lógico, muchos miembros del equipo del iPod manifestaron su desacuerdo. Sin embargo, Jobs se negó en rotundo, con la vehemencia habitual. «¡Jamás pondré el iPod para PC!».

Mientras tanto, Pixar seguía acumulando éxitos. *Monstruos S.A.*, estrenada en noviembre de 2001, había recaudado más de 520 millones de dólares en todo el mundo. Pero mientras el matrimonio entre Pixar y Disney parecía ir viento en popa, la relación entre sus máximos ejecutivos, Steve Jobs y Michael Eisner (el presidente de Disney), se complicó. En realidad, nunca se habían llevado bien.

Poco después de estrenar *Toy Story 2*, Eisner pidió a Pixar que realizara una tercera película de la saga, *Toy Story 3*. Lasseter aceptó ponerse manos a la obra pero a Jobs no le convencía la idea. El acuerdo firmado entre Pixar y Disney hablaba de producciones originales y las secuelas no podían considerarse como tales.

No obstante, las hostilidades entre ambos alcanzaron su culmen eL 28 de febrero de 2008, cuando Michael Eisner fue llamado a declarar ante una Comisión del Senado para hablar de la piratería en Internet, que también había alcanzado al mundo del cine. Para ilustrar su discurso, citó la campaña publicitaria de Apple para iTunes, cuyo eslogan era «*Rip. Mix. Burn*» (copia, mezcla, graba) y se dejó llevar a propósito por la confusión entre *rip* (que en la jerga informática se refiere a copiar un CD) y *rip-off* (que significaba robar).

Jobs puso el grito en el cielo y llamó a Roy Disney, sobrino de Walt. «Esto no puede seguir así. Eisner es un carcamal. No entiende nada del futuro de la animación. Tenéis que echarle». Y dejó claro que no firmaría ningún contrato nuevo con Disney mientras que Eisner siguiera presidiendo la sociedad[13].

En paralelo a su cruzada para tratar de convencer a las discográficas, Jobs se reunió personalmente con muchos artistas para obtener su consentimiento a la difusión de su obra en iTunes. Se puso en contacto con The Eagles, Mick Jagger y Bono de U2 para convencerles de que subieran sus canciones a la tienda de Apple y su poder de persuasión fue tal que incluso algunas estrellas, como Alanis Morissette, llegaron a proponer la comercialización de piezas inéditas en exclusiva a través de iTunes.

En septiembre de 2002, Jobs presentó en público Mac OS X, el nuevo sistema operativo de los Mac, basado en gran medida en el sistema operativo desarrollado en NeXT. Para la ocasión, organizó el *entierro* del antiguo Mac OS 9 con ataúd incluido. Sobre una música para órgano, declamó un discurso fúnebre en tono solemne que provocó la hilaridad de un público al que ya había conquistado previamente. «Mac OS 9 fue un buen amigo para todos. Trabajó sin descanso alojando nuestras aplicaciones, sin negarse a ninguna orden, siempre respondiendo a nuestras llamadas salvo cuando se nos olvidaba que hacía falta encenderlo». El Mac OS X no era sólo bonito, fluido y elegante sino que, además, disponía de una eficacia alarmante. Y su irrupción hacía que, de un día para otro, Windows XP se hubiese quedado anticuado.

La tienda de iTunes se presentó en abril de 2003 con un catálogo de 200.000 canciones a un precio único de 99 centavos por canción. El fundador de Apple insistía ante quien quisiera escucharle en que los internautas preferían bajar canciones legalmente. Además, la comunicación entre el iPod y la tienda de iTunes sedujo también a los usuarios ocasionales, reacios a la complejidad habitual de la informática. Como reclamo, la tienda electrónica disponía de canciones inéditas de grupos tan emblemáticos como Fleetwood Mac. En los cinco primeros días se vendieron un millón de canciones.

Para aquel entonces, Jobs ya había suavizado su postura al respecto de la disponibilidad de iTunes para el mercado de los PC y ya reconocía que era una pena limitar el mercado del iPod (además de acercar a esos usuarios a Apple). Según Jon Rubinstein, si ofrecían a los clientes de Windows un primer contacto con la tecnología Apple, se podría crear un efecto halo que salpicara a los demás productos de la empresa[14]. Pero, para poder abrir la llave de paso a los ordenadores compatibles con Windows, era necesario convencer primero a las discográficas que habían confiado sus catálogos con la excusa de que la prueba únicamente se dirigía a un mercado reducido, así que Jobs se puso manos a la obra para conseguirlo.

En mayo de 2003, Walt Mossberg, un periodista del *Wall Street Journal*, invitó a Jobs a la conferencia «All things digital» en la que analizó los diferentes frentes que Apple tenía abiertos. Las tiendas tenían un éxito considerable y ya se habían abierto casi sesenta establecimientos propios. «Ofrecen la mejor experiencia de compra de un ordenador personal en el planeta. Hemos recibido quince millones de visitantes desde la inauguración de la primera Apple Store», anunció Jobs a Mossberg.

En lo que se refería a Michael Eisner, Jobs no escondía su desdén ante el discurso que se había permitido pronunciar en el Senado. «Si conoces a la gente joven, sabrás que para ellos *rip* significa coger las canciones de un CD y meterlas en un disco duro. Es decir, tienes un CD que en teoría es tuyo y mueves su contenido a tu disco duro. Algunos directivos del sector y de Hollywood que no tienen hijos adolescentes creen que *rip* significa *rip-off* [robar] y, como no han hecho los deberes, han ido hasta Washington a manifestarse».

Durante aquella conversación, Jobs reafirmó su optimismo. «Pensamos que el 80% de la gente que roba música en Internet lo hace porque no tiene alternativas. Estamos convencidos de que preferirían actuar dentro de la legalidad si alguien se lo permitiese. Calculamos que la mayoría de la gente que utiliza un iPod quiere hacerlo honestamente».

No se olvidó de defender a las discográficas acusadas por aquel entonces de no haber visto venir el fenómeno MP3. «Su función no consiste en distribuir música sino en elegir de entre 500 personas quién será la próxima Sheryl Crow. Eso es lo que hacen y algunos saben cómo hacerlo. Si fallan en eso, todo lo demás es secundario. Quienes eligen a los artistas adecuados se acaban situando a la cabeza. No sorprende que no entendiesen Napster o que la distribución de su contenido en Internet sería la siguiente gran moda. Hace algún tiempo fuimos a verles para hablar del tema, para contarles nuestras predicciones. Nos dijeron que no creían que fuese a ser así. Nueve meses después, nos llamaron porque se dieron cuenta de que teníamos razón en muchas cosas y les propusimos la fórmula de iTunes como término medio más óptimo para todas las partes».

Durante la entrevista, Jobs anunció que la mitad de las canciones vendidas en iTunes eran álbumes completos y que el 80% de la música de la mayoría de las discográficas estaba descatalogada. Según él, la tienda de iTunes permitía a cualquier usuario acceder a esos discos que era imposible encontrar en una tienda física.

El iPod alcanzó su primer millón de unidades vendidas en junio de 2003. Además, se había convertido en el símbolo que antaño había sido el Macintosh original. Los artistas adoraban aquel aparatito. Desde el diseñador de moda Karl Lagerfeld, que se declaraba incondicional y admitía tener decenas, hasta Alicia Keys, pasando por Bono, Robbie Williams, Will Smith, Steven Spielberg o Claudia Schiffer... El iPod se acurrucaba en las manos de las estrellas e incluso parecían sentir placer exhibiéndolo, como David Beckham, que solía dejarse ver con el aparato sujetado al cinturón. Había dejado de ser un aparato electrónico y se había convertido en un accesorio de moda. Cualquier celebridad a la que le preguntasen por el iPod declaraba que por nada del mundo se separaría de él. El propio Steve Jobs pudo comprobarlo paseando por las calles de Nueva York. «En todas las esquinas me cruzaba con alguien que llevaba puestos los cascos blancos. Entonces, pensé: ¡Dios mío, está pasando!», declaró a *Newsweek*.

En la primavera de 2003, Steve Jobs visitó Disney para negociar un nuevo contrato y, cumpliendo la amenaza que le había avanzado un año antes a Roy Disney, propuso un trato descaradamente irrazonable. Pixar conservaría la totalidad de la propiedad de sus películas y Disney sólo cobraría el 7,5% por la distribución. Además, la exclusividad de la distribución de los largometrajes quedaría limitada a cinco años.

Como era de esperar, Michael Eisner rechazó la propuesta y Jobs anunció antes de marcharse que se pondría a buscar un nuevo distribuidor[15]. Roy Disney, por su parte, no ocultó su irritación hacia Eisner y ese otoño hizo pública su dimisión del consejo de administración, lanzándose en una campaña para echar a Eisner de la presidencia.

Sorprendidas de que la música en línea generara ingresos, las discográficas aceptaron integrarla en su campo de acción y en octubre de 2003 nació la tienda de iTunes en versión compatible con Windows. El 15 de diciembre, Apple anunció que se habían vendido 25 millones de canciones.

El iPod convirtió a Apple en el número uno del sector por primera vez en su historia y la locura no había hecho más que empezar. El producto se había convertido en el emblema de la casa hasta el punto que para un gran público (principalmente adolescentes) Apple era el fabricante del iPod. A finales de 2003, el producto superó los dos millones de unidades.

Steve Jobs volvía a brillar en el olimpo del nuevo milenio al lado de treintañeros como Sergey Brin y Larry Page (fundadores de Google) o Jeff Bezos (creador de Amazon), mientras que el nombre de Bill Gates era blanco de todo tipo de críticas por la tendencia monopolística de Microsoft.

Sin embargo, en otoño le esperaba una terrible noticia: durante una revisión rutinaria descubrió que tenía cáncer de páncreas. La situación podía ser grave, ya que la presencia de células tumorales en ese órgano era muy difícilmente curable. «A las siete de la mañana, el escáner descubrió que tenía un tumor en el páncreas. Yo no sabía ni qué era el páncreas. Los médicos me informaron de que el cáncer podía no ser curable y me dieron seis meses como máximo. Mi médico me aconsejó que volviera a casa y arreglara los asuntos pendientes. Es decir, que me preparase para morir: diles a los niños en unos cuantos meses todo lo que querrías decirles en los próximos diez años. Facilita las cosas para tu familia. Despídete. Viví con el diagnóstico todo ese día».

Por suerte, la biopsia reveló que la enfermedad era operable. «Esa misma noche introdujeron un endoscopio en el páncreas pasando por el estómago y el intestino para extraer una muestra de tejido pancreático. Mi mujer, que estaba conmigo, me contó que al examinarla en el microscopio los médicos se echaron a llorar porque tenía una forma muy rara de cáncer de páncreas curable con cirugía»[16].

Ante el estupor de muchos allegados, Jobs no se planteó en ningún momento someterse a la operación. Su filosofía budista y vegetariana defendía el escepticismo ante la medicina occidental, así que optó por un método alternativo para curar el cáncer mediante una dieta específica. Durante nueve meses, los miembros del consejo de administración de Apple esperaron nerviosos. Habían pedido asesoramiento a dos abogados externos en cuanto a sus obligaciones y les convenía guardar silencio para no asustar a los mercados[17].

En enero de 2004, un año antes del vencimiento del contrato con Disney, Jobs se reunió con los accionistas de Pixar por teleconferencia. *Buscando a Nemo* (estrenada el 1 de junio de 2003 en EE.UU.) iba ya por los 340 millones de dólares recaudados y había desbancado a *El Rey León* del primer puesto como película de animación más vista de la historia. Casualmente, a Eisner no le había gustado la película y Steve Jobs mencionó a los consejeros un correo que el presidente de Disney había enviado a su propio consejo antes del estreno de la película, donde la describía como «sustancialmente inferior a las películas anteriores de Pixar»[18]. «Como sabéis, las cosas son un poco diferentes», bromeó Jobs, al tiempo que expresaba su preocupación ante el deseo de Eisner de hacerse con los derechos para poder realizar secuelas de los filmes de Pixar. «Nos repugna que Disney pueda realizar secuelas. Si pensamos en la calidad de algunas segundas partes, como las de *El Rey León* y *Peter Pan,* hay motivos para avergonzarse»[19].

Concluyó la conferencia asegurando a los accionistas que disponía de ofertas de los cuatro grandes estudios de cine (Warner, MGM, Sony y Fox) para distribuir en el futuro los metrajes de Pixar. La decisión era considerable ya que, después del éxito de *Buscando a Nemo,* Pixar y Disney estaban a punto de repartirse mil millones largos de dólares en beneficios. Poco después, Jobs anunciaría la ruptura de negociaciones con Disney.

El 15 de marzo de 2004 se vendió la canción número 50 millones en iTunes, concretamente *The path of thorn,* de la cantante *folk* Sarah McLachlan, y un mes más tarde se alcanzó la cifra de 70 millones. El número uno incontestable de la música en línea ya había empezado a reportar beneficios.

Mientras, el *Washington Post* desveló que se estaban produciendo cambios en Disney. A iniciativa del propio Roy Disney, los accionistas se habían levantado contra Eisner y, nada más enterarse, Jobs interrumpió las conversaciones con Warner, MGM, Sony y Fox, y se declaró dispuesto a reconducir su relación con Disney si Eisner dejaba la presidencia. Entonces sucedió algo inaudito y en la junta anual, en marzo, el 43% de los accionistas retiraron su apoyo al presidente que pese al terremoto, siguió al frente de la compañía.

A finales de julio de 2004, Apple se vio obligada a confirmar la noticia del cáncer de Jobs porque no estaba curado. Poco a poco, Jobs fue haciéndose a la idea de que tendría que someterse a una operación siguiendo las pautas de la medicina tradicional para eliminar el tumor. El sábado 31 de julio de 2004 entró en el quirófano del Hospital Universitario de Stanford, en Palo Alto, no lejos de su casa y al día siguiente anunció, entusiasmado, en un correo a sus empleados que pese a que había estado al borde de la muerte, estaba curado y regresaría a su puesto en septiembre. Las acciones de Apple sólo experimentaron una ligera bajada del 2,4% tras el anuncio.

En realidad, a Jobs todo parecía salirle bien. En el otoño Michael Eisner admitió el desaire que había sufrido en la primavera y presentó su dimisión. Nada más asumir sus funciones, el nuevo consejero delegado de Disney, Bob Iger, llamó a Jobs y a Lasseter para comunicarles que estaba abierto a negociaciones[20]. La tienda de iTunes alcanzó los 200 millones de descargas de pago el 15 de diciembre de 2004, con una cuota del 70% de la música legal en línea.

Los seguidores de Apple seguían entusiasmados, ignorantes de que su héroe les estaba preparando una sorpresa (para algunos una traición) casi tan importante como la entrada de Bill Gates en el capital de Apple, en 1997. Jobs se había dado cuenta cuatro años antes de que Motorola, el proveedor de los chips del Mac, iba rezagado y que los procesadores concebidos por Intel eran mucho más potentes. La madurez le había hecho decidirse por lo imposible: enterrar el hacha de guerra con Intel, una enemistad que se remontaba a los inicios de Apple en 1977 cuando Andy Grove, su presidente, se negó a aceptar las condiciones exigidas por Jobs. «Hasta entonces, pensaba que Intel era una mierda y parecía que nada le haría cambiar de opinión», confesó más tarde Grove. Pero en junio de 2005, Jobs desveló a los *applemaníacos* una noticia inverosímil: a partir de ese momento, todos los ordenadores de Apple funcionarían con chips de Intel.

Lo que los decepcionados fans más irreductibles de Apple no sabían es que aquel movimiento serviría a la marca para disponer de un arma definitiva para incitar a los fieles del PC a convertirse a su religión. Con los chips de Intel los Macintosh serían capaces de ejecutar Windows y Mac Os.

En el verano de 2005, Steve Jobs se reunió con Bob Iger, de Disney, en calidad de presidente de Apple. Estaba a punto de lanzar un nuevo iPod con posibilidad de reproducir vídeo para poder vender películas y programas de televisión por Internet. Las dos series más populares por aquel entonces, *Mujeres Desesperadas* y *Perdidos*, eran propiedad de ABC, una filial de Disney[21].

En plena presentación de Jobs en la Apple Expo, Bob Iger subió al escenario para anunciar el acuerdo de difusión de sus series de televisión en iTunes, demostrando de paso que las relaciones entre Apple y Disney habían vuelto a encauzarse. En realidad, Iger era consciente de la importancia de Pixar para Disney y estaba abierto a una negociación a gran escala que incluía, tal y como le propuso a Jobs al cabo de los meses, una fusión.

El 24 de enero de 2006 Disney anunció en los estudios Pixar de Emeryville la adquisición de Pixar por 74.000 millones de dólares, toda una hazaña considerando que Jobs había pagado diez millones a George Lucas. Dado que seguía poseyendo el 50% de las acciones de la sociedad, se convirtió en el primer accionista de Disney, con el 7% del capital.

Mes tras mes, el rendimiento de Apple rebosaba de buena salud y, en la primavera de 2006, las Apple Stores superaron los 1.000 millones de dólares de facturación trimestral. La cadena había batido un récord de crecimiento, por encima de los resultados obtenidos por Gap.

Jean-Louis Gassée, ex director de Apple Francia y amigo de Jobs, analizaba la situación de la siguiente manera. «Las Apple Stores son el estandarte de la marca en cuanto a calidad del servicio. Reciben instrucciones muy estrictas de conseguir que el cliente se marche satisfecho. Si se me estropea el Mac un domingo por la mañana, mando un mensaje de texto y poco después recibo una respuesta: "Tu Mac está listo, puedes pasar a recogerlo". Con esa calidad de servicio, Jobs ha subido el listón de la red de distribución».

A punto de terminarse la primavera de 2007, Apple calculaba más de 3.000 millones de canciones vendidas en iTunes y cien millones de iPod. Hasta entonces, el récord de los aparatos musicales lo poseía el Walkman de Sony, con 350 millones de unidades vendidas. El iPod estaba encaminado a superarlo y ya representaba la mitad de los ingresos de la compañía. Tal era la locura por el iPod que en la publicidad del nuevo ordenador iMac en agosto de 2006, Apple utilizó el eslogan «De los creadores del iPod». Más que nunca, Jobs se había convertido en un personaje de leyenda.

iPhonemanía | 15

¿Había llegado el momento de pasar el testigo? En 2003, Steve llegó a pensar por un momento que su epopeya terminaría de forma prematura durante una etapa crucial e intensa que desencadenó una profunda mutación interior. En su intervención frente a los alumnos recién licenciados de la Universidad de Stanford, un soleado día de junio de 2005, Steve Jobs se presentó como alguien diferente. El guerrero se había metamorfoseado en príncipe y en el cambio su cara humana, altruista y filosófica había visto la luz. Ataviado con la toga negra se dirigió a los estudiantes. Era el momento perfecto para analizar el pasado, los errores y las dudas, las victorias y las desilusiones. Sereno y digno, se explayó a voluntad y recordó su juventud, su trayectoria, sus equivocaciones y las lecciones aprendidas.

«Es un honor estar hoy con vosotros en la entrega de diplomas de una de las universidades más prestigiosas del mundo. Yo no terminé los estudios superiores y os confieso que nunca había asistido a este tipo de actos. Pero hoy quiero compartir con vosotros tres experiencias que han marcado mi carrera. No son nada extraordinario, sólo tres vivencias.

La magnitud de las consecuencias de nuestros actos no se puede calcular en el presente. Las conexiones aparecen después e ineludiblemente terminan afectando al destino. Llamadlo destino, *karma*, o simplemente el curso de la propia vida, da igual, lo importante es creer que ese algo existe. Esa actitud siempre me ha funcionado y ha gobernado mi vida».

Siguió contando que había nacido del vientre de una madre que no quería serlo, que el matrimonio adoptivo al que había sido asignado le rechazó por no ser niña y que finalmente le acogieron los Jobs. Después abandonó los estudios convencionales en la Universidad de Reed para asistir a clases de tipografía por libre, una decisión arriesgada pero que, al final, había sido una de las mejores de toda su vida.

«En cuanto decidí dejar la carrera, me libré de las asignaturas obligatorias que me aburrían y pude dedicarme sólo a las que me interesaban. Y lo que descubrí, guiado por mi curiosidad e intuición, resultó ser de un valor incalculable para mi futuro. La Universidad de Reed era probablemente la mejor en tipografía de todo el país. Cada cartel y cada etiqueta de cada cajón en el campus estaban perfectamente caligrafiadas. Como no tenía ninguna asignatura obligatoria, decidí matricularme en el curso de caligrafía.

Aunque se suponía que nada de aquello iba a tener el más mínimo efecto práctico en mi vida, diez años después, cuando concebimos el primer Macintosh, me acordé de todo lo aprendido y lo incorporamos al Mac, el primer ordenador dotado de una tipografía elegante. Si no hubiera asistido a aquellas clases, el Mac no tendría tanta variedad de fuentes ni la proporción en los espacios, y probablemente tampoco lo habría tenido ningún ordenador personal porque Windows no lo habría podido copiar de nadie.

Si no hubiera dejado los estudios, no habría estudiado caligrafía y, tal vez, los ordenadores personales carecerían de su riqueza de caracteres. Por supuesto, era imposible prever esas repercusiones cuando estaba en la universidad pero diez años después me parecieron evidentes».

El segundo relato de Jobs tenía que ver con la pasión y el fracaso. «He tenido la suerte de hacer lo que me gusta desde muy joven. Tenía 20 años cuando Woz y yo fundamos Apple en el garaje de mis padres; trabajamos duro y, diez años después, Apple daba empleo a más de 4.000 personas y tenía un volumen de negocio de 2.000 millones de dólares. Cuando lanzamos nuestra más bella creación, el Macintosh, yo acababa de cumplir los treinta.

Y entonces me echaron. ¿Cómo le pueden echar a uno de la empresa que ha fundado? Muy sencillo: Apple había adquirido cierta importancia y contratamos a una persona que me pareció tener las competencias necesarias para dirigir la empresa junto a mí y, de hecho, durante el primer año todo marchó bien. Pero después nuestros puntos de vista cambiaron y nos enemistamos. El consejo de administración se puso de su lado y así, con treinta años, me encontré de patitas en la calle, despedido, con pérdidas y fracasos, sin razón de vivir y hecho trizas.

Entonces no me daba cuenta pero mi salida forzosa de Apple fue provechosa. El peso del éxito dio paso a la ligereza de equipaje de quien inicia un camino, a una visión menos segura de las cosas, a una libertad gracias a la cual viví uno de los períodos más creativos de mi vida. Durante los cinco años que siguieron creé una empresa llamada NeXT y otra llamada Pixar, y me enamoré de una mujer excepcional que se convirtió en mi esposa. Pixar preparaba la producción de la primera película de animación en 3D, *Toy Story*, y a día de hoy es la primera empresa mundial en su sector.

A través de un curioso cúmulo de circunstancias, Apple compró NeXT, yo volví a Apple y la tecnología que desarrollamos en NeXT se convirtió en el secreto del renacimiento de Apple. Laurene y yo hemos formado una familia estupenda. Nada de eso habría pasado si no me hubieran echado de Apple. La medicina fue muy amarga pero supongo que el enfermo necesitaba algo así.

A veces, la vida nos da una bofetada pero no hay que darse por vencido. Estoy convencido de que mi pasión por lo que hago es lo que me ha permitido seguir adelante. Hay que descubrir lo que a uno le gusta y lo que no. El trabajo ocupa una parte importante de la vida y la única manera de estar satisfecho es hacer lo que a uno le gusta. Si no lo habéis encontrado, seguid buscando pero no os crucéis de brazos. Es como en el amor, que cuando llega lo sabes. Y las relaciones satisfactorias mejoran con el tiempo, así que seguid buscando hasta que lo encontréis».

La tercera historia giraba sobre la muerte, con la que se acababa de cruzar. «A los 17 leí una cita que decía más o menos así: "Vive cada día como si fuese el último porque un día lo será". Nunca se me ha olvidado y todos los días de los 33 años que han pasado desde entonces me miro por la mañana en el espejo y me digo: "Si hoy fuera el último día de mi vida, ¿me gustaría hacer lo que estoy a punto de hacer?". Y si la respuesta es no varios días seguidos, sé que tengo que cambiar.

Ser consciente de que puedo morir en cualquier momento es lo más eficaz que he descubierto a la hora de tomar decisiones importantes. Porque todo lo que esperamos de fuera, nuestra vanidad, los dones, el miedo al fracaso, todo se desvanece ante la muerte y sólo queda lo fundamental. Tener en mente que la muerte llegará un día es la mejor manera de no caer en la trampa de temer que tienes algo que perder. Ya estamos desnudos; no hay ninguna razón para no seguir al corazón.

Hace un año aproximadamente descubrí que tenía cáncer. Yo estaba inconsciente pero mi mujer, que estaba allí, me contó que al examinar la muestra en el microscopio los médicos se echaron a llorar porque tenía una forma muy rara de cáncer de páncreas que podía curarse con la cirugía. Me operaron y ya estoy bien.

Ése ha sido mi único contacto con la muerte y espero que siga siendo así durante varias décadas. Gracias a aquella experiencia, puedo deciros con certeza que nadie quiere morir, ni siquiera los que aspiran a ir al cielo, pero la muerte es nuestro destino común y nadie se ha librado jamás de ella. Y está bien así porque, tal vez, la muerte es lo mejor de la vida, el motor del cambio que nos libera de lo viejo y da paso a lo nuevo.

Ahora representáis lo nuevo pero llegará un día en que os habréis convertido en lo viejo y dejaréis el sitio a los demás. Siento ser tan dramático pero es la verdad».

Expuestas sus tres lecciones sobre la vida, Jobs continuó explicando su filosofía. «Vuestro tiempo es limitado, así que no lo perdáis llevando una vida que no es la vuestra. No seáis prisioneros de los dogmas que nos obligan a vivir obedeciendo la opinión de los demás. No dejéis que el bullicio exterior ahogue a vuestra voz interior. Tened el coraje de seguir a vuestro corazón y a vuestra intuición porque ambos saben en qué os queréis convertir. Todo lo demás es secundario. Sed insaciables. Sed locos. Gracias a todos».

Corría 2005 y Jobs no había dicho aún su última palabra. Una nueva visión se perfilaba en el horizonte porque, todavía seguía siendo quien detectaba mejor que nadie las necesidades de sus contemporáneos que hasta ellos mismos ignoraban que tenían. La audacia del iMac había valido la pena. El éxito del Mac OS X era el mejor colofón posible a la aventura comenzada hacía mucho con NeXT. El iPod se había convertido en el aparato predilecto de toda una generación. Pero si había un objeto abocado a convertirse en compañero inseparable de cualquiera, un aparato para llevar en todo momento, éste no era un reproductor de música. Desde mediados de la década, el teléfono móvil había sustituido al reloj: era el nuevo objeto pegado al cuerpo, siempre a mano, inseparable. Sólo le faltaba someterse a una mutación. Aunque los primeros teléfonos inteligentes ya habían aparecido intentando, sin mucho éxito, convertirse en ordenadores, estaba claro que ése era el futuro: convertirse en el objeto universal, un punto de acceso a Internet, una consola portátil para videojuegos, un lector de correo, de música, de vídeo...

Lo único que le faltaba era una interfaz gráfica digna de ese nombre, con una facilidad de uso comparable a la del Mac. Era necesario romper con lo establecido y repensar el objeto de fondo en lugar de continuar reproduciendo calcos de los aparatos antiguos. ¿Cómo redefinir un objeto que pudiera llevarse constantemente en la mano? ¿De qué forma resultaría más obvio manejarlo? La respuesta, por supuesto, era la tecnología táctil.

Hacia mediados de 2004, Nintendo abrió el camino con una consola de videojuegos que se manejaba mediante un puntero. Pero la Nintendo DS no dejaba de ser un boceto ya que el puntero por naturaleza era el propio dedo, siempre disponible. Sólo había que inventar una nueva forma de utilizar los dedos que fuera lo más intuitiva posible.

En 2004, aunque el iPod acaparaba el 16% de los ingresos de Apple, Jobs se dio cuenta de que el aparato acabaría viéndose amenazado por otros artilugios que integrarían la reproducción de canciones con otros servicios. Algunos tenían claro que un ordenador de bolsillo, en la línea de la Palm, sería ese objeto de uso universal pero Jobs no compartía su opinión, como parecía dar a entender en unas declaraciones de aquella época al *Wall Street Journal*. «Nos han presionado mucho para que creemos un asistente personal y, al analizar la situación, hemos pensado que los usuarios de esos aparatos desean obtener información, no necesariamente introducirla de forma constante. Y eso es lo que podrán hacer los teléfonos móviles»[1].

En 2002, poco después del lanzamiento del primer iPod, Jobs ya había empezado a pensar en el desarrollo de un teléfono móvil novedoso que integrara un lector MP3 con acceso a Internet pero su lado perfeccionista le había llevado a descartar el proyecto porque no veía que fuese a haber elementos suficientemente diferenciadores que justificaran que un aparato así fuera digno del iMac o el iPod. Si dos años después había cambiado de opinión fue gracias a un avance tecnológico de los laboratorios Apple: la interfaz multitáctil. «Os diré un secreto: todo empezó con las tabletas. Se me ocurrió que podríamos deshacernos del teclado y escribir en una pantalla táctil. Pregunté a mis compañeros si era posible concebir una pantalla multitáctil en la que se pudiese escribir con los dedos y, seis meses después, me llamaron para enseñarme un prototipo. Se lo enseñé a algunos de nuestros investigadores más brillantes en el campo de la interfaz de usuario y, al cabo de varias semanas, volvieron a llamarme para mostrarme la secuencia de los iconos y otras cosas. Entonces pensé, ¡Dios mío, con eso vamos a desbancar al teléfono! Y archivamos el proyecto de la tableta porque el del teléfono nos pareció más importante»[2]. Consciente de haber vuelto a meter la cabeza en una innovación digna del Walkman, Jobs lanzó el zafarrancho de combate y, desde ese momento, cualquier cosa relacionada con el iPhone estaría patentada.

Curiosamente, la filial de Apple en París, creada en 2000 por un antiguo directivo de NeXTSTEP, Jean-Marie Hullot, ambicionaba desde hacía tiempo desarrollar un móvil para la empresa. «En aquella época, EE.UU. iba muy rezagado respecto a Europa en cuanto a los móviles y Jean-Marie se había propuesto demostrarles las aplicaciones que podrían surgir de intentar llevar el concepto del Mac al mundo de los móviles», afirma Bertrand Guihéneuf, ingeniero entonces miembro del equipo de Hullot en Apple y uno de los responsables de la creación de la agenda iCal.

A principios de 2004, Guihéneuf montó en secreto un equipo francés de veinte personas con el propósito de crear el equivalente al iTunes para los móviles. «Tuvimos que firmar unos documentos de máxima confidencialidad por los que nos arriesgábamos a ir a la cárcel si divulgábamos que Apple estaba trabajando en un teléfono», recuerda Guihéneuf.

Sin embargo, el proyecto francés no daría frutos. Dos equipos americanos trabajaban en paralelo en un mismo proyecto y uno de ellos ganó el concurso, por lo que se pidió al equipo francés que interrumpiera sus investigaciones en el acto. Irónicamente, otro francés residente en Cupertino (Henri Lamiraux) fue el encargado de dirigir el desarrollo del programa del iPhone. El ingeniero supervisaría la realización de una pequeña hazaña: elaborar una versión reducida de Mac OS X para la telefonía móvil.

En febrero de 2005, Jobs se reunió en secreto con Stan Sigman, de la red de telefonía móvil Cingular, para exponerle el plan de Apple con el iPhone. Además de la tecnología de pantalla táctil desarrollada por sus ingenieros, le dio a entender que disponía de un sistema «a años de luz de lo actual» y Sigman y sus socios se adhirieron al proyecto.

El teléfono móvil se convirtió enseguida en el principal proyecto de la sociedad y, desde el otoño de 2005, englobaba a 200 ingenieros de la casa. Más que nunca, su realización estaba envuelta en el secreto absoluto. Las divisiones que trabajaban en el iPhone lo hacían de forma autónoma, sin saber qué estaban haciendo las demás. Algunas salas estaban provistas de pilotos luminosos que impedían el acceso a personas no autorizadas. «La paranoia alrededor del secreto del proyecto superaba todo lo anterior», confirma Bertrand Guihéneuf. «La gente trabajaba en locales separados, cerrados herméticamente y donde sólo se podía entrar con autorización». En octubre de 2005 los ingenieros recibieron el encargo de acelerar el ritmo sin saber que se enfrentarían a unos retos tecnológicos de pesadilla. Según una fuente citada por la revista *Wired,* el desarrollo costó 150 millones de dólares.

Una de las estrategias empresariales del iPhone tenía que ver con las negociaciones con operadoras de telecomunicaciones. En el territorio estadounidense, el acuerdo oficial con Cingular se firmó en la primavera de 2006, con unas condiciones nunca vistas por parte de Jobs. Hasta ese momento, las operadoras habían dictado su ley a los fabricantes exigiendo precios adaptados para así ofrecer las terminales a los consumidores a precios mínimos para que firmasen contratos de permanencia durante uno o dos años pero Jobs invirtió los papeles y exigió que la operadora le garantizase diez dólares al mes por cada uno de los clientes, una condición sin precedentes. A cambio, les ofreció el aliciente de cinco años de exclusividad del iPhone. El lanzamiento del iPhone estaba previsto para que coincidiera con la feria Macworld de enero de 2007.

En el verano de 2006, la imagen moderna y limpia de Apple se vio enturbiada por la acción de una organización muy respetada. En agosto, Greenpeace sacudió el sector de la electrónica con la publicación de una lista de empresas ecorresponsables en la que Apple salía muy mal parada en todo salvo el reciclaje. La ONG colgó una carta abierta en su página web. «Nos encanta Apple. La marca de la manzana crea objetos de diseño estilizado pero, en el interior, todo cambia. El Mac, el iPod, el iBook y todos los productos de Apple contienen sustancias químicas (ftalatos, plomo, mercurio) que otros fabricantes están abandonando porque son peligrosos. Una vez obsoletos, los ordenadores, lectores de MP3 y teléfonos móviles van a parar a los países en vías de desarrollo, donde los trabajadores pobres los reciclan, desensamblan y se intoxican. Apple está en la vanguardia del progreso tecnológico pero se niega a fabricar sus productos con sustancias alternativas menos peligrosas para la salud. La manzana está envenenada». También publicaron en la web una petición dirigida a Steve Jobs y Apple en la que empresa y ejecutivo siguieron siendo objeto de comentarios peyorativos por parte de los seguidores de Greenpeace hasta que hicieron público un cambio de sus políticas de responsabilidad social corporativa.

Una mañana de otoño de 2006, en una reunión con los doce directivos principales del proyecto iPhone, Jobs les hizo partícipes de su descontento con un iPhone, todavía prototipo, que no estaba a la altura de sus expectativas enumerando una retahíla de problemas que parecían no tener solución: las comunicaciones se interrumpían, la batería dejaba de cargarse antes de tiempo, las aplicaciones presentaban unos problemas que las hacían inutilizables... «Por el momento no tenemos nada que pueda llamar un producto», sentenció. A pesar de sus palabras tranquilas, un escalofrío recorrió el espinazo de los asistentes. Aquella llamada de atención tranquila había tenido un efecto más temible todavía que el de sus legendarios enfados. «Fue una de las pocas veces que he tenido escalofríos en Apple», cuenta uno de los asistentes a aquella reunión[3].

Aun así, el iPhone tenía que anunciarse el 9 de enero de 2007 y sólo les quedaban varios meses para enderezar la situación porque si Apple fracasaba les lloverían las críticas y los retrasos les acarrearían problemas sobre todo con los socios de telefonía que habían cedido a sus exigencias. Los meses siguientes fueron una pesadilla para los equipos del iPhone. Las noches en blanco, con broncas y peleas, se convirtieron en la norma. Como de costumbre, Jobs se implicaba en los mínimos detalles y opinaba hasta de la curvatura que debía tener la parte trasera del aparato.

A mediados de diciembre de 2006, los ingenieros de Apple ganaron la batalla a los plazos y en Las Vegas Steve Jobs disponía de un prototipo que enseñar al tejano Stan Sigman de Cingular (convertida en AT&T Wireless). Lo tenía todo: pantalla táctil, navegador web e iconos, y Sigman reaccionó según lo previsto. «¡Es el mejor aparato que he visto nunca!», dijo.

El 9 de enero, en Macworld, Jobs midió sus palabras para aumentar la intriga del público. «Hoy vamos a hacer historia juntos. De vez en cuando aparece un producto que lo cambia todo. En 1984 presentamos el Macintosh. En 2001 lanzamos el iPod. Hoy anunciamos tres productos revolucionarios: un iPod de pantalla grande con control táctil, un teléfono móvil revolucionario y un aparato que redefine la comunicación por Internet». Después de repetir varias veces los tres temas («un iPod, un teléfono móvil, una herramienta de Internet»), soltó la gran noticia. «Y no son tres aparatos sino uno. Lo hemos llamado iPhone. Hoy, Apple reinventa el teléfono. Hemos utilizado el mejor puntero del mundo, uno con el que hemos nacido todos y del que tenemos diez diferentes: los dedos.

Hemos inventado la tecnología multitáctil, que es estupenda y funciona a la perfección. Ya no hace falta un puntero. Es mucho más precisa que cualquier tecnología de pantalla descubierta hasta ahora. Ignora los gestos no intencionados y se pueden utilizar varios dedos a la vez. Y os diré una cosa: ¡la hemos patentado!».

Mientras retumbaban los aplausos, continuó hablando. «Hemos tenido la oportunidad de introducir en el mercado muchas formas revolucionarias de interactuar con los aparatos. Primero fue el ratón. Después, la rueda de clic. Hoy presentamos la tecnología multitáctil. Cada una de estas interfaces de usuario ha permitido la llegada de un producto revolucionario: el Mac, el iPod y hoy el iPhone».

A continuación, Jobs procedió a enseñar el aparato, desvelando de paso la pantalla de inicio del iPhone. Al pulsar un icono se activaba el servicio musical. Con un barrido del dedo hizo desfilar las canciones y reprodujo un extracto de *Sgt Pepper's*, de The Beatles. Como era de esperar, la acogida fue tremendamente entusiasta.

Jobs también presentó el paso automático de la visualización vertical a apaisada con la simple inclinación del aparato y en ese momento todos los presentes se preguntaron por qué a ningún otro fabricante de teléfonos se le había ocurrido antes la utilidad de aquella prestación.

Los asistentes no cabían en sí de orgullo porque, una vez más, Apple se había adelantado e impresionaba con pequeños detalles en apariencia anodinos pero que marcaban la diferencia. La posibilidad de ampliar o reducir una foto separando o acercando los dedos parecía lógica pero alguien había tenido que pensar en ella. La opción de escuchar un mensaje sin tener que pasar por los anteriores también era obvia. El ajuste automático del contraste según la iluminación ambiente era otro detalle que subrayaba la perspicacia de los creadores del iPhone. El maestro de ceremonias reveló que el iPhone nacía con un registro de más de 200 patentes exclusivamente relacionadas con el terminal.

Una vez más, el golpe había sido magistral. De un día para otro, los móviles se habían quedado anticuados, incluidos los teléfonos inteligentes y la célebre Blackberry con su teclado integrado.

Para variar, en la presentación del iPhone Jobs rindió homenaje a los que habían trabajado día y noche para que el anuncio de enero pudiera ser realidad. Un centenar de personas se levantaron de sus asientos al unísono, algunos con signos evidentes en sus rostros de la carga de trabajo de las últimas semanas. Jobs les expresó su agradecimiento en público, consciente de que pocas empresas podían beneficiarse de tanta abnegación y aprovechó para llamar con el iPhone a Starbucks y encargar 4.000 cafés para todos los asistentes.

En una entrevista posterior para abcNEWS, Jobs mantuvo sus comentarios sobre el iPhone.

ABCNEWS: Todo hace pensar que este aparato desbanca a todos los actuales. Usted mismo ha dicho que el iPhone ha nacido de la frustración provocada por los productos que utilizamos todos.

STEVE JOBS: Estamos convencidos. Este aparato es increíblemente más potente que cualquier otro móvil o teléfono jamás creado. Hemos dedicado los últimos dos años y medio a inventar el iPhone. Salta literalmente por encima de todo lo existente, con cinco años de ventaja.

ABCNEWS: ¿Cómo definiría a Apple hoy? ¿Es un fabricante de ordenadores, una sociedad de entretenimiento o de medios?

STEVE JOBS: Hasta ahora, Apple ha sido una empresa de ordenadores pero siempre con un lado creativo. Desde sus inicios ha sido la empresa más creativa del sector. Hemos ampliado nuestro catálogo de productos para convertirnos en una empresa que fabrica aparatos bonitos pero que también ayuda a la gente a obtener contenidos de calidad para sus aparatos.

ABCNEWS: ¿Cómo cree que va a afectar el iPhone a la industria de los móviles?

STEVE JOBS: La llevará a un nivel superior.

Ese mismo día, Jobs anunció una noticia nada irrelevante: el cambio de nombre de la empresa de Apple Computers a Apple Inc., como forma de recalcar la nueva identidad de la compañía. Atrás quedaba su etapa como fabricante de ordenadores; ahora la empresa era un creador de aparatos electrónicos y contenidos digitales de estilo de vida.

El iPhone se puso a la venta el 29 de junio de 2007. En la Apple Store de San Francisco, una interminable fila de *applemaníacos* esperaban la apertura de la tienda a las seis de la tarde. Algunos llevaban más de 24 horas haciendo cola. A la hora señalada, tras una cuenta atrás marcada por el entusiasmo, los guardas intentaron contener a la marea humana para que entraran de uno en uno.

Muy pronto, las ventas del iPhone batieron récords en el campo de la telefonía móvil. Había nacido otro aparato mítico que reforzaba todavía más el aura de su fundador. Durante el verano de 2007, Apple declaró unos beneficios históricos de 818 millones de dólares. Dell, con el 30% del mercado americano y cinco veces más ventas de ordenadores que Apple, apenas llegaba a los 2,8 millones de beneficios. Muy lejos quedaban los días en los que Michael Dell se burlaba de que a Apple más le valía devolver el dinero a los accionistas.

A medida que pasaban los meses, la estrategia del iPhone parecía ampliarse. ¿Y si se planteaban también convertirse en el ordenador de bolsillo más extendido? El 10 de julio de 2008, la historia del iPhone dio un nuevo giro con la apertura de la App Store, con cientos de aplicaciones disponibles. Nada podía quedar al azar, sobre todo cuando el objetivo era que el iPhone marcase aún más la diferencia con sus competidores a través de las aplicaciones. Windows Mobile, la plataforma competidora, ya disponía de miles de programas en su propia tienda, pero el limitado éxito de las terminales con ese sistema operativo (apenas 18 millones de teléfonos en circulación de un sistema que había aparecido en 2003) había limitado tremendamente la difusión de sus aplicaciones.

El mayor rasgo de originalidad de las aplicaciones para el iPhone residía sobre todo en el precio, muchas gratuitas y la gran mayoría por debajo de un dólar, y en el hecho de que se pudiesen descargar directamente desde el propio teléfono (en Windows Mobile era necesario descargarlas en el ordenador e instalarlas a través de un cable USB). En un mes se vendieron sesenta millones y hubo varios grandes éxitos, como la aplicación de Facebook que alcanzó el millón de descargas en un solo día. Otro primer gran éxito en videojuegos fue Super Monkey Ball. A pesar de que durante el primer mes la mayoría de las descargas fuesen de programas gratuitos, Apple recaudó treinta millones de dólares fruto de los cobros a los editores de aplicaciones, que les cedían el 30% del precio de venta en concepto de gastos de distribución.

Todo parecía marchar sobre ruedas para Steve Jobs hasta que el 18 de marzo de 2008 la Comisión de Bolsa y Valores (SEC) de EE.UU. le hizo llamar para que declarara sobre un caso de venta de opciones para la compra de acciones de Apple. La práctica de la remuneración en opciones sobre acciones era moneda corriente en Silicon Valley. De esta forma quienes se beneficiaban de esta política obtenían una reserva por un número de acciones a un precio de mercado en el momento de la retribución, y luego podía ejercer su derecho a comprarlas en otro momento beneficiándose de manera automática en el caso de que las acciones hubiesen subido (y reservándose el derecho a renunciar a ellas sin desembolsar nada, si habían bajado). En 2006, un artículo del *Wall Street Journal* denunció el uso de esta práctica favoreciendo de forma abusiva a los altos directivos en varias grandes empresas y una investigación estatal reveló que Apple era una de estas corporaciones que entre 1997 y 2001 habían utilizado dicho mecanismo de forma dudosa. Su declaración, el 18 de marzo, sacó a la luz una situación preocupante para Jobs.

SEC: Para remontarme en el tiempo, me gustaría entender una cosa. Usted entró en Apple como asesor y no como presidente, ¿cierto?

STEVE JOBS: Cuando Apple compró NeXT, la empresa estaba en un estado pésimo. Intenté ayudar a Apple y ofrecí trabajo a algunos empleados de NeXT para poder contar con sus aportaciones. Eso es básicamente lo que hice.

SEC: ¿Despidió el consejo de administración a Gilbert Amelio?

STEVE JOBS: Sí.

SEC: ¿Entonces asumió usted la presidencia?

STEVE JOBS: No. Pixar acababa de salir a Bolsa y por lo que yo sabía, nunca nadie había sido presidente de dos sociedades distintas. Tenía la impresión de que si aceptaba el puesto en Apple, los accionistas y empleados de Pixar pensarían que les estaba abandonando.

SEC: De acuerdo.

STEVE JOBS: Entonces decidí que no podía hacerlo y acepté el título de presidente interino de Apple. Se suponía que durante noventa días tenía que ayudar a encontrar a un presidente a jornada completa.

SEC: ¿Qué pasó con esa búsqueda?

STEVE JOBS: Fracasé.

SEC: ¿Quiere decir que no encontró a ninguna persona apta para el trabajo?

STEVE JOBS: Exacto. A Apple le iba mal y todo el mundo lo sabía. Los candidatos que nos proponían las agencias de cazatalentos no tenían demasiado talento.

SEC: ¿No eran capaces de transformar Apple?

STEVE JOBS: No.

SEC: ¿Y qué ocurrió al cabo de noventa días?

STEVE JOBS: Me quedé. Conservé el título de presidente interino durante varios años.

El SEC se preguntaba por los 4,8 millones de acciones de Apple distribuidas a altos directivos de Apple en octubre de 2000. Jobs explicó que esperaba que el obsequio sirviera, en sus propias palabras, como unas «esposas de oro».

STEVE JOBS: Apple se encontraba en una situación precaria. La burbuja de Internet había estallado. Me parecía que el equipo directivo de Apple y su estabilidad seguían siendo nuestras fuerzas básicas. Me preocupaba que Michael Dell, uno de nuestros principales competidores, hubiera invitado a Texas a Fred Anderson, nuestro director financiero, y a su mujer para intentar contratarle. Dos de los responsables técnicos más importantes también estaban en una posición vulnerable. Tenía miedo de que Apple se quedase sin su equipo directivo por el contexto económico y el acoso de la competencia. Como creo que el talento humano es la clave de Apple así se lo transmití al consejo de administración.

SEC: ¿Quiénes eran esas personas fundamentales?

STEVE JOBS: Timothy Cook, entonces vicepresidente de operaciones, Fred Anderson, nuestro director financiero, Jon Rubinstein, responsable de soportes físicos y Avi Tevanian, responsable de soportes lógicos. ¿Me olvido de alguien? No, creo que fundamentalmente eran esos cuatro.

Pero los problemas venían de otra parte. Los asesores jurídicos de Apple no habían podido distribuir las acciones en el momento necesario y, mientras tanto, los valores habían subido. El consejo de administración decidió que se aplicaría el precio de forma retroactiva, cambiándoles la fecha del 7 de febrero al 17 de enero, a lo que Steve Jobs supuestamente accedió. Así, los interesados recibirían los beneficios correspondientes, lo que disparaba los beneficios de forma increíble desde el mismo momento de la puesta a disposición de los ejecutivos de las opciones. Jobs no restó importancia a su papel en la retroactivación de acciones asignadas a los directivos. «Para que las acciones tuvieran valor, tenían que subir un poco. Hacía falta que se dieran cuenta de que iban a ganar millones de dólares si se quedaban en Apple. Son personas excepcionales. Más de uno podría dirigir grandes empresas», declaró.

La otra parte de la investigación concernía a una manipulación practicada en octubre de 2000. Entre 1997 y ese año, Jobs había rechazado cobrar un sueldo de Apple a excepción de un simbólico dólar al año pero en enero de 2000, después de anunciar que aceptaba el puesto de presidente, el consejo de administración le recompensó con un avión privado Gulfstream V valorado en 88 millones de dólares[4] y veinte millones de acciones de Apple, cerca del 6% de la sociedad. En 2001, llegado el momento de cobrar las acciones, la burbuja de Internet había estallado y las acciones de Apple habían bajado a la mitad y Jobs pidió al consejo de administración que le aumentasen la asignación de acciones, algo a lo que accedieron en agosto de 2001 cuando le concedieron 7,1 millones de acciones extra. Sin embargo, debido a complicaciones contables, la negociación se fue prolongando hasta diciembre de 2001 y para entonces el precio ya había subido[5]. La asesora jurídica de Apple, Nancy Heinen, retroactivó los títulos un mes, con una ganancia sobre el papel para Jobs de unos veinte millones de dólares. Respecto a esa operación, Jobs reconocía haber negociado con mucha dureza porque consideraba que no estaba obteniendo el reconocimiento que se merecía.

STEVE JOBS: A todo el mundo le gusta que le reconozcan sus iguales y, en mi caso particular, son los miembros del consejo de administración. He pasado mucho tiempo preocupándome por la gente de Apple y animándoles a continuar su trayectoria con nosotros. Tenía la impresión de que el consejo no estaba haciendo lo mismo conmigo.

SEC: Entiendo.

Steve Jobs: Y lo estaba pagando. El consejo me había dado algunas acciones pero se habían hundido por la explosión de la burbuja de Internet. Yo había entregado cuatro o cinco años de mi vida a Apple en detrimento de mi familia y tenía la impresión de que nadie se ocupaba realmente de mí. Entonces quise que reconociesen mi trabajo porque consideraba que estaba trabajando francamente bien. Habría preferido que hubieran venido a verme directamente para decirme: «Steve, hemos decidido una nueva remuneración para ti», sin que yo les hubiera tenido que sugerir o negociar nada. Si hubieran actuado así me habría sentido mejor.

De la investigación se desprendió que Jobs no había ganado nada en la operación. En marzo de 2003 canjeó las famosas acciones por diez millones de acciones de rendimiento restringido. En el momento que analizaba la investigación del SEC, se descubrió que había perdido mucho con el cambio.

Al final, el SEC sólo multó a dos culpables: Nancy Heinen, la asesora jurídica que gestionó la retroactividad, y Fred Anderson, el ex director financiero de Apple. La primera tendría que pagar 2,2 millones de dólares al SEC y el segundo 3,6 millones. Steve Jobs salió indemne. «Si fue consciente de la selección de ciertas fechas o lo recomendó», indicaba el informe de la comisión, «no lo era de las implicaciones contables». Es más, se felicitó a Apple por una «colaboración rápida, amplia y extraordinaria» y «la puesta en marcha de nuevos sistemas destinados a impedir que la conducta fraudulenta se reproduzca». Jobs tenía el honor a salvo pero, al fin y al cabo, él es así: un icono vivo que planea por encima de las vicisitudes terrenales.

Apoteosis | 16

Steve Jobs había nacido para triunfar. Cada vez que subía a un escenario o aparecía en la portada de una revista desprendía la alegría de quien saborea cada segundo de un momento irrepetible. La gestación del iPhone, el Mac OS X o el iPad había sido un largo recorrido, un descenso a toda velocidad por una ladera en plena tempestad, una zambullida en una selva hostil e inexplorada y sólo al final de tan valiente epopeya, el superviviente empezó a saborear la felicidad.

Para Jobs, la oportunidad de dirigirse a las multitudes era un privilegio. Dedicaba los dos días previos a sus intervenciones a repetir incansable su discurso y seleccionaba los puntos importantes, poniendo a prueba sus palabras ante un público restringido de ingenieros y directivos. El día señalado realizaba dos ensayos generales, como si se tratase del estreno de una obra de teatro. No hay duda de que sus intervenciones estaban abocadas a recorrer el mundo y saciar la curiosidad de cualquiera, entonces y en el futuro gracias a YouTube, Dailymotion y demás páginas de vídeos.

En 2010 le llegaron elogios de todas partes, desde los usuarios de sus productos hasta las personalidades más influyentes. Celebrado y adulado, Jobs no tenía mucho que envidiar a los artistas que seguía admirando, como Bob Dylan o John Lennon, porque, al igual que ellos, sus palabras se consumían, sus opiniones se analizaban concienzudamente y su visión se idolatraba. «Según él, hay pocas figuras verdaderamente relevantes en la historia: Shakespeare, Newton... Muy pocas. Pero él se consideraba una de ellas», asegura Steve Wozniak, compañero de sus inicios y cofundador de Apple. «En mi opinión, habría que levantarle ocho estatuas», opina Jean-Louis Gassée, ex director de Apple Francia. «La primera por el Apple II, la segunda por el Mac, la tercera por Pixar, una cuarta por lo que yo llamo Apple 2.0 (cuando saneó Apple con contundencia), una quinta por el iPod, la sexta por iTunes, la séptima por el iPhone y probablemente una octava por el iPad».

En esa lista figuran objetos que el público ha adoptado de forma espontánea, como si fueran obvios, y sobre los que cabría preguntarse, si es que eran tan evidentes, por qué a nadie más se le ocurrió antes. Gassée tiene su propia explicación. «Steve tenía el don de decir cosas *retroactivamente evidentes,* aunque cada vez que propone un producto nuevo en Apple se arma una buena. No tienes que dejar aplastarte por él porque si lo haces no confiará en ti. Él sólo se fía de quienes tienen opiniones personales de verdad».

La segunda década del milenio dio paso a una especie de apoteosis, con récords y reconocimiento: fue elegido consejero delegado de la década, Apple alcanzó una rentabilidad histórica, distinciones de toda clase, resultados financieros excepcionales... Las sucesivas noticias iban consolidando una historia del éxito sin igual, con datos tan portentosos como que Apple superase en valor en Bolsa al omnipotente Microsoft o que la sociedad de Cupertino se convirtiese en la segunda empresa del mundo por capitalización, únicamente superada por la petrolera ExxonMobil.

¿Era el cielo el límite? En cierto modo, sí, aunque de vez en cuando aparecía una señal que nos recordaba que Jobs pertenece, lo quiera o no, al reino de lo provisional. ¿Sería Jobs una estrella capaz de iluminar e inspirar con su resplandor a otras?

El 27 de agosto de 2008, la agencia de noticias Bloomberg emitió un inverosímil obituario, destinado a clientes corporativos y acompañado del aviso de no publicar por el momento. Al final de un texto biográfico que repasaba las grandes etapas de la vida de Steve, la redactora, Connie Cuglielmo, escribió lo siguiente: «Las dudas sobre la salud de Jobs volvieron a surgir en junio de 2008, tras su aparición en el congreso anual de programadores. Su delgadez era notable. El 1 de agosto de 2004 se hizo público que había sido sometido a una intervención para eliminar un tumor en el páncreas, una forma de cáncer (tumor neuroendocrino) curable cuando es diagnosticado a tiempo. Ése había sido el caso de Jobs, como lo contó en un correo dirigido a sus empleados desde la cama del hospital.

La revista *Fortune* dijo, citando fuentes cercanas a Jobs, que había mantenido el cáncer en secreto mientras buscaba alternativas a la cirugía más coherentes con su budismo y vegetarianismo. Tras consultarlo con sus abogados, los directivos de Apple, que temían que la publicación de la enfermedad afectase al precio de las acciones, decidieron que era preferible no informar a los inversores.

Tras la aparición de Jobs en junio de 2008, Apple explicó que padecía una «infección común» y posteriormente él mismo declaró al *New York Times* que, aunque su enfermedad era algo más que eso, no presentaba riesgos para su vida».

Llegado a ese punto, el comunicado especulaba sobre lo que sucedería con las acciones de Apple y proponía el siguiente párrafo: «En caso de que bajen las acciones: la bajada del precio no sorprendería a inversores y analistas porque muchos consideran a Steve Jobs irremplazable. Gene Munster, de Piper Jafray & Co, en Mineápolis, ha dicho que si Steve Jobs abandona la empresa por cualquier razón, las acciones podrían hundirse y perder hasta el 25% de su valor».

La noticia terminaba así: «Jobs no ha nombrado sucesor sino que en marzo de 2008 dijo a los accionistas que el consejo podría escoger entre varios directivos en caso de que tuviera que retirarse de la presidencia por cualquier motivo. Señaló que varios directivos llevaban mucho tiempo en sus puestos y se decantó por dos: el director general, Tim Cook, y el director financiero, Peter Oppenheimer. Cook había sustituido a Jobs durante su ausencia en 2004. «En calidad de presidente, me corresponde esforzarme para que todos los directivos puedan ser sucesores potenciales», ha dicho Jobs. «Tenemos grandes talentos y creo que el consejo de administración tiene varias opciones interesantes. Hablamos mucho del tema».

Su fortuna se calcula en 5.400 millones de dólares según la lista anual de *Forbes* de los hombres más ricos del mundo, publicada en marzo de 2008. Sus supervivientes son su mujer, Laurene Powell, sus hijos Lisa Nicole Brennan-Jobs, Eve, Erin Sienna y Reed Paul, y sus hermanas Patti Jobs y Mona Simpson». Poco después, Bloomberg se vio obligada a publicar de manera urgente un comunicado pidiendo disculpas por su terrible metedura de pata.

El 9 de septiembre de 2008, en San Francisco, Steve Jobs volvió a subirse al escenario de Macworld para presentar la nueva línea del iPod. Estaba extremadamente delgado pero conservaba un buen estado de salud. Previo al inicio de su presentación de la nueva gama, declaró con una sonrisa: «Antes de continuar, me gustaría recordar esta frase [detrás suyo, en la pantalla, se podía leer una cita de Mark Twain]: "Los rumores a propósito de mi muerte son exagerados"». Jobs esperó a que terminaran las aclamaciones para añadir: «Ya he dicho suficiente».

Sin embargo, varios meses después, el 15 de enero de 2009, Jobs tuvo que abandonar su puesto por problemas recurrentes de salud. Diez días antes, adelantándose a las complicaciones que estaba sufriendo, publicó una carta del presidente dirigida a los numerosos seguidores de la marca. «Querida comunidad de Apple: por primera vez en una década, estaré de vacaciones con mi familia en lugar de preparar mi discurso en Macworld. Por desgracia, desde que decidí dejar que Phil Schiller pronunciara el discurso de apertura del Macworld, se ha producido un torbellino de rumores acerca de mi salud. A algunos incluso les ha parecido correcto publicar que me encontraba en el lecho de muerte. He decidido compartir algo muy personal con la comunidad de Apple para que podáis relajaros y disfrutar con el programa de mañana.

Como muchos sabéis, en 2008 he perdido peso. La razón ha sido un misterio tanto para mí como para los médicos. Hace algunas semanas había decidido que mi prioridad iba a ser descubrir la causa y actuar sobre ella. Por suerte, a raíz de otras pruebas mis médicos creen haber encontrado la explicación: un desequilibrio hormonal que me ha robado las proteínas que mi cuerpo necesita para mantener la salud. Unos análisis sofisticados de sangre han confirmado el diagnóstico.

El remedio al problema de la nutrición es relativamente sencillo y directo, y ya he empezado el tratamiento. Como no he llegado a perder demasiado peso ni masa corporal, mis médicos creen que al final de la primavera ya lo habré recuperado. Garantizaré la presidencia de Apple durante mi convalecencia.

Se lo he dado todo a Apple durante los últimos once años y seré el primero en informar al consejo de administración si no puedo continuar con mis funciones de presidente de la empresa. Espero que la comunidad de Apple me apoye en mi recuperación porque sabéis que siempre pondré por encima de todo lo que sea mejor para Apple. He dicho más de lo que quería y esto es todo lo que voy a decir sobre el tema. Steve».

El comunicado publicado por Apple para la ocasión admitía que «los problemas de salud eran más complejos de lo que se pensaba en un principio». Era necesario un transplante de hígado y el jefe estaría ausente un largo semestre. Jobs volvió a su puesto a finales de junio para desarrollar una tableta táctil revolucionaria que se convertiría en el iPad. El iPad apareció a principios de abril de 2010 en EE.UU. y en ochenta días se vendieron tres millones de ejemplares, todo un éxito aunque dentro de las previsiones de Jobs. Y el 26 de mayo ocurrió lo increíble: la capitalización de Apple superó a la de Microsoft.

Si nos retrotraemos diez años, el camino recorrido parece inverosímil. Entonces, la sociedad de Bill Gates disfrutaba de un poder reconocido e incluso estaba levantada sobre un modelo tan sólido que parecía imposible desalojarla de su posición ultra dominante; un desafío inmensurable para Apple y Steve Jobs. Pero eso no era todo. Convertida en la primera empresa del universo tecnológico, Apple también se había alzado al segundo puesto mundial por valor en el mercado.

Con semejante golpe de efecto, Steve Jobs subió triunfante al escenario de la conferencia D8, *All things digital*, el 1 de junio de 2010, al ritmo de los acordes de *Got to get you into my life*, de sus adorados The Beatles. Organizadas por Kara Swisher y Walt Mossberg, del *Wall Street Journal*, las jornadas estaban consagradas a un programa de debates sobre la revolución digital.

Kara decidió no dar rodeos e ir directamente a la noticia más fresca: «Esta semana Apple ha superado a Microsoft en capitalización. ¿Algún comentario?». «Para los que llevamos en este sector algún tiempo, es surrealista», confesó Jobs. Como no podía ser de otra manera, Wall Mossberg puso sobre la mesa un tema ciertamente escabroso. Jobs había escrito una carta abierta para explicar que tanto el iPhone como el iPad no soportarían animaciones Flash (un formato desarrollado por Macromedia, empresa que había sido recientemente absorbida por Adobe y que se utilizaba masivamente para las animaciones gráficas, la reproducción de vídeo e incluso el desarrollo completo de sitios en Internet). Mossberg señaló que había páginas enteras concebidas con el lenguaje comercializado por Adobe pero Jobs se mostró impertérrito como de costumbre. «Hemos dicho a Adobe que si son capaces de ejecutar Flash rápidamente, vengan y nos lo demuestren. De momento no lo han hecho». E insistió en que «tratamos de crear productos extraordinarios para la gente. Tenemos el suficiente valor en nuestras convicciones como para decir que si algo no nos parece que forma parte de un producto extraordinario, lo quitamos».

Ante la sugerencia de que el iPad no cosecharía tantos éxitos, Jobs respondió que Apple vendía uno cada tres segundos. Su actitud iba más allá de la de un consejero delegado, Jobs era un *showman*, artista, seductor, ilusionista, evangelista... Un personaje de los que nacen con cuentagotas a lo largo de la historia. ¿Irremplazable?

En 2010, Apple estaba valorada en 200.000 millones de dólares, 60.000 más que en agosto de 2009; empleaba a 35.000 personas en todo el mundo y el precio de sus acciones, que nueve años antes no llegaba a los ocho dólares, se situaba en 272 en abril. En el otoño, la App Store del iPhone y el iPad registró 7.000 millones de descargas de aplicaciones. Se contaban 275 millones de iPod vendidos, superando a los dos éxitos de ventas en consolas portátiles, la Nintendo DS y Sony PSP. Pero eso no era todo, como dejó claro Jobs en una conferencia de prensa a finales del verano. «Ya se han descargado 11.700 millones de canciones de iTunes y nos acercamos rápidamente a los 12.000 millones. También se han vendido cien millones de películas».

La expansión de las Apple Stores era imparable, con más de 300 en todo el mundo en 2010. «Cuando Apple abrió las Apple Store, pensé que no conseguiría competir con los distribuidores pero han obtenido un volumen de negocio equivalente a dos cadenas de tiendas de lujo. La gente hace cola para comprar con el precio de catálogo porque obtienen un mejor servicio», explica Jean-Louis Gassée. La imagen de marca ha alcanzado tal éxito que la Apple Store en forma de cubo, situada en la Quinta Avenida de Nueva York, se ha convertido en uno de los lugares más fotografiados del mundo.

Lo asombroso es que Apple pareciera más de moda que nunca treinta años después de nacer. El mito ligado a la firma de la manzana atravesaba varias generaciones y en 2010, cuando sólo quedaban cuarenta unidades del Apple I original, los equipos se vendían en subasta a 50.000 dólares la pieza.

Era aceptado por todos que el éxito de Apple estaba directamente vinculado a su presidente, así que las distinciones le llovían. La revista *Fortune* le nombró consejero delegado de la década en noviembre de 2009. Tres años antes, la misma publicación le había descrito nada menos que como «el hombre más poderoso del mundo». En diciembre de 2010 *Market-Watch,* una publicación electrónica subsidiaria del *Wall Street Journal,* también le señaló como consejero delegado de la década. Y un sondeo[1] publicado en octubre de 2009 desveló que era el empresario más admirado por los adolescentes americanos.

La adulación hacia Steve Jobs era tal que Ced Kurtz, columnista del *Pittsburgh Post-Gazette*, se permitió una broma a propósito de la historia del iPad: «En resumen, Steve subió a la montaña y bajó de ella con el iPad para entregárselo al pueblo».

En marzo de 2010, *Forbes* calculaba la fortuna de Steve Jobs en 5.500 millones de dólares. En realidad, sólo se situaba en el puesto 136 mundial, muy por detrás de Bill Gates e incluso de los fundadores de Google, pero no le faltaban méritos. «No me interesa ser el hombre más rico del cementerio sino irme a la cama sabiendo que he hecho algo maravilloso cada día», declaró en una entrevista al *Wall Street Journal*.

Héroe a su manera en una época escasa de figuras relevantes y carismáticas, Steve Jobs interpelaba, desconcertaba, fascinaba. De las muchas características que distinguían al jefe de Apple, cuatro son especialmente intensas:

- Demostraba una dosis particularmente elevada de seguridad en sí mismo.
- Supo rodearse con inteligencia.
- Tenía el don de infundir sus convicciones en sus equipos y motivarles sin reservas para realizar un trabajo.
- Pese a su posición y su fortuna, siguió estando cerca del hombre de la calle.

Todo empezó con una confianza desmesurada en su propio intelecto. Jobs sabía que era un ser aparte, con una inteligencia fuera de lo común y se sirvió sin tapujos de esa ventaja para imponer sus opiniones, animado por una convicción íntima que internamente consideraba justa. Esa actitud se percibía en sus conversaciones y, como estaba acompañada de una dosis nada pequeña de encanto, producía un poder de persuasión sin igual. Parecía ser capaz de convencer a cualquiera, con un ascendente natural que contribuía a aniquilar a la resistencia.

«Steve Jobs es la personalidad más poderosa que he conocido nunca. Tenía carisma en el sentido literal del origen de la palabra en griego [don divino]», opina Gassée. Wozniak lo confirma y da las claves de su actitud: una inmensa reflexión personal. «Steve Jobs creía mucho en sí mismo. Reflexionaba sobre los productos y sobre la dirección que quiere seguir. Se planteaba todas las preguntas posibles y reformulaba las respuestas si hacía falta. Cuando llegaba el momento de presentar una idea, ya la había analizado profundamente y eso le daba una enorme ventaja respecto a los demás. Se podría llamar inteligencia pero es más que eso. Muchas personas se consideran inteligentes porque tienen las mismas respuestas que los demás; Steve no funcionaba así».

A esa fuerza de convicción fuera de lo común le debemos objetos legendarios como el Macintosh, el iPod y el iPhone. Pero Jobs navegó a menudo contracorriente, imponiendo sus opiniones sin preocuparse del sentimiento generalizado y pese a las reticencias internas que encontraba incluso dentro de Apple.

Saber rodearse bien caracteriza a muchos líderes. Basta ver desfilar los títulos de crédito de las películas de Steven Spielberg o James Cameron para darse cuenta de que los largometrajes como *Tintín* o *Avatar* son el fruto del trabajo de cientos o miles de personas que integran un equipo aunque, por la fuerza de las cosas, sólo el director recibe el crédito de la obra.

El éxito de Jobs ha estado ligado a tres nombres: Steve Wozniak, John Lasseter y Jonathan Ive, tres creativos desconocidos en general por el público pero que han desempeñado un papel importante. Wozniak concibió el Apple II, el ordenador que desencadenó por sí solo la revolución informática. John Lasseter es el responsable de animación de Pixar y le debemos *Toy Story, Buscando a Nemo* y otras películas que han consagrado los dibujos animados en 3D. El británico Jonathan Ive creó la carcasa del iMac, del iPod, del iPhone y la mayoría de los productos de Apple que tanta admiración han despertado desde 1997. A esa lista habría que añadir las decenas y decenas de ingenieros de talento que han permanecido en la sombra como Andy Hertzfeld o Bill Atkinson, cuyas contribuciones fueron de peso en la creación del Macintosh original.

El fenómeno que amenaza a muchas corazonadas es la usura, una erosión de la motivación ligada a todo tipo de razonamientos, empezando por el aburguesamiento. Es lo que se ha apoderado de empresas como Microsoft, que desprendía una energía considerable durante los ochenta. Jobs, por el contrario, parecía tener el don de seguir atizando la llama entre sus tropas. Con su aura, fue capaz de extraer el sacrificio de sus compañeros de aventura. «Cuando trabajabas para Jobs, sabías que estabas trabajando para una persona híper inteligente, un oráculo excepcional y que lo que ibas a hacer se iba a ampliar con las ideas que él podía aportar, y el producto brillaría de un modo u otro», explica el ingeniero Bertrand Guihéneuf. «A veces sólo los especialistas son capaces de darse cuenta de esa aportación pero reconocen el rendimiento a su manera, copiándote. Con Jobs, la gente estaba muy motivada. Trabajaban como locos porque sabían que, a fin de cuentas, su creación serviría para algo».

En esta segunda década, Jobs fue el directivo más admirado del mundo y se ha beneficiado de una cuota de afecto extraordinaria. Si nos fijamos en algunos aspectos de su carácter, parecía tener todo lo necesario para exasperar y repeler a cualquiera y, sin embargo, pocos han recibido tanto cariño como él. ¿Qué otro directivo ha sido tratado como una estrella de rock por sus seguidores? ¿Hay algún jefe de empresa por el que la gente haya hecho cola toda la noche para oírle hablar?

Apple es una de esas pocas marcas que pueden permitirse afirmar que sus clientes llegan a comprar productos con el único fin de dar su apoyo y respaldar a su presidente. Los fans de Apple se sienten satisfechos si la empresa gana cuota de mercado y consideran como propias todas sus victorias. ¿Qué otra sociedad puede jactarse de atraer a tantos fieles irreductibles?

El carisma de Jobs ha servido para algo, aunque no ha sido lo único porque el factor identificación también importa. Como ocurre con los actores Harrison Ford o Tom Hanks, Steve Jobs era un multimillonario que no parecía ejercer como tal; no era el típico jefe sino uno de nosotros. Hablaba nuestro idioma, se vestía como cualquiera y no se daba aires de poderoso, de magnate ni de alto burgués.

Llegar a esa combinación sutil que le ha convertido en personaje fuera de lo común, adulado como tal y a la vez corriente, exige malabarismos. ¿La fórmula mágica? No la hay. Jobs no se esforzó en ningún momento por conseguirlo. Él era así, asociable pero encantador, individualista pero atractivo, rabiosamente exigente al borde del desdén pero capaz de galvanizar a sus equipos, insoportablemente intransigente pero a la vez capaz de integrar la diplomacia en sus planteamientos y, por encima de todo, un esteta incorregible.

Dicen que la Luna tiene una cara oculta y, desde luego, coexistir con un líder así y tratar de subrayar nuestro punto de vista no es fácil. La convicción de Jobs era tal que era capaz de abstraerse de las opiniones externas incluso si tenían valor. En muchas ocasiones se mostró obstinado, cabezota y seguro de sí mismo hasta el punto de pulverizar cualquier oposición veleidosa. Jobs disponía de un método detestable de reconducir a los espíritus recalcitrantes: el insulto, la agresión, la denigración... «Con bastante frecuencia, Steve veía las situaciones correctamente sin preocuparse del *statu quo*», opina Wozniak. «Y eso le hacía entrar en conflicto con la mayoría de la gente. Incluso si admitían que su visión de futuro era correcta, el camino para llegar a ella era de conflicto».

El perfeccionismo de Jobs puede parecer extremo, como cuando insistía en que los productos fueran tan bonitos por dentro como por fuera aunque nadie los fuera a ver jamás. Una exigencia difícil de digerir para los que recibían las órdenes, aunque comprensible. Aun así, el carácter sin términos medios de Jobs se ha centrado a veces en puntos donde no había atinado y esa actitud le ha perdido en ocasiones. Si el primer Macintosh, aparecido en 1984, no encontró su público de inmediato fue porque limitó sus capacidades a propósito, en contra de la opinión de algunos ingenieros. Si la estación NeXT, una demostración deslumbrante de rendimiento, fue un fracaso, en parte se debió a que se negó a tener en cuenta las realidades del mercado y a escuchar las ideas de quienes le rodeaban. En ocasiones sus decisiones parecían ir en contra del sentido común y, aun así, se empeñaba en imponerlas y a sus ingenieros no les quedó más remedio que trabajar en secreto contra la postura del jefe de filas.

Muchos pensarán qué importan los medios si el fin se alcanza, si al final tenemos unas obras que han marcado época como el Macintosh o el iPod. Además, el carácter de Jobs no distaba mucho de algunos grandes artistas cuyo genio se saldó con la dejadez de sus allegados. Bob Dylan, Pablo Picasso o Stanley Kubrick, por sólo citar algunos casos, tampoco tienen la reputación de haber tratado bien a quienes les rodeaban.

Con el tiempo y gracias a los sucesivos fracasos que vivió en Apple y NeXT, Jobs llegó a aceptar en cierto modo la noción del consenso, el intercambio de puntos de vista y el respeto por los demás. Todo es cuestión de matices porque el líder Apple siguió dando muestras de una incapacidad para transigir que sorprendía por su falta de sentido. La gran diferencia es que había aprendido a bajarse los humos y esa capacidad para repensarse las cosas se manifestaba pasados varios meses en lugar de una década después.

La nueva fórmula de Job era un cóctel sin igual. Siguió siendo el valeroso innovador que nos sorprendía periódicamente con creaciones imparables cuya eclosión había supervisado pero, a la vez, con las canas se hizo más humano, un poco más abierto y en consecuencia más atractivo. Incluso aceptó hacer las paces con enemigos encarnizados como Bill Gates de Microsoft y Andy Grove de Intel por el bien de Apple. Viniendo de un francotirador como él, la mutación había sido asombrosa.

Desde el año 2004 tuvimos que aceptar la idea de que Jobs pertenecía al reino de los mortales. De un día para otro, fue necesario afrontar la perspectiva de que, tarde o temprano, nos dispensaría de su presencia. Y se volvió más valioso todavía.

Entonces surgió la cuestión del sucesor. ¿Quién tomará el relevo? ¿El diseñador Jonathan Ive, capaz de hacer vibrar tímidamente, pero con pasión, a las multitudes? ¿O Timothy Cook, contratado en 1998 para racionalizar la producción del Mac y el iPod, y que desempeñó tan bien su cometido que se convirtió en el número dos de la casa?

Suceder a Jobs no es una tarea fácil. ¿Quién sabrá distinguir entre los nada convencionales bocetos de un diseñador desconocido como Jonathan Ive un proyecto realizable y decidir que es imprescindible llevarlo a cabo? ¿Quién tendrá las agallas de enfrentarse al consejo de administración y a un puñado de estudios de mercado que aseguraban que el objeto no tendría ninguna posibilidad de encontrar un público? ¿Quién convencerá a Apple de seguir un camino arriesgado dejándose llevar por una intuición? ¿Cook u otro sucesor tendrán la fortaleza suficiente como para lanzar un proyecto de la envergadura del iPhone, estimular a todo el mundo implicado para cumplir los plazos cueste lo que cueste y negociar unas condiciones sorprendentes con las operadoras de telefonía?

«Apple seguirá ejecutando su plan de negocio actual», opina el bloguero Elmer-DeWitt, «probablemente durante varios años. Pero será distinto en cuanto a que con Jobs tenía a una persona al principio y fin de cada proyecto, con autoridad para decir: "Esto es un asco. Vuelve a empezar de cero". Quien le sustituya podrá compartir su visión y su título pero ya no será el cofundador de Apple ni tendrá la misma autoridad»[2].

Tim Cook pretendía no aspirar al puesto máximo y aseguraba que la capacidad de supervivencia de Jobs superaba con mucho a lo que se podía pensar. «Jobs es insustituible. Seguirá aquí con el pelo blanco, a los setenta, mucho después de que yo me jubile», decía. Pero eso lo decía antes de tener que hacerse cargo del puesto de consejero delegado tras la retirada de Steve Jobs en agosto de 2011, cuando un Jobs agotado por la enfermedad arrojó la toalla rindiéndose a la evidencia. Tras su muerte, el discurso oficial dirigido a inversores y fanáticos de Apple mantuvo una línea tranquilizadora: «Honraremos su memoria dedicándonos a continuar con el trabajo que él tanto amaba. Pueden estar seguros de que Apple no cambiará. Steve construyó una empresa y una cultura que no se parecen a ninguna otra en el mundo y nosotros nos mantendremos en esa línea, está en nuestro ADN».

Apple no es la primera empresa que se ve obligada a lidiar con un cambio brusco en su dirección. Otras sociedades marcadas por la personalidad de un líder fuerte han sabido negociar el difícil paso del testigo. El ex director de Nintendo, Hiroshi Yamauchi, detectó en Satoru Iwate las cualidades innovadoras que permitían garantizar el éxito de la sucesión. La transición se desarrolló tan bien que Nintendo se ha convertido en el número uno en su sector.

¿Es posible imaginar al individualista Jobs preocupado por elegir a su delfín? Me gustaría creerlo pero soy escéptico. Jobs señaló a Tim Cook, y su acierto sería sin lugar a dudas el mejor legado que podría haber dejado a Apple. Pero su silla debe ser ocupada por un capitán inventivo, que aune fiereza, exigencia y amor por la estética. La cuestión sigue abierta: ¿existe ese mirlo blanco? ¿Será capaz Cook, un gestor contratado por sus habilidades en el control de procesos, de afrontar el desafío?

Atormentado, perfeccionista, invadido por el genio y dotado de un sentido innato de la belleza, Jobs fue capaz de grandes sueños y, sobre todo, de tener el talento de compartirlos con los demás. Querer medir la envergadura de su influencia no es fácil porque, gracias al ejemplo de Apple, todo un sector de la industria sufrió una espectacular metamorfosis.

¿Cómo serían los ordenadores personales de hoy en día sin la influencia de Steve Jobs? ¿Tendrían los equipos informáticos llamativas carcasas de bonitas curvas? ¿Estarían las pantallas llenas de iconos? Ésa es, sin duda, la gran victoria de Jobs, que a lo largo de los años tantos ordenadores hayan querido parecerse al Mac. La máquina informática, tradicionalmente considerada funcional, se ha convertido en un objeto bello, capaz de encontrar un sitio en el salón de los hogares. A Dell, HP y otras multinacionales no les ha quedado otra que sumarse a la visión colorista y traviesa del rebelde que quiso que brotaran flores del ordenador.

La revolución irreversible que Jobs consiguió en ese campo se extendió al territorio de los reproductores de MP3. Basta con comparar algunos de los modelos de finales de los noventa, tan poco manejables como la cabina de un avión, con el primer iPod para comprender el impacto que supuso su aparación. Después, la revolución se prolongó al territorio de la telefonía móvil, obligando a la industria a ponerse al día e intentar copiar al iPhone y las tabletas como el iPad.

En una época parca en personajes fuera de lo común, Steve Jobs tuvo el mérito de atraer el afecto insaciable del público hacia las personas que, a su manera, se han propuesto cambiar el mundo. Y a los que tienen el don de embellecer la vida se les perdonan muchas cosas. Steve seguirá haciéndonos soñar.

Epílogo

El 4 de octubre de 2011, mientras Tim Cook trataba a duras penas de presentar el nuevo iPhone 4S subido a un escenario en San Francisco, un hombre le seguía desde una cama de hospital. Steve Jobs apuraba sus últimos minutos de vida pero no quiso perderse su entrega definitiva del testigo.

Terminada la presentación, esbozó una sonrisa como queriendo expresar que se iba con la conciencia tranquila, seguro de que Apple, el gran amor de su vida, estaba en buenas manos. Varias horas después, saltó la noticia que ninguno quería oír pero que nadie descartaba por completo. El águila había levantado el vuelo. Steve Jobs se había marchado a seguir otro camino, dejando en la Tierra una envoltura corporal que ya no podría servirle de vehículo.

Durante todo el día siguiente, una ola de inquietud se apoderó del planeta. Estaba claro que no había sido una persona como las demás; fue un mago con una característica común a quienes había admirado durante toda su vida, de Bob Dylan a Picasso, pasando por John Lennon o Alfred Hitchcock: su facilidad para gustar.

Curiosamente, con sus jerséis negros de cuello vuelto, pantalones vaqueros y esa forma de ir a contracorriente, Steve era también uno de los nuestros, un hombre común. Le queremos porque supo decir que no y hacer primar sus convicciones personales, poniendo su gusto artístico por encima de los cánones empresariales al uso.

De una esquina a otra del planeta, se multiplicaron los homenajes oficiales de sus compañeros en la aventura de Apple como Steve Wozniak o Jean-Louis Gassée, sus competidores de antaño como Bill Gates e incluso importantes cabezas de estado, empezando por Barack Obama, además de los más grandes cineastas, músicos y personajes de moda como Steven Spielberg, Paul McCartney, Eva Longoria...

Pero el homenaje más enternecedor fue el del hombre de la calle. Por todo el mundo, en Nueva York, Barcelona o París, sus fans se movilizaron para llevarle flores, manzanas y mensajes de despedida a los escaparates de las tiendas Apple. Le decían adiós a un amigo, una persona cercana, tal vez más de lo que habíamos pensado. Alguien cuya máxima preocupación fue hacer la vida más bella mediante objetos del día a día a los que insuflaba mucha pasión estética, su amor a la belleza, su filosofía de la vida.

Queremos a Steve Jobs porque no fue un consejero delegado sino un verdadero artista en busca de un perpetuo grial, un esteta animado por la única voluntad de cambiar el mundo.

Ahora que ya no está con nosotros, sólo nos queda atesorar las palabras que nos dejó: «Vuestro tiempo es limitado. No lo desperdiciéis llevando una existencia que no es la vuestra. [...] Tened el valor de seguir a vuestro corazón y a vuestra intuición. [...] Sed insaciables. Sed locos».

Mensaje recibido, Steve. Buen viaje adonde quiera que vayas.

El legado de Steve Jobs

Situación económica de Apple

Desde el regreso de Steve Jobs en 1997 hasta el momento de su fallecimiento, las acciones de Apple se revalorizaron un 11.300%.

En octubre de 2011, la compañía contaba con unos depósitos de 76.000 millones de dólares en efectivo.

En su tercer trimestre fiscal (julio-septiembre de 2011) Apple se anotó un beneficio neto de 7.310 millones, tras registrar unos ingresos de 28.750 millones, dos cifras récord en la historia de la compañía.

El 62% de las ventas de Apple se originan actualmente fuera de Estados Unidos. Asia es el territorio con un mayor crecimiento (250%) en el último año.

Sistemas operativos

En junio de 2011 se puso a la venta la última versión del Mac OS X (Lion). En cuatro meses se habían descargado 6 millones de copias. A Windows 7 le llevó 20 semanas alcanzar el 10% del ecosistema Windows y, si se compara con la versión previa de Mac OS X, Lion lo ha hecho un 80% mejor que Snow Leopard.

El sistema operativo de dispositivos móviles (iPod Touch, iPhone y iPad), el iOS, mantiene una cuota mundial del 43% frente al 33% de su más inmediato perseguidor, el Android de Google. Se han vendido más de 250 millones de dispositivos que llevan este sistema operativo.

iPod e iTunes

Desde su lanzamiento hasta octubre de 2011, Apple ha vendido más de 300 millones de iPods en sus diferentes versiones y generaciones (45 millones sólo en el último año). Sony tardó 30 años en vender 220.000 reproductores de casetes Walkman.

iTunes cuenta con un catálogo de 20 millones de canciones (20 veces más de lo que era el servicio inicial).

En total, se han vendido más de 16.000 millones de canciones descagadas desde iTunes. En 2006, ya se habían descargado 1.000 millones de canciones desde la plataforma, y en febrero de 2010 esa cifra llegó a los 10.000 millones.

iPhone y App Store

Apple vendió en el trimestre junio-septiembre 2011, 20,3 millones de unidades del teléfono interactivo iPhone, un 142% más que un año antes.

En la App Store hay 500.000 aplicaciones disponibles. Se han realizado más de 18.000 millones de descargas, a un ritmo medio de cerca de 1.000 millones por mes.

El primer día de comercialización del iPhone 4S se vendieron 1.000.000 de terminales.

iPad

En el último año (septiembre 2010-septiembre 2011) se vendieron 9,25 millones de unidades, casi cuatro veces más que en 2010. Se calcula que tres de cada cuatro tabletas que se venden en el mundo, son iPad.

Del medio millón de aplicaciones en la App Store, 140.000 son específicas para este producto.

La irrupción de la tableta está obligando a cambiar el MacBook (el portátil de Apple) porque son muchos los usuarios que están cambiando sus ordenadores por un iPad. La siguiente generación de MacBook será mucho más ligera para convencer al usuario de la conveniencia de mantener ambos dispositivos.

Notas

Capítulo 1

[1] «Creating Jobs: Apple's founder goes home again», *The New York Times Magazine*, 12 de enero de 1997.

[2] Alan Deutschman, *The second coming of Steve Jobs*, 2001.

[3] Entrevista en el Instituto Smithsonian, 20 de abril de 1995.

[4] Íbid.

[5] Entrevista en el Instituto Smithsonian, 20 de abril de 1995.

[6] «The three faces of Steve», entrevista a Steve Jobs en *Fortune*, 9 de noviembre de 1998.

[7] «Steve Paul Jobs», *Current biography*, 5 de febrero de 1983.

[8] «Creating Jobs: Apple's founder goes home again», *The New York Times Magazine*, 12 de enero de 1997.

[9] Entrevista en el Instituto Smithsonian, 20 de abril de 1995.

[10] Entrevista en el Instituto Smithsonian, 20 de abril de 1995.

[11] «Steve Paul Jobs», *Current biography*, 5 de febrero de 1983.

Capítulo 2

[1] «The updated book off Jobs», *Time*, 3 de enero de 1983.

Capítulo 3

[1] «The updated book off Jobs», *Time*, 3 de enero de 1983.

[2] «The updated book off Jobs», *Time*, 3 de enero de 1983.

[3] Íbid.

[4] Íbid.

Capítulo 4

[1] Relato de Steve Wozniak en *Byte*, diciembre de 1984. El club en cuestión se llamaba Homebrew Computer Club y reunía a apasio-

nados de la informática. Se creó en Silicon Valley a mediados de los setenta y contaba entre sus miembros con Wozniak y Jobs.

2   Stan Veit, *Stan Veit's history of the personal computer*, 1993.

Capítulo 5

1   Entrevista con Arthur Rock, 27 de enero de 2009.

2   Leander Kahney, *En la cabeza de Steve Jobs*.

Capítulo 6

1   «The updated book off Jobs», *Time*, 3 de enero de 1983.

2   Alan Deutschman, *The second coming of Steve Jobs*, 2001.

3   «The entrepreneur of the decade: an interview with Steven Jobs», *Inc*, 1 de abril de 1989.

4   Entrevista con Steve Jobs de Daniel Morrow, de NeXT Computer, 20 de abril de 1995.

5   Andy Hertzfeld, «Black wednesday», febrero de 1981, disponible en folklore.org.

Capítulo 7

1   Conversación narrada por Andy Hertzfeld en «Reality distortion field», febrero de 1981, folklore.org.

2   Andy Hertzfeld, *Revolution in the valley: the insanely great story of how the Mac was made*, 2004.

3   Ibíd.

4   Bruce Horn, «Joining the Mac group», septiembre de 1981, folklore.org.

5   Alan Deutschman, *The second coming of Steve Jobs*, 2001.

6   Bruce Horn, «I don't have a computer!», diciembre de 1981, folklore.org.

7   «John Sculley: the secrets of Steve Jobs's success», Cultofmac.com, 14 de octubre de 2010.

8   John Sculley, *Odyssey: Pepsi to Apple... A journey of adventure, ideas and the future*, 1987.

9   Andy Hertzfeld, «Gobble, gobble, gobble», marzo de 1982, folklore.org.

10   Andy Hertzfeld, *Revolution in the valley: The insanely great story of how the Mac was made*, 2004.

[11] Susan Lammers, *Programmers at work: interviews with 19 programmers who shaped the computer industry*, 1986.

[12] Ibíd.

[13] Dos décadas después, Jobs vendió el apartamento a Bono, el cantante de U2.

[14] John Sculley, *Odyssey: Pepsi to Apple... A journey of adventure, ideas and the future*, 1987.

[15] Ibíd.

[16] «The entrepreneur of the decade: An interview with Steven Jobs», *Inc*, 1 de abril de 1989.

Capítulo 8

[1] John Sculley, *Odyssey: Pepsi to Apple... A journey of adventure, ideas and the future*, 1987.

[2] «For the rest of us: a reader-oriented interpretation of Apple's 1984 commercial», *Journal of Popular Culture*, verano de 1991.

[3] Jeffrey S. Young, *Steve Jobs: the journey is the reward*, 1987.

[4] Entrevista a John Sculley, *Playboy*, septiembre de 1987.

[5] Jeffrey S. Young, *Steve Jobs: the journey is the reward*, 1987.

[6] Ibíd.

Capítulo 9

[1] John Sculley, *Odyssey: Pepsi to Apple... A journey of adventure, ideas and the future*, 1987.

[2] Nota reproducida en Jeffrey S. Young, *Steve Jobs: the journey is the reward*, 1987.

[3] Entrevista a John Sculley, *Playboy*, septiembre de 1987.

[4] Jeffrey S. Young, *Steve Jobs: The journey is the reward*, 1987.

[5] Entrevista a John Sculley, *Playboy*, septiembre de 1987.

[6] John Sculley, *Odyssey: Pepsi to Apple... A journey of adventure, ideas and the future*, 1987.

[7] Jeffrey S. Young, *Steve Jobs: The journey is the reward*, 1987.

[8] John Sculley, *Odyssey: Pepsi to Apple... A journey of adventure, ideas and the future*, 1987.

[9] «Showdown in Silicon Valley», *Newsweek*, 30 de septiembre de 1985.

[10] Ibíd.

Capítulo 10

1   «Good-bye Woz and Jobs: How the first Apple era ended in 1985», Lowendmac.com, 2 de octubre de 2006.

2   Jeffrey Young y William Simon, *Icon: The greatest second act in the history of business*, 2006.

3   John Sculley, *Odyssey: Pepsi to Apple... A journey of adventure, ideas and the future*, 1987.

4   «The adventures of Steve Jobs», *Fortune*, 14 de octubre de 1985.

5   Jeffrey Young y William Simon, *Icon: The greatest second act in the history of business*, 2006.

6   «Steve Jobs: Can he do it again?» *Businessweek*, 24 de octubre de 1988.

7   Alan Deutschman, *The second coming of Steve Jobs*, 2001.

8   Ibíd.

9   «The entrepreneur of the decade: An interview with Steven Jobs», *Inc*, 1 de abril de 1989.

10   «Steve Jobs: Can he do it again?» *Businessweek*, 24 de octubre de 1988.

11   «I blew it, Perot says — He didn't buy up Microsoft when he had a chance in '79», *Seattle Times*, 14 de junio de 1992.

12   Alan Deutschman, *The second coming of Steve Jobs*, 2001.

13   «Steve Jobs: Can he do it again?», *Businessweek*, 24 de octubre de 1988.

14   Ibíd.

15   «The Pixar story: Dick Shoup, Alex Schure, George Lucas, Steve Jobs, and Disney», Lowendmac.com, 23 de enero de 2007.

16   Alan Deutschman, *The second coming of Steve Jobs*, 2001.

17   «America's toughest bosses», *Fortune*, 18 de octubre de 1993.

18   «America's toughest bosses», *Fortune*, 18 de octubre de 1993.

19   Alan Deutschman, *The second coming of Steve Jobs*, 2001.

20   Alan Deutschman, *The second coming of Steve Jobs*, 2001.

21   Ibíd.

22   «Steve Jobs: Can he do it again?», *Businessweek*, 24 de octubre de 1988.

Capítulo 11

1   Alan Deutschman, *The second coming of Steve Jobs*, 2001.

2   allaboutstevejobs.com, «Long bio».

3   Alan Deutschman, *The second coming of Steve Jobs*, 2001.

4   Randall E. Stross, *Steve Jobs and the NeXT big thing*, 1993.

5   Alan Deutschman, *The second coming of Steve Jobs*, 2001.

6   Ibíd.

7   allaboutstevejobs.com, «Long bio».
8   Alan Deutschman, *The second coming of Steve Jobs*, 2001.
9   Alan Deutschman, *The second coming of Steve Jobs*, 2001.
10 Ibíd.

Capítulo 12

1   «Eve Jobs», *Rolling Stone*, 16 de junio de 1994.
2   «Steve Jobs' amazing movie adventure», *Fortune*, 18 de septiembre de 1995.
3   Ibíd.
4   «Fall and rise of Steve Jobs», News.cnet.com, 20 de diciembre de 1996.
5   Alan Deutschman, *The second coming of Steve Jobs*, 2001.
6   «Creating Jobs: Apple's founder goes home again», *The New York Times Magazine*, 12 de enero de 1997.
7   Ibíd.

Capítulo 13

1   «Steve Jobs' amazing movie adventure», *Fortune*, 18 de septiembre de 1995.
2   «Something's rotten in Cupertino», *Fortune*, 3 de marzo de 1997.
3   «Creating Jobs: Apple's founder goes home again», *The New York Times Magazine*, 12 de enero de 1997.
4   «Something's rotten in Cupertino», *Fortune*, 3 de marzo de 1997.
5   Ibíd.
6   «Creating Jobs: Apple's founder goes home again», *The New York Times Magazine*, 12 de enero de 1997.
7   «Something's rotten in Cupertino», *Fortune*, 3 de marzo de 1997.
8   Paquete profesional que agrupa los programas Word, Excel y Outlook.
9   «Apple's NeXT move misses the mark», *Fortune*, 3 de febrero de 1997.
10 Alan Deutschman, *The second coming of Steve Jobs*, 2001.
11 Leander Kahney, *Inside Steve's brain*, 2008.
12 allaboutstevejobs.com, «Long bio».
13 Los clones son ordenadores de otras marcas compatibles con el sistema operativo.
14 «The three faces of Steve», *Fortune*, 9 de noviembre de 1998.

[15] «Steve Jobs in a box», *New York Magazine*, 17 de junio de 2007.

[16] allaboutstevejobs.com, «Long bio».

[17] Lee Clow y el equipo de Chiat Day, *The crafting of think different.*

[18] Alan Deutschman, *The second coming of Steve Jobs*, 2001.

Capítulo 14

[1] «Steve Jobs at 44», *Time*, 10 de octubre de 1999.

[2] «How Apple does it», *Time*, 16 de octubre de 2005.

[3] Ibíd.

[4] «Steve Jobs: The Rolling Stone interview — He changed the computer industry. Now he's after the music business», *Rolling Stone*, 3 de diciembre de 2003.

[5] «Apple: America's best retailer», *Fortune*, 8 de marzo de 2007.

[6] Leander Kahney, *Inside Steve's brain*, 2008.

[7] «Straight dope on the IPod's birth», *Wired*, 17 de octubre de 2006.

[8] «Radical craft: The second Art Center Design Conference», Core77.com, 2006.

[9] «Straight dope on the iPod's birth», *Wired*, 17 de octubre de 2006.

[10] «Apple: America's best retailer», *Fortune*, 8 de marzo 2007.

[11] «Straight dope on the iPod's birth», *Wired*, 17 de octubre de 2006.

[12] Leander Kahney, *Inside Steve's brain*, 2008.

[13] allaboutstevejobs.com

[14] Leander Kahney, *Inside Steve's brain*, 2008.

[15] allaboutstevejobs.com

[16] Discurso de Steve Jobs a los alumnos de la Universidad de Stanford, 12 de junio de 2005.

[17] «The trouble with Steve Jobs», *Fortune*, 5 de marzo de 2008.

[18] allaboutstevejobs.com

[19] Ibíd.

[20] allaboutstevejobs.com

[21] allaboutstevejobs.com

Capítulo 15

[1] «The music man», *The Wall Street Journal*, 14 de junio de 2004.

[2] Conferencias *All things digital*, junio de 2010.

[3] «The untold story: How the iPhone blew up the wireless industry», *Wired,* 1 de septiembre de 2008.

[4] allaboutstevejobs.com, «Long bio».

[5] Ibíd.

Capítulo 16

[1] Encuesta realizada por Junior Achievement.

[2] «Steve Jobs: The man who polished Apple», *The Sunday Times,* 16 de agosto de 2009.

Índice onomástico

Bibliografía

Las fuentes están citadas por orden de aparición.

PRENSA

MORITZ, Michael, 3 de enero de 1983, «The updated book off Jobs», *Time.*

HALLIDAY, David, 5 de febrero de 1983, «Steve Paul Jobs», *Current biography.*

MORRISON, Ann, 20 de febrero de 1984, «Apple bites back», *Fortune.*

CONANT, Jennet y MARBACH, William D., 30 de enero de 1984, «It's the apple of his eye», *Newsweek.*

MOORE, Rob y WILLIAMS, Gregg, diciembre de 1984, «The Apple story, part I: Early history — An interview with Steven Wozniak», *Byte.*

SHEFF, David, entrevista a Steve Jobs, febrero de 1985, *Playboy.*

ERIC, Gelman y MICHAEL, Rogers, 30 de septiembre de 1985, «Showdown in Silicon Valley», *Newsweek.*

UTTAL, Bro, 14 de octubre de 1985, «The adventures of Steve Jobs», *Fortune.*

GOODMAN, Danny, entrevista a John Sculley, septiembre de 1987, *Playboy.*

BRANDT, Richard y HAFNER, Katherine M., 24 de octubre de 1988, «Steve Jobs: Can he do it again?», *Businessweek.*

GENDRON, George, 1 de abril de 1989, «The entrepreneur of the decade: An interview with Steven Jobs», *Inc.*

Scott, Linda M., verano de 1991, «For the rest of us: A reader-oriented interpretation of Apple's 1984 commercial», *Journal of Popular Culture*.

Jobs, Steven P., Gates III, William H. y Schlender, Brenton, 26 de agosto de 1991, «Jobs and Gates together», *Fortune*.

Schlender, Brenton, 26 de agosto de 1991, «The future of the PC», *Fortune*.

Andrews, Paul y Manes, Stephen, 14 de junio de 1992, «I blew it, Perot says — He didn't buy up Microsoft when he had a chance in '79», *Seattle Times*.

Nocera, Joseph, octubre de 1993, «Stevie wonder», *Gentlemen's Quarterly*.

Dumaine, Brian, 18 de octubre de 1993, «America's toughest bosses», *Fortune*.

Goodell, Jeff, 16 de junio de 1994, «Eve Jobs», *Rolling Stone*.

Schlender, Brent y Furth, Jane, 18 de septiembre de 1995, «Steve Jobs' amazing movie adventure», *Fortune*.

Wolf, Gary, febrero de 1996, «Steve Jobs: The next insanely great thing», *Wired*.

Lohr, Steve, 12 de enero de 1997, «Creating Jobs: Apple's founder goes home again», *The New York Times Magazine*.

Alsop, Stewart y Urrestra, Lixandra, 3 de febrero de 1997, «Apple's NeXT move misses the mark», *Fortune*.

Schlender, Brent, 3 de marzo de 1997, «Something's rotten in Cupertino», *Fortune*.

Schlender, Brent, entrevista a Steve Jobs, 9 de noviembre de 1998, «The three faces of Steve», *Fortune*.

Ichbiah, Daniel, diciembre de 1998, «Jobs et Gates: guerre et passion», *SVM Mac*.

Krantz, Michael, 10 de octubre de 1999, «Steve Jobs at 44», *Time*.

GOODELL, Jeff, 3 de diciembre de 2003, «Steve Jobs: The Rolling Stone interview — He changed the computer industry. Now he's after the music business», *Rolling Stone*.

MOSSBERG, Walter S., 14 de junio de 2004, «The music man», *The Wall Street Journal*.

GROSSMAN, Lev, 16 de octubre de 2005, «How Apple does it», *Time*.

KAHNEY, Leander, 17 de octubre de 2006, «Straight dope on the IPod's birth», *Wired*.

USEEM, Jerry, 8 de marzo de 2007, «Apple: America's best retailer», *Fortune*.

HELLEMAN, John, 17 de junio de 2007, «Steve Jobs in a box», *New York Magazine*.

ELKIND, Peter, 5 de marzo de 2008, «The trouble with Steve Jobs», *Fortune*.

VOGELSTEIN, Fred, 1 de septiembre de 2008, «The untold story: How the iPhone blew up the wireless industry», *Wired*.

APPLEYARD, Bryan, 16 de agosto de 2009, «Steve Jobs: The man who polished Apple», *The Sunday Times*.

YAROW, Jay, 7 de junio de 2010, «John Sculley: Maybe I shouldn't have been CEO of Apple», *Forbes*.

LIBROS

FREIBERGER, Paul y SWAINE, Michael, 1986, *Microinformática. Orígenes. Personajes. Evolución y desarrollo*. Madrid: McGraw-Hill/Interamericana de España, S.A., 978-84-7615-105-1.

MORITZ, Michael, 1984, *Little kingdom: The private story of Apple computer*. Nueva York: William Morrow & Co.

LAMMERS, Susan, 1987, *Programadores en acción: entrevistas*. Madrid: Anaya Multimedia-Anaya Interactiva, 978-84-7614-151-9.

YOUNG, Jeffrey S., 1987, *Steve Jobs: The journey is the re-ward*. Scott Foresman Trade.

SCULLEY, John, 1993, *De Pepsi a Apple*. Barcelona, Ediciones B, S.A., 978-84-406-4001-7.

VEIT, Stan, 1993, *Stan Veit's history of the personal compu-ter*, WorldComm.

CRINGELY, Robert, 1992, *Accidental empires: How the boys of Silicon Valley make their millions, battle foreign competition, and still can't get a date*. Addison-Wes-ley Publishing Company,

STROSS, Randall E., 1993, *Steve Jobs and the NeXT big thing*. Nueva York: *Scribner*.

ICHBIAH, Daniel, 1995, *Bill Gates et la saga de Microsoft*. Poc-ket.

AMELIO, Gilbert y SIMON, William, 1999, *On the firing line: My 500 days at Apple*. Nueva York: Harpercollins.

DEUTSCHMAN, Alan, 2001, *The second coming of Steve Jobs*. Bro-adway.

HERTZFELD, Andy, 2004, *Revolution in the valley: The insanely great story of how the Mac was made*. Sebastopol: O'Reilly.

YOUNG, Jeffrey y SIMON, William, 2006, *Icon: The greatest se-cond act in the history of business*. Hoboken: Wiley.

KAHNEY, Leander, 2009, *En la cabeza de Steve Jobs: la mente detrás de Apple*. Barcelona: Ediciones Gestión 2000, S.A., 978-84-9875-019-5.

DOCUMENTACIÓN EN LA RED

HERTZFELd, Andy, «Good earth», folklore.org, octubre de 1980.

HERTZFELD, Andy, «Black Wednesday», folklore.org, febrero de 1981.

HERTZFELD, Andy, «Reality distortion field», folklore.org, febrero de 1981.

HERTZFELD, Andy, «More like a Porsche», folklore.org, marzo de 1981.

HERTZFELD, Andy, «Bicycle», folklore.org, abril de 1981.

HERTZFELD, Andy, «Diagnostic port», folklore.org, julio de 1981.

HERTZFELD, Andy, «PC board esthetics», folklore.org, julio de 1981.

HORN, Bruce, «Joining the Mac», folklore.org, septiembre de 1981.

HORN, Bruce, « I don't have a computer!», folklore.org, diciembre de 1981.

HERTZFELD, Andy, «Signing party», folklore.org, febrero de 1982.

HERTZFELD, Andy, « Gobble, gobble, gobble», folklore.org, marzo de 1982.

ANGELELLI, Lee, Breve biografía de Steve Jobs. Angelelli es estudiante adjunta del departamento de informática de la Universidad Politécnica Estatal de Virginia, otoño de 1994, ei.cs.vt.edu/~history/Jobs.html.

MORROW, Daniel, «Excerpts from an oral history interview with Steve Jobs», entrevista. Morrow es director ejecutivo del Computerworld Smithsonian Awards Program, en NeXT Computer, 20 de abril de 1995, americanhistory.si.edu/collections/comphist/sj1.html.

C|NET, «Fall and rise of Steve Jobs», News.cnet.com, 20 de diciembre de 1996, news.cnet.com/2100-1001-256947.html.

JOBS, Steve, publicado en el primer número de *MacWorld* y reeditado en la web de MacWorld en febrero de 2004, macworld.com/article/29181/2004/02/themacturns-20jobs.html.

Hornby, Tom, «The Pixar story: Dick Shoup, Alex Schure, George Lucas, Steve Jobs, and Disney», Lowendmac.com, 23 de enero de 2006, lowendmac.com/orchard/06/pixar-story-lucas-disney.html

Abrams, Janet, 2006, «Radical craft: The second Art Center Design Conference». core77.com/reactor/04.06_art-center.asp.

Hornby, Tom, 2 de octubre de 2006, «Good-bye Woz and Jobs: How the first Apple era ended in 1985». Lowendmac.com, lowendmac.com/orchard/06/1002.html.

Smith Hughes, Sally, entrevistas realizadas en 2008 y 2009, «Arthur Rock: Early bay area venture capitalists: Shaping the economic and business landscape». Univ. Berkeley de California, digitalassets.lib.berkeley.edu/roho/ucb/text/rock_arthur.pdf.

iEvolution, «100 points of interests in regards to Apple and Steve Jobs», 14 de junio de 2010. ievolution.ca/iphone/100-points-of-interests-in-regards-to-apple-and-steve-jobs/.

Kahney, Leander, 14 de octubre de 2010, «John Sculley: The secrets of Steve Jobs's success». Cultomac.com, cultofmac.com/john-sculley-the-secrets-of-stevejobs-success-exclusive-interview/21572.

Sitio en la Red de Paul Lynch, paullynch.org.

Sitio en la Red de David Greelich, classiccomputing.com.

Televisión

«Histoire d'Apple et de Steve Jobs», M6, *Capital*, 2005.

Agradecimientos

Quisiera agradecer a las siguientes personas su ayuda para elaborar este libro: Bruce Horn, Laurent Clause, Jean-Louis Gassée, David Greelish, Bertrand Guihéneuf, Andy Hertzfeld, Daniel Kottke, Didier Sanz, Brieuc Segalen, Steve y Janet Wozniak.

También quiero expresar mi agradecimiento a otras personas vinculadas con Apple que no aparecen nombradas en el texto porque así lo han preferido.

Daniel Ichbiah

Daniel Ichbiah es un escritor y periodista francés, autor de
varios libros técnicos y de temática musical. Su biografía de
Bill Gates ha sido publicada con gran éxito en 15 países. También ha escrito un gran libro sobre robots, que apareció en
los EE.UU. y Alemania, así como en Francia. Es autor de bio-
grafías de Madonna, los Rolling Stones, los Beatles, Coldplay
y varios artistas franceses.

NOS QUEDA MUCHO POR HACER

· 1993 Madrid
· 2007 Barcelona
· 2008 México DF y Monterrey
· 2010 Londres
· 2011 Nueva York / Buenos Aires